本书受嘉应学院中国语言文学学科、汉语文字学学科和科研处经费支助

嘉应学院中国语言文学学科学术丛书

语文教学目标有效生成研究

刘义民 著

中国社会科学出版社

图书在版编目(CIP)数据

语文教学目标有效生成研究/刘义民著. —北京：中国社会科学出版社，2018.7
ISBN 978-7-5203-2724-4

Ⅰ.①语… Ⅱ.①刘… Ⅲ.①语文教学—教学研究 Ⅳ.①H19

中国版本图书馆 CIP 数据核字（2018）第 137494 号

出 版 人	赵剑英
责任编辑	陈肖静
责任校对	刘 娟
责任印制	戴 宽

出 版	中国社会科学出版社
社 址	北京鼓楼西大街甲 158 号
邮 编	100720
网 址	http://www.csspw.cn
发 行 部	010-84083685
门 市 部	010-84029450
经 销	新华书店及其他书店
印 刷	北京明恒达印务有限公司
装 订	廊坊市广阳区广增装订厂
版 次	2018 年 7 月第 1 版
印 次	2018 年 7 月第 1 次印刷
开 本	710×1000 1/16
印 张	15.25
插 页	2
字 数	210 千字
定 价	66.00 元

凡购买中国社会科学出版社图书，如有质量问题请与本社营销中心联系调换
电话：010-84083683
版权所有 侵权必究

目 录

序言 ………………………………………………………… (1)

绪论 ………………………………………………………… (1)
  一 问题的提出 …………………………………………… (1)
  二 相关概念的界定 ……………………………………… (5)
  三 文献综述 ……………………………………………… (14)
  四 研究内容与方法 ……………………………………… (41)
  五 研究意义与创新 ……………………………………… (42)

第一章 语文教学目标的有效生成 ………………………… (46)
  一 语文教学目标的价值 ………………………………… (46)
  二 语文教学目标生成存在的问题与分析 ……………… (67)
  三 语文教学目标有效生成的内涵与特点 ……………… (86)
  四 语文教学目标有效生成的协同效应理论 …………… (93)
  小结 ……………………………………………………… (104)

第二章 语文教学目标有效生成的构成要素 ……………… (105)
  一 适宜的目标:语文教学目标有效生成的前提 ……… (105)
  二 恰切的内容:语文教学目标有效生成的基础 ……… (117)

三　权责分明的师生活动：语文教学目标有效
　　　　生成的手段 ……………………………………（129）
　　四　生活化的情境：语文教学目标有效生成的条件 ……（143）
　　五　及时评价反馈：语文教学目标有效生成的保障 ……（154）
　　小结 ……………………………………………………（165）

第三章　语文教学目标有效生成的教师策略 …………（166）
　　一　教学监控：语文教学目标有效生成的教师策略 ……（166）
　　二　教师教学监控的实质与意义 ………………………（172）
　　三　教师教学监控能力的优化策略 ……………………（176）
　　小结 ……………………………………………………（192）

第四章　语文教学目标有效生成的过程模式 …………（193）
　　一　言语智慧教学目标有效生成的过程模式 …………（194）
　　二　创新意识和实践能力教学目标有效
　　　　生成的过程模式 ……………………………………（201）
　　三　学会学习教学目标有效生成的过程模式 …………（207）
　　小结 ……………………………………………………（213）

结语 ………………………………………………………（214）

参考文献 …………………………………………………（217）

附录 ………………………………………………………（230）

后记 ………………………………………………………（236）

序　言

　　在本书中，我想尝试提供一套使语文教学更加有效的操作实施框架。因为在长期的语文教育中，教学效率问题始终是语文教学亟待解决的一大难题。自1978年吕叔湘在《语文教学中两个迫切问题》一文中提出语文教学"少慢差费"的问题后，到20世纪90年代的语文教育大讨论，再到21世纪初我国的第八次基础教育课程改革的深化与反思，无不涉及教学效率问题。语文教学效率问题的反复涌现也引起了教育专家、学者和一线教师的高度关注，并取得了丰硕的研究成果和教学实践成效。但是，语文教学效率问题是系统性的语文教学问题，它涉及语文教学的层级系统、诸多因素和过程，因此，需要系统全面的审视、研究；语文教学效率问题实际上就是语文教学目标的预设与生成的价值关系问题，教学目标是教学效率的起点和归宿，因此，语文教学目标的有效生成就是教学效率的具体表征。没有从教学目标入手系统地研究语文教学，语文教学效率问题就永远无法得到真正的解决。本书拟从系统论的角度出发研究教学效率问题，尝试构建语文教学目标有效生成的过程模式。

　　语文教学目标的有效生成涉及目标、内容、活动、情境、评价、教师、学生等，这是教学目标生成不可或缺的组成要素，但是，这些要素的内涵和意义并不是固定不变的，而是随着社会的发展和教育研究的深化不断变化和调整的。本研究正是在这种认知的基础上强调或赋予了教学诸要素某些新的内涵和意义。这是本研究的重要特色。语文教学目标从价值方面突破了语文学科的知识技能功能的认知阈限，上升到培养学生个体的言语智慧功能的认识高度，契合了当代及未来培养学生核心素养的社会发展和个体发展的教育诉求。语文教学内容方面也突破了其授受知识的认知阈限，向生成知识的教学资源、教学材料方面拓展，有利于教学活动的充分开展和学生语文能力的培养。在师生关系方面，研究强化了教师和学生在教学活动中各自的责任和义务，避免了教师对学生学习活动的过多干预或越俎代庖，为教学目标的有效生成奠定了基础。语文教学要素的内涵正义是教学过程程序正义的前提和基础。

　　语文教学目标的有效生成离不开理论的指导，没有理论，语文教学研究始终是一种经验性总结；没有理论的高度审视，语文教学目标的有效生成就不可能真正实现。本书借助系统论、协同论和过程论对语文教学进行了分析，为语文教学目标的有效生成研究奠定了理论基础。协同学理论不仅强调教学各要素之间的协同，更强调学生之间的学习协同，这有助于重构教学中的主体间性关系，提高教学效率。1963年，吕叔湘在《关于语文教学的两点基本认识》一文中提出了语文教学的两个问题，其中之一就是学会语文的问题。学会语文是一个过程，其关键点是学生学会而不是教师教会，教师指导着学生学习的过程则是学会语文的教学重心。同时，学会语文也意味着学生会学语文，也是一个过程问题。因此，以过程论原理为指导设计语文教学过程，让学生学会语文、会学语文，这既是语文教学目标有效实现的保障，也是扭转我国语文教学重教的过程轻学的过程的有效途径。

　　当然，根据语文教学目标的性质特点构建有效的语文教学操作模式只是一种尝试，甚至是一种偏执。在我国，传统教育注重知识的授受与获得，而把知识的运用和检验、能力的培养放在学业完成之后的社会实践和自我反思之中，这自有它深刻的道理，但这种教育观念与同时注重知识和能力培养或者偏重能力培养的西方教育观念或者现代教育观念相比，毕竟存在较大的差异，新构建的语文教学过程模式是否适应还需要进一步研究、实践和修正。另外，尽管有十多年的中学

序　言

语文教学经历，但毕竟时过境迁，远离语文教学前线十多年了，教学设想难免存在某些偏见，甚至有误导之嫌。因此，寄望本书呈现的某些教学设想能够激发读者语文教学研究和实践的兴趣，并能去伪存真，形成自己的语文教学观。同时，也愿以此书为契机，继续研究语文教学，虚心接受专家、学者、一线教师的意见和建议，改正研究中的不足，提升研究质量，为语文教育教学奉献绵薄之力。

刘义民

绪 论

一 问题的提出

自20世纪以来，教学目标就成为教育教学研究的重要内容。然而，理论层次的教学目标研究毕竟与实践层次的学科教学目标研究有很大的差异，理论化为实践指导实践需要以具体学科的教学语境为起点，否则，教学目标理论研究与学科教学实践就只能是未曾谋面的两张皮而已。教学目标研究是一个老问题，但在实践领域却是一个永恒的新问题，它随着时代的变迁而不断演进，随着研究视角的改变而不断弥新。因此，在新的时代背景下研究语文教学目标有重要的意义。这主要源于自己对教学目标问题的发现与感悟。

源于对语文教案的研究。教案是教师基于课程标准、教材、学生和自身教学经验而进行的旨在为实现一定教学目标的活动准备，是教师教学的蓝本。可以说，教案规定的教学什么，如何教学，以及教学进程的安排，基本上都隐喻着教师的素质、学生的现状、教学的目标，以及实现目标的策略、进程安排等。然而，通过对教师培训过程中部分语文教师的教案研究发现，教师确定的教学目标模糊笼统，无法辨别区分其实现的具体目标到底是什么；教学目标与实现教学目标的教学内容（教学资源）的关系是目标与凭借或例子的关系，而实际上教师常常把二者混淆了，出现了教学内容（教学资源）替代教学目标的现象；教学过程与教学策略的运用因教学目标的性质不同而存在不同程度的差异，教学目标的实现有多种途径，但不同性质的教学目标的实现必然有其相应的学习策略和教学过程，而语文教师的教案却显示出不同性质的教学目标的实现过程和策略具有较强的同质化特征。也就是说，关于教学目标、有效教学的理论还没有很好地运用于语文学科教学实践，教师在教学目标有效达成的教学方面还存在诸多问题。

源于对语文课堂教学实践的观察。课堂是教学目标实现的关键。从学生对教学内容的认知调查发现，教学目标内容的设置确实不符合学生的实际需要。陈隆生博士在对学生语文学习的内容调查中发现，有78.3%的学生认为教师时常在课堂上让自己学习已经懂了的内容；有53%的学生认为在课堂上自己的疑难问题很少能或根本不能得到解决；有70.1%的学生认为在课堂上老师很少或不会围绕自己感兴趣的问题来讲授；有79.5%的学生认为在课堂上时常存在"你懂了的内容老师反复讲，你不懂的内容老师偏偏不讲"的现象等。[1] 这说明教师备课无视学生的具体学情，教学目标内容的设置不适合学生的发展需要。更为重要的是，课堂教学中教师占用课堂教学的时间过长，学生自主学习活动的时间不足，学生没有自我确定教学目标，选择内容，进行自主学习的机会，并且，教学中教师很少依据学情需要对教学目标、内容、活动、情境等进行及时的调整，从而影响了教学目标的有效达成。

当然，学生的反映也未必一定正确适当。但是，学生需要学习的知识实在是太多了，语文课上，这一学段、地域的学生到底应该学习什么，为什么学，怎样学，恐怕教师心里最清楚，那么教师制定的教学目标和策略就应该适应学生的需要。然而，教师制定的教学目标却不能满足学生的实际需要，教学策略也不适宜教学目标的性质特征。这样，不仅教学质量得不到保障，而且有效教学也是枉谈。

源于对深化新课程改革的反思。21世纪初，受全球化基础教育课程改革潮流，以及国内基础教育过分注重"应试教育"制约素质教育

---

[1] 陈隆生：《语文课堂教学研究》，博士学位论文，华东师范大学，2008年，第6—7页。

的现实问题的影响，我国进行了新一轮的基础教育课程改革。其目标是"改变课程过于注重知识传授的倾向，强调形成积极主动的学习态度，使获得基础知识与技能的过程，同时成为学会学习和形成正确价值观的过程"；"改变课程内容'繁、难、偏、旧'和过于注重书本知识的现状，加强课程内容与学生生活以及现代社会和科技发展的联系，关注学生的学习兴趣和经验，精选终身学习必备的基础知识和技能；改变课程实施过于强调接受学习、死记硬背、机械训练的现状，倡导学生主动参与、乐于探究、勤于动手，培养学生搜集和处理信息、获取新知识、解决问题以及交流与合作的能力；改变课程评价过分强调甄别与选拔的功能，发挥评价促进学生发展、教师提高和改进教学实践的功能；改变课程管理过于集中的状况，实行国家、地方、学校三级课程管理，增强课程对地方、学校及学生的适应性"。① 以促进学生的全面发展。

然而，受传统教育价值观以及对新课程实施的学科化研究不足的影响，语文教学在课程改革过程中出现了一系列的问题，其中在教学目标方面主要有：知识与技能教学目标僵化，过程与方法教学目标简单化、形式化，情感态度与价值观教学目标标签化等问题。② 这些问题如果不能得到及时的解决，新课程与教学的目标就不可能得到真正的实现，课程改革的持续推进就可能落空。

源于对提高语文教学质量的思考。教学质量是学校的生命，也是监控教学成效的重要依据。21世纪初，新课程改革强调课程和教学理念的变革，间接导致了提高教学质量的研究逐渐式微，有效教学研究也趋向泛化。有效教学是相对于无效教学而言的，有效尽管包括效率、效益、成效等多种内涵，并涉及相应的目标、内容、方法、学情等方面的内容，但是，有效与无效是难以判断的，二者之间并没有一个相对清晰的界线，特别是由于人天生具有自我学习的倾向和机制，对于同一学习内容，不同的人可能获得不同的学习收益，有时甚至完全相

---

① 范蔚主编：《基础教育课程改革》，重庆出版社2006年版，第36页。
② 杨九俊：《新课程三维目标：理解与落实》，《教育研究》2008年第9期。

反。说得极端一点，即使没有学习内容，个体凭借自我反思也能够真正达成某种学习效果，提高学习能力，所以，笼统地以有效与无效来评判语文教学意义不大。进而言之，有效是针对一定的目标预设而言的，它必然有一定的内容、方法和过程设计，只有把目标与通过目标实施过程的结果相对照，才可能比较清晰地界定教学有效还是无效。因此，有效教学需要通过教学预设与生成来对比评价，以观实效。而笼统地泛泛地谈论语文教学有效与否那只是"清议"。

  从效果上看，教学存在预设与实际达成的差异。根据预设达成预设，减少误差，这在某种程度上就是教学质量监控管理的问题。没有监控管理语文教学的预设就成为一项有始无终的"工程"。只有监控管理才能保障预设的效果与质量，才能改进贯彻执行的进程，从而提高教学效率。通过对一定教学内容的接受与使用过程进行监控管理，一定程度上能掌握学习者实际上获得的知识技能、情感态度与价值观、学习方法等目标内容的学习程度。教学质量监控管理是对学校整个教学的质量监控管理，是一个体系，具有全面性、全员性、全程性、规范性、动态性等特点。而教学监控管理首先就是课堂内的教学监控管理，是教师以目标为核心，以师生活动为手段，对课堂教学中的各要素及其关系的监控与管理。这是教学质量体系的核心。因此，研究以教学目标为核心的语文教学过程、各要素及其关系，有利于提高教学质量，改革教学方法，有效实现教学目标。

  基于对上述语文教案、语文课堂教学实践、新课程改革的反思、提高教学质量等现实问题的思考，本研究认为，语文教学的核心问题就是以目标为导向的教学问题。只有抓住教学目标这个核心，上述教学问题才能够迎刃而解。实际上，语文教学的目标问题就是教学目标本身的认知问题，就是语文教学的效率问题，就是教学目标的实现问题，即教学目标的有效生成问题。语文教学目标的有效生成首先需要明确语文教学目标的价值内涵、优化教学过程的各因素、协调处理教学过程中的各种关系，构建适应教学目标性质特点的教学过程模式，最终，才有可能有效达成。因此，本研究确定"语文教学目标有效生成研究"论题，拟解决语文教学目标实现中存在的问题，提高教学质量，促进学生的全面发展。

二 相关概念的界定

（一）语文教学目标

概念明确是语文教学目标研究的前提。语文教学目标概念的界定一般都是从教学目标概念研究开始的，并且多数是直接运用布卢姆关于教学目标的概念指代语文教学目标概念。21 世纪初，我国关于语文教学目标的研究才真正开始。因为随着新课程改革的深入，教学目标本身得到了前所未有的广泛关注和研究。

新课程改革中语文课程标准的制定参与者方智范教授从学科性质的角度界定了语文教学目标概念。他认为，语文教学目标是从语文学科的角度规定课程培养的人的具体规格和要求。① 这种概念界定强调了语文教学目标的学科特性，给教师制定教学目标提出了规范性的要求。但由于对"规格和要求"没有具体的阐释，实际上这种语文教学目标还是等同于笼统的课程目标。薛晓嫘从语文教学目标的层级位置与确定策略的角度界定了语文教学目标。他认为，语文教学目标是居于新课程教育目标层级中第三个层级的教学目标，是由语文教师根据课程标准、学生学业水平和教学材料做出的具体设计，并在课堂教学中加以运用的目标。② 这种说法确定了语文教学目标的使用层次，但是，教学目标具体制定的策略比较笼统，无法指导教师具体实施教学。戴荣认为，语文教学目标是语文教师预期的学生在课堂教学活动中达到的某种程度和变化。③ 吴红耘、皮连生认为，教学目标是"预期的学生的学习结果"，它是外在的教学内容通过学习转变为学生的内在的能力。④ 这种说法把教学目标界定为能力，窄化了教学目标的内涵，

---

① 方智范：《关于语文课程目标的对话》，《语文建设》2002 年第 1 期。
② 薛晓嫘：《反思语文教学目标》，《宜宾学院学报》2005 年第 11 期。
③ 戴荣：《语文课堂教学目标的确定》，《江苏教育研究》2009 年第 11 期 B。
④ 吴红耘、皮连生：《试论语文教学设计中的目标分类及其教学含义》，《教育研究与实验》2011 年第 3 期。

因为教学目标不仅包括能力,还包括知识技能、情感态度与价值观。刘岩红认为,教学目标是对学生学习行为的一种规定,也是理解、把握教材深度、广度的标准。① 他把教学目标理解为学习行为的一种规定,忽视了非行为的内容的学习。杨正社则认为,语文教学目标是指通过语文教学活动所要达到的境地或标准。② 这种界定把教学目标理解为一种结果,是对布卢姆教学目标的直接沿用,缺乏学科视野。

总之,以上在对语文教学目标的概念界定方面都存在这样或那样的不足。其实,语文教学目标就是教师从学科角度预期的学生活动结果和导向。之所以这样说是因为:

首先,语文教学目标的内涵强调教师是目标制定的主体。当然,并没有排除学生参与语文教学目标制定的机会。国家制定的教育政策体现国家的性质,反映国家的政治、经济、文化、科技等方面的发展需要。在这种教育政策下形成的教育教学目标在贯彻执行时一般是很难更换的,因为"国家政治利益是率先和根本的,无论是否直接与政治权力相关,还是与巩固政权、国家利益相关"。③ 国家制定的教育政策经过层层分权到达教师这一主体层面,教师作为国家责任与义务的代言人就必须义不容辞地制定体现国家利益的教学目标,实施课堂教学。因此,教师是教学层面语文教学目标的主要制定者。

其次,强调语文教学目标的学科特质。学科性质不同,教学目标、教学内容、教学策略与评价也不同。学科化的表述有利于教师从学科视角理解教学目标,形成学科专业教学意识。语文课程标准把语文课程界定为"是一门学习语言文字运用的综合性、实践性课程",④ 这一概念标明了语文学科的"语言文字"运用特质,它要求这门学科的学习者注重语言文字符号、语言文字符号运用的一般规则、策略的学习。

---

① 刘岩红:《论教学目标在语文教学中的重要作用》,《潍坊教育学院学报》2008年第3期。
② 杨正社:《中小学语文课程教学目标分析与思考——从上海市〈九年制义务教育语文学科课程标准〉谈起》,《陕西广播电视大学学报》2003年第1期。
③ 叶澜:《当代中国教育变革的主体及其相互关系》,《教育研究》2006年第8期。
④ 中华人民共和国教育部:《义务教育语文课程标准(2011年)》,北京师范大学出版社2012年版,第2页。

至于语言文字表达的内容虽然内蕴于其中，在学习的范围之内，但是却并非语文课程学习所要强调的本质目标，强调语文教学目标的学科特质有利于教师从学科的视角确定语文教学目标、选择教学内容、实施与评价教学活动，提高语文教学的有效性。

第三，强调语文教学目标的预期性。这有助于规范语文教学的方向性、目的性，避免无目标的教学与泛化的生成教学。预期教学目标是有计划、有组织、系统地循序渐进地保障国家课程目标准确落实的重要手段。国家关于不同学制、不同学段的教育目标的制定，统一的课程标准的实施，学年、学期教学计划、教学内容的安排等都是教育目标预期实现的体现。同时，这也便于教育质量的监控与评价。但是，这种预期并不完全是"刚性"的，而是需要教师根据学情、经验，对国家这种全国普适性的预期教学目标进行再次预测，以使教学目标适宜学生个体的实际需要。同时，教师也可以与学生协商，根据国家规定的教学要求制定适宜的具体的教学目标，但无论如何这种教学目标的预期性是必须的；否则，语文教学就会陷入无目标、无计划的随意性教学泥淖中。"简单地说，当我们教学时，我们想要学生学有所得。我们想要学生习得的东西作为预期教学结果，就是预期教学目标。"[1]

第四，强调语文教学目标的导向性。目标教学模式把语文教学束缚在具有行为判断标准的知识技能教学目标上，忽视了隐性的、内生的、长远的教学目标，以及附带性的教学目标。而"结果和导向"性的教学目标思想则既关注结果性的教学目标的有效实现，又关注非行为结果性的教学目标的实施与发展，并强调有计划的、规范的、系统的教学目标的实施。美国教育专家舒伯特（W. H. Schubert）提出四种类型的教学目标取向，即"普遍性目标"（global purposes）、"行为目标"（behavioral objectives）、"生成性目标"（evolving purposes）、"表现性目标"（expressive objectives）。[2] 其中，普遍性目标、表现性目标、

---

[1] ［美］安德森等：《学习、教学和评估的分类学——布卢姆教学目标分类学》（修订版），皮连生等译，华东师范大学出版社2008年版，第3页。

[2] 张华：《课程与教学论》，上海教育出版社2000年版，第153页。

生成性目标都具有不可量化的非确定性的特点，即使转化为行为目标也难以判断其是否能够真正达成，只能以创设的环境、传递的知识、开展的活动的最佳方式向目标无限地持续靠近，即教学目标具有指向某种方向前进的意思，具体何时达到目标则可能是未知的，也可能是永远不可能的，但能无限地接近目标则是必须的。这种导向性的教学目标符合语文学科的特点，因为语文教学目标不仅具有内隐性和长期性的特征，而且还具有学习者在与环境相互作用的过程中适应自身的需要而自我建构的特征，所以，它只能以导向的行为活动规范来引导落实，而不能以具体的行为结果来规定落实。因此，语文教学目标的内涵包括注重结果和注重导向性两种意思。

（二）有效

对"有效"概念的正确理解是有效教学研究的前提。在教育领域中"有效"一词指"有效教学"或者"教学有效性"。本研究也把"有效"等同于"有效教学"或者"教学有效性"。

"有效"，英文 effective 的意思是"足够实现某一目的；达到预期或所期望的结果。"① "与某一事件或情况的成果有关，有实现目标的力量，反映某一行动的完成或获得结果。"② 在中文中，"有效"的意思是"能实现预期的目的，有效果"。③ 许多研究是从效率、效益、效果三个方面来理解"有效"的。④ 效率是从经济学的角度来理解教学的有效性的，它强调课堂教学中教师传授知识和培养能力的有效时间，但是，却单方面强调了教师的作用，忽视了学生群体与个体的主观能动性，忽视了知识目标和能力目标的性质差异，而没有根据教学目标的性质特点具体情况具体分析。效益是教学活动的收益，是教学目标

---

① S. B. Flexner, *The Random House Dictionary of the English Language*, New York: Random House Inc, 1987, p.622.

② I. A. Murray e tal., *The Oxford English Dictionary*, Oxford University Press, 1989, p.90.

③ 中国社会科学院语言研究所词典编辑室：《现代汉语词典》（修订本），商务印书馆1989年版，第1529页。

④ 孙亚玲：《课堂教学有效教学标准研究》，博士学位论文，华东师范大学，2004年，第9页；姚利民：《有效教学研究》，博士学位论文，华东师范大学，2004年，第30页；宋秋前：《有效教学的涵义和特征》，《教育发展研究》2007年第1期 A。

对社会和个体的需要所达到的某种吻合程度。① 这种教学效益并不是一时就能够判断出来的，而是要通过综合的长期的教学结果衡量才可能作出判断。效果指教学结果中与预期的教学活动结果目标相符合的部分，它是就预定的教学目标内容的呈现与再现而言的。也就是说，教学目标实施后可以进行达标与否的评价检测。

由此可见，有效性（有效教学）的内涵并不是简单的"效率""效益""效果"中任何一词所能概括的，需要具体情况具体分析。所以，有学者认为，有效仅仅是"实际的教学效果与应有的教学效果之比值"的一种"假设"。② 更有学者把"有效教学"理解为一种多向度的理念：③ "关注学生的进步或发展""关注教学效益，要求教师有时间与效益的观念""更多地关注可测性或量化""需要教师具备一种反思的意识""是一种策略"。这种理解包含理论、实践、模式、策略等所有与有效理念相关或相符的一切假设与实践，扩大了有效教学研究的范畴，但同时却也回避了实践层面的可操作的"有效"教学研究。

本研究认为，有效教学是以教学目标为标准的教学目标预设与达成的一种价值判断。它是在教师指导下，学生完成教学目标任务，呈现语文教学预期活动结果的目标性行为，以及在任务完成的过程中，导向目标发展的积极学习活动过程。

首先，有效教学突出教学的效率观念，即教学的投入与产出的关系。在语文教学中，它表现为语文教学活动的预期结果目标得到的实证行为，或者可量化的结果。因为就语文教学目标的性质而言，知识性、技能性的教学目标可以通过行为来呈现，或者通过书写、测试来证明。这种目标可以用投入与产出的模式来衡量。即使在当代建构主义语境下，知识性、技能性的目标也是可以通过可量化、可视化的教学手段来实现的。

---

① 孙亚玲：《课堂教学有效教学标准研究》，博士学位论文，华东师范大学，2004年，第9页。
② 李涛：《提高课堂教学效率之我见》，《现代中小学教育》1996年第6期。
③ 崔允漷：《有效教学的理念与策略》，《人民教育》2001年第6期。

其次，对于能力、认知策略、情感态度与价值观这些具有内隐性、累积性的教学目标，其教学有效与否则应该根据目标的特点采取过程表现的形式来综合判断。因为能力、认知策略、情感态度与价值观目标必须经历一个个的事件处理过程才能最终形成。因此，创造条件、激发动机、提供足量的活动，是这些目标有效达成的关键。从这个意义上说，国外的教学目标研究强调行为表现是有道理的，而国内却强调教学的目标理念，这实际上是对现实的回避，最终仍然无法实现语文教学目标的有效生成。

有效教学观念应该强调学生是学习的主体，要求学生在教师的指导下与学习对象充分地接触，积极地建构，促进主体的自觉性、能动性和创造性的发挥。

（三）生成

在哲学上，"生成"（英 becoming，德 werden）亦译"变易"。相当于"变化""转化"的意思。希腊早期自然哲学家认为，存在的东西实际上都处在变动的过程中，作为运动、变化的结果而存在。黑格尔把生成（变易）定义为"有"与"无"的统一。他从纯粹思辨的逻辑学视角出发对"无"和"有"的概念进行推演，赋予规定，直至最终外化为整个自然、宇宙世界。"有"与"无"这一演化过程就是"生成"（变易）的过程。过程哲学家怀特海（Alfred North Whitehead）认为，"现实世界是一个过程，这个过程就是各种实际存在物的生成"。生成不是简单的流动，不是没有形式的连续性，而是从一个阶段进展到另一个阶段的过程，每个阶段都是后继阶段走向完善的过程。同时，也是新型的综合物的形成，即创造、生成的过程。

从教育的角度看，"教育与教学，是一种内在的'生成'，它是一个从自然人成为社会人，促成了从空间到时间的转化。因此，教育教学，就是对人生成、变化和发展的把握"。[①] 雅斯贝尔斯（Karl Jaspers）在《什么是教育》一书提出"教育即生成"的教育思想。他认为，"生成来源于历史的积聚和自身不断重复的努力。人的生成似乎是于

---

① 裴娣娜：《现代教学论生成发展之思——怀特海过程哲学的方法论启示》，《教育学报》2005 年第 3 期。

不知不觉地无意识之中达到的，但这无意识是曾在困境中以清醒意识从事某事的结果。""生成的静态形式即习惯，动态形式即超越。生成就是习惯的不断形成和不断更新。"① 在此基础上形成了生成的教育观、内容观、过程观、环境观。1974年，心理学家维特罗克（Wittrock. M. C）提出"生成学习"理论（theory of generative learning），强调学习过程是学习者原有认知结构与环境信息之间的相互作用，是主动建构信息意义的生成过程。②

因此，在教育教学领域，"生成"一词实际上蕴含着"生成教学"（或教学生成）的意思。它强调在教师的引导下学生以自己原有的经验和认知结构，在具体生动的情境中与认知对象对话，促进自身知识、技能、情感态度与价值观形成的活动过程。在国外，生成教学思想一般认为源于杜威的"教育即生长"，即经验的不断改组或改造的过程。在我国，生成教学则被认为自古有之，孔子的启发式教学思想就蕴含着生成教学思想的萌芽。

在本研究中，生成是指在教师的指导下学生以自身原有的经验和认知结构，在具体的生动的情境中与认知对象对话建构，达成预期的语文教学目标，促进自身知识、技能、情感态度与价值观发展的活动过程。这种概念强调下列内涵：

首先，生成是一种思维方式，是看待世界的一种方法论。人类历史上，有本体论、科学世界观和生成论三种思维方式。③ 它们分别在古代、近代和现代占据着统治地位，主导着不同时期的人们对世界的认识，制约着人们的思维和实践。

本体论思维方式是以超验的形式预设世界本体的存在，并尝试从人的终极存在、初始本源去理解和把握存在，进而为人的行为寻找最佳根据的哲学思维方式。这种本体论思维方式探讨的哲学问题主要有：

---

① ［德］雅斯贝尔斯：《什么是教育》，邹进译，生活·读书·新知三联书店1991年版，第14—16页。
② 康世刚：《数学素养生成的教学研究》，博士学位论文，西南大学，2009年，第42页。
③ 马志生、敬海新：《哲学思维方式的嬗变——从预成论到生成论》，《北方论丛》2003年第6期。

何谓本体？世界的本源是什么？本体论探究如何可能？本体论的地位和意识何在？进而超越物理的、现象的世界，去求索终极的存在、终极的原因，寻求对世界的终极解释。近代科学世界观是哲学史上第二种占主导地位的思维方式。它从认识论视角审视本体，探讨关于人的认识问题、人与世界的认识关系、过程、方法等，主要回答人对对象的认识何以可能、如何可能的问题。它所关注的也不是客观的自在世界、本体世界，而是对象世界和观念世界的关系，以及观念世界如何把握和再生对象世界的问题。这种思维方式把世界视为外在于人、独立于人、自我封闭、预先给定的既有存在，是一种预定的思维方式。它首先假定对象的本质，然后用这种假定去解释对象的存在和发展，置人于世界之外的旁观者地位。

生成思维是现当代人们认识和把握世界的一种思维方式。认为，事物、人、世界的发展是一个过程，主张一切都在生成中存在和发展，"世界从本质上是某种从混沌中产生的东西，是某种发展起来的东西、某种逐渐生成的东西"，① 而且"先行于自身的——已经在（世界）之中的——作为寓于（世内）来照面存在者的存在"。② 可能性寓于现实性中，并且高于现实性，正如海德格尔所说，"此在"是一种"能在"，又是一种"尚未"，"它向着它被抛入的种种可能性筹划自己"，"自由仅在于选择一种可能性"，③ 更为重要的是，生成性思维方式强调人只有一个现世，反对抽象的本质，注重过程而非本质，注重关系而非本体，注重创造而非预定，注重个性和差异而反对中心和同一，注重非理性而反对工具理性，从而实现物质世界与精神世界、日常生活世界与非日常生活世界的统一。

其次，生成是主体的自我生成。原武汉大学校长刘道玉对比了国内与国外的教育发现，我国的教育重在塑造，而国外的教育重在生长。

---

① 《马克思恩格斯选集》第3卷，人民出版社1972年版，第448页。
② ［德］海德格尔：《存在与时间》，陈嘉映、王庆节译，生活·读书·新知三联书店2000年版，第287页。
③ 同上书，第325—326页。

绪 论

所谓生长就是强调学生主体的自我生长、自我生成的意思，即经验的不断改组或改造的过程。这种改组或改造是作为主体的人的能动作用的结果。因为人是能动的存在，失去能动性，人与其他动物就没有什么区别了，因此，不能忽视主体的能动性。杜威把对人的教育看作是形成习惯的过程。习惯有两种：一是习以为常的形式，指有机体在活动和环境中取得全面的、挂名的平衡；二是主动地调整自己的活动以应付新情况的能力。① 前一种习惯是人与动物共同具有的，后一种习惯则只能是人才能形成的，其根本原因就是人是有意识的主体。莫兰说，生物在生长变化中与人一样也有能动性的特征，但是这种能动性却在人类身上出现了非凡的新形态——有意识的主体，② 正是人的这种主体意识，才促进了人自身的生成。

再次，生成是社会性的生成。人的本质是社会关系的总和。儿童作为人类总体的一部分，他们的生成并不是自然主义所主张的自然生成，而是在社会关系中的生成。儿童是未成熟者，不仅面临生理的生长，而且也面临着文化的生长，即精神的生长，正是生理的和精神的生长使个体成为真正的人。文化的生长不仅需要主体与文化载体之符号相互作用，而且更需要主体与文化载体之有生命的社会群体（人类）相互接触、对话、交流，从而获得知识技能，并取得社会群体的身份认同，从而加速社会化。所以，主体参与社会群体的实践活动是必不可少的。

最后，生成是主体的整体性生成。人是一个完整的生命存在，人的生长发展也是以整体的形式生长发展的，任何以为个体的生长发展是局部或片面的生长发展的看法都是偏颇的。因为人是具有主体意识的人，有能力通过反思调整自身的认知结构，获得整体性发展的。不过，人的生长发展离不开外界提供的条件，特别是对于还未成熟的教

---

① ［美］约翰·杜威：《民主主义与教育》，王承绪译，人民教育出版社1990年版，第45—57页。

② ［法］埃德加·莫兰：《复杂的科学：自觉的科学》，陈一壮译，北京大学出版社2001年版，第261—265页。

育中的个体而言，需要教师创造条件，启发、点拨促进学生个体的整体性生成。在语文教学目标生成的过程中，学生并不是仅仅生成了与教学目标性质一致的知识、技能、策略、情感态度与价值观内容，而是通过这一教学目标生成了与之相应的知识、技能、策略、情感态度与价值观整体内容。就学生素养而言，通过某一性质的教学目标的实现，则是促进了学生的综合素养的生成，当然，这需要教师创设提供与主体生成相适应的活动情境和活动方式。

因此，本研究所主张的生成是学生主体通过获得文化知识，促进自身素养全面成长的过程。

三 文献综述

语文教学目标有效生成的研究涉及教学目标问题、语文教学目标的实现，即生成问题；实现效果，即有效问题。因此，语文教学目标有效生成的研究需要从语文教学目标、有效教学和生成教学三方面来梳理其研究文献，以为本研究提供借鉴和切入点。

（一）语文教学目标研究

1. 教学目标研究的历史与现状

理论上讲，教育产生之日起教学目标就已经存在，但教学目标研究大约始于20世纪30年代，兴盛于四五十年代，转折于20世纪末21世纪初。

在国外。20世纪初，受泰罗效率管理理论的影响，教学目标研究受到重视。30年代，泰勒的课程与教学原理出现。50年代，布卢姆的教育目标分类学理论产生，教学目标研究开始成为一个热点研究领域。70年代，加涅在总结布卢姆的教学目标分类研究的基础上提出了基于教学结果的目标分类理论。

20世纪末21世纪初，教学目标分类理论研究获得了新的发展。1999年，豪恩斯坦对布卢姆等人在1956—1964年的教学目标分类理论进行了改造和扩充；2001年，安德森出版了他带领团队花费十年时间对布卢姆的认知目标分类理论进行全面修订的研究成果；20世纪末，马扎诺（Robert J. Marzano）根据他对思维维度和学习维度的研究成果，提出了新的教育目标分类理论。21世纪初，"欧洲经济合作与发展组织"（Organization for Economic Cooperation and Development，简称为OECD）提出了关键能力目标，之后形成了核心素养目标理论，从而主导了21世纪10—20年代国际范围的基础教育课程教学改革潮流；罗米索斯基（Alexander Joseph Romiszowski）根据其自20世纪80年代以来的研究成果，21世纪初在其著作中重申并适当更新了其知能结构与策略适配的教学目标分类理论，等等。这些关于教学目标的研究成果使教学目标理论得到极大地丰富和发展。

在国内。1983年，我国开始从美国引进教学目标分类理论研究成果。1986年4月，随着《中华人民共和国义务教育法》的颁布实施，大面积提高教学质量、提高民族素质的需要，教学目标理论研究开始得到重视。9月，布卢姆应刘佛年教授的邀请来华东师范大学讲学，宣传其教育目标分类理论。其后，随着《布卢姆掌握学习论文集》《教育目标分类学·认知领域》等著作的出版，教育目标分类学、教学评价理论、掌握学习理论等在我国迅速传播，并且产生了广泛的影响。

1997年，全国目标教学研究10周年纪念大会在山东淄博召开，会上宣布正式成立中国教育学会分会目标教学专业委员会，指导全国基础教育目标教学。2001年，《基础教育课程改革纲要》（试行）颁布，明确了改革的"课程总体目标"，其核心是"改变课程过于注重知识传授的倾向，强调形成积极主动的学习态度，使获得基础知识与基本技能的过程同时成为学会学习和形成正确价值观的过程"。[①] 这些规定成为基础教育教学目标由基础知识、基本技能"二维目标"向"知识与能力""过程与方法""情感态度与价值观""三维目标"转型的政策依据。之后，语文学科课程以课程标准形式规定"学科课程总体目标"，义务教育课程总目标共十条；高中语文课程总目标，包括"积累·整合""感受·鉴赏""思考·领悟""应用·拓展""发

---

① 中华人民共和国教育部：《基础教育课程改革纲要》（试行），2001年。

现·创新"五个方面，并以学段形式明确了语文学科课程的具体目标，三维目标也由课程规划进入教材编制、由教材进入教学实践，成为主导新一轮课程改革的教育理念。

2018年1月，《普通高中语文课程标准（2017年）》正式发布，从学科核心素养的角度重新确定了语文课程的目标为语言积累与建构、语言表达与交流、语言梳理与整合、发展形象思维、增强逻辑思维能力、提升思维品质、增进对祖国语文中文字的美感体验、鉴赏文学作品、美的表达与创造、传承中华文化、理解多样文化、关注并参与当代文化12个目标，体现了学科层面课程改革的目标要求。教学目标研究也将由此进入了一个更新的发展阶段。

2. 国外教学目标研究的内容

教学目标的研究内容主要聚焦于目标分类、目标表述和评价三方面。

（1）教学目标分类理论

国外教学目标的研究内容，主要是教学目标理论研究。

布卢姆教学目标分类理论。20世纪50年代，美国芝加哥大学教授布卢姆（B. S. Bloom）认为，教育的首要功能就是发展个人，学校的中心任务就是发展学生身上那些能够使他们在复杂的社会中有效的生活的特性，教育目标的制定应该考虑"可能的目标"和"希望的目标"。教学目标表述的是学生经过学习之后能够达到的行为表现。较复杂的行为包含较简单的行为，可以把教学过程看作是较简单的行为的组合，从而形成复杂的行为，复杂的行为达到一定的程度就质变为与简单的行为的本质相区别的新的、高级的行为了。基于这样的假设，1956年布卢姆出版了《教育目标分类学》一书，首次把分类理论运用于教学领域，使目标分类学成为教育理论研究的一个专门领域。布卢姆的教学目标分类体系包括认知、情感和动作技能三个领域。认知领域的目标分类包括知识、领会、运用、分析、综合、评价六个方面，每个方面又包括比较具体的分类。1964年，克拉斯沃和布卢姆共同提出了情感领域的目标分类理论，包括接受、反应、价值评价、组织、由价值或价值复合体形成的性格化五个方面,每方面又包括相对比较具体的分类。1972年,哈罗和辛普森提出了动作技能领域的教学目标分类理论,包括反射动作、基本—基础动作、知觉能力、体能、技巧动作和有意沟通六个方面,每方面也包括相对具体的分类。

布卢姆的这种注重学习结果表现的教学目标体系使原来庞杂的教学目标序列化了,形成了一个能级递进的目标体系,超越了学科范畴、知识体系、认知差异,为不同学科、不同知识体系、不同教师间的教学交流搭建了共同的目标评价参照平台;把教学目标分为三个领域进行研究,突破了传统的混沌的教育目标体系,为促进学生的全面发展的学校教学提供了契机,对第二次世界大战后世界各国急于提高教学质量、监控教学效果的课程与教学研究和实践有重要的参考价值。但是,布卢姆的教学目标分类理论依然有诸多问题:它强调教学目标与学习结果的行为表现之间的等价评价关系,忽视了非行为结果的教学目标与评价;以僵化的"科学理性思维"把教学目标线性化了,既忽视了目标之间的整合性、非层级性,又忽视了目标实现之间的非序列化特征和人的主观能动性,是一种"见物不见人"的教学目标分类理论。

加涅的教学目标分类理论。20世纪70年代,美国心理学家加涅从信息加工理论的角度研究人类的学习,认为教学活动设计的最佳途径是根据教学的预期结果来安排,这样,有利于明确达到目标需要的学习条件,确定教学事件,提示教师教学需要注意的事项等。加涅从教学的预期结果的角度把教学目标分为言语信息、智慧技能、认知策略、动作技能和态度五类,并根据不同的目标性质匹配了适宜的教学条件,即教学策略,使教学目标的实现一定程度上具有了有效教学的思想意识。

20世纪末,针对布卢姆的"二维"教育目标分类理论,安德森等人经过40年的研究提出了基于教学目标有效实现的目标分类理论。将教学目标从知识、认知过程二个维度分类,强调通过围绕如何表征和解决问题两个方面来提高教学目标的实现效果。

马扎诺的教学目标分类理论。2001年，美国课程与教学设计专家马扎诺（Robert J. Marzano）总结了布卢姆的教育目标分类学在过去40年的教育应用中所取得的巨大成绩和不足，提出了基于人的学习行为模式和思维模式的教学目标分类理论。[1] 还提出了一个基于知识与过程的二维度的教学目标评价体系。知识维度包括三领域六类知识：信息领域（事实和组织理念）、智力程序领域（智力技能和智力过程）、心理意向领域（心理技能和心理过程）。过程维度是过程的运作，包括三系统六种运作。三系统是由上述六类知识构成的，第1—4类知识分别是回顾、理解、分析和知识运用，属于认知系统；第5类知识是元认知知识，属于元认知系统；第6类知识是自我的知识，属于自我系统。六种运作是指上述六类知识形成的过程。整个教学目标框架体系基本上囊括了学校教学所要达到的全部目标，并且任何一个具体的教学目标都可以在这个框架中找到合适的位置。

20世纪末21世纪初，美国教学设计领域著名专家乔纳森（David H. Jonassen）在对当前心理学进展研究的基础上，提出了学习结果与策略适配的教学目标分类框架，并在结构化知识、心理模式、情境性问题解决、扩展技能、自我知识、执行和情意品质等方面都显示了自己独到的见解，他强调复杂的、非结构性问题的解决，比较符合复杂的、综合的、创造性的学习与实践。同时，他把学习类型、评价标准和教学策略三要素从整体上统一考虑，为学习者在具体的情境中获得知识，培养能力，促进认知，发展自我，创造了条件。[2]

罗米索斯基的教学目标分类理论。当代国际著名教学设计理论家罗米索斯基（A. J. Romiszowski）在1999、2009年分别重申并且适当更新了其对教学目标分类理论研究的成果——知能结构与策略适配的教学目标分类理论。他把教学目标分为"知识、技能和内部自我"，并建构了与之相应的教学策略。知识包括事实、程序、概念、原理四类；技能包括再生性技能和创生性技能，并提出了总体教学策略、知

---

[1] 黎加厚：《新教育目标分类学概论·前言》，上海教育出版社2010年版，第3页。
[2] 盛群力等：《21世纪教育目标新分类》，江教育出版社2008年版，第138—153页。

识教学策略、技能教学策略；内部自我包括个体内驱力、动机或其他个性因素、情感、经验、信仰等。① 这种目标分类是针对布卢姆的教育目标分类理论的不足，为培养学生的高级思维能力而提出来的，它更多地借鉴了认知心理学关于信息加工原理理论，对知识、技能、情感态度与价值的形成过程进行了细致的探讨，为教学目标的有效实现提供了帮助。

注重核心能力的教学目标分类。2000年3月，欧洲经济合作与发展组织（OECD）为培养适应社会发展要求的人才，提高就业标准和质量，提出了贯穿终身学习的"新基本能力"框架，即OECD关键能力框架。② 关键能力包括母语交流能力、外语交流能力、数学能力和科学技术能力、数字化能力、学会学习的能力、人际交往和履行公民职责的能力、创业能力、文化表达能力八种。它们分属于使用交互工具、与异质群体协调沟通、自主行动三大能力类别。关键能力是个人实现自我、终身发展、融入主流社会和充分就业所必需的知识、技能及态度的整合，是可迁移的能够发挥多样化功能的能力。OECD关键能力教学目标体现了当今国际社会对所培养的学生能力目标的深层审视和独到见解，迎合了信息化、知识经验和学习型社会对个体生存发展与社会和谐发展的迫切需要，反映了时代的要求。

（2）关于教学目标的陈述研究

教学目标的陈述也是教学目标理论研究的重要内容。1962年，麦格（R. F. Mager）在其《教学目标的准备》等著作中，提出了根据行为训练的技术和方法原则用行为术语系统陈述教学目标的主张。认为，学习过程中的行为目标应当以可观察的方式明确说明；学习的行为标准应该详细说明；学习行为发生的条件应该具体标明。好的教学目标陈述应该

---

① 盛群力：《分类教学设计论》，《开放教育》2010年第1期。
② ［瑞士］Dominique Simone Rychen、［美］Laura Hersh Salganik：《勾勒关键能力，打造优质生活——OECD 关键能力框架概述》，滕梅芳、盛群力编译，《远程教育杂志》2007年第5期。

包含可观察到的学习行为、行为标准和行为发生的条件三个因素。① 麦格的教学目标陈述理论改变了用表示内部心理过程的术语表述目标的传统做法。但是，教学活动中确实有许多教学目标是表示心理活动过程的，它无法用表示外显行为的术语来描述，而只能用表示内部心理过程的术语来表述。

1978 年，格伦兰（N. E. Gronlund）提出了制定教学目标的两步法。第一步是一般目标（general objective），第二步是特殊目标（specific objective）。② 一般目标陈述预期的教学结果。特殊目标是对一般目标的具体化，即用具体的行为（作业的或可测量的）术语陈述可预期的教学结果。可预期的教学结果表示学习者达到一般教学目标时将表现出的可观察到的行为，即行为表现。一般目标称为母目标，特殊目标称为子目标。两步法教学目标的制定避免了教学目标细化过程中的琐碎问题，使抽象的概括的目标得到了细化，有助于课程与教学目标的实施落实，在西方颇受推崇。后来，教学目标表述定轨于四因素法（ABCD 模式）及五要素法。ABCD 指对应的 audience、behavior、condition、degree 四个单词概念，分别指学习对象、具体的学习行为、行为发生的环境、学习行为达到的程度。③ 在此基础上，人们又提出了确定教学目标的五要素：对象——谁要完成教学预期的任务，通常指学生；行为——达到目标的具体学习行为；结果——学习者的表现，即学生学习的结果，而不是教师的教学表现；情境——表现行为的有关情境或条件；标准——预期的行为可接受的程度，即用来评价学习结果的标准。

（3）关于教学评价

从国外的教学目标分类、教学目标陈述以及相关的教学设计来看，国外的教学评价基本上形成了针对目标的对应性评价。从布卢姆的侧

---

① R. F. Mager, Preparing Instructional Objectives (2nd), *Pitman Learning*, 1984, p. 23.
② 瞿葆奎主编：《教育学文集·教育评价》，人民教育出版社 1993 年版，第 562 页。
③ R. Heinich, et al., *Instructional Media and Technologies for Learning* (7th), Merrill/Prentice Hall, 2002, pp. 59–61.

重能级的教学目标及其对应性评价,到加涅的注重预期结果的教学目标及其对应性评价,再到后来注重外显性的行为评价和内隐性的行为评价相结合的教学评价,都能看出国外的目标教学十分注重评价,即注重教学目标达成度的效果评价,凸显了以教学目标为主导的科学化教学思想。

国外的教学目标理论研究从目标分类到目标陈述,再到预期教学目标的落实评价等方面,都形成了相对比较完善的理论系统。它强调教学目标的确定、表述、实施与评价,从目标制定到目标的完成过程都有相对明确的操作规范和指导措施,从理论上保证了教学目标的有效生成,为实践中教学目标的有效生成提供了理想的可能性假定。更值得注意的是,国外的教学目标分类理论研究已经由注重教学结果的目标分类研究,发展到注重学生主体性和学生关键能力发展的教学目标分类研究,凸显出教学目标分类理论研究与时俱进的时代特色。

3. 国内关于语文教学目标的研究

(1) 关于语文教学目标的制定依据

方智范教授认为,制定语文课程目标(在教学论范畴中课程目标相当于教育目标和教学目标整体)的出发点是正确理解语文素养的总要求。具体而言,就是要从全面提高学生语文素养的理念出发,加强语文课程目标中的"情感态度与价值观"目标维度,突出课程目标的实践特点,重新理解现代社会对公民素质所要求的"知识与能力"维度目标。① 其实,这也是语文教学目标制定的出发点。只有理解了课程标准理念,才可能制定出正确恰当的教学目标。

张玮认为,制定教学目标是语文教学的第一要义。他分析了当前教学目标制定存在的照搬教参、违反逻辑、违背课标、含混不清等问题,提出了依据课程标准要求、文本特点、学生起点制定教学目标的主张,并且教学目标陈述要科学、可操作、可检测。② 彭玉华认为,

---

① 方智范:《关于语文课程目标的对话》,《语文建设》2002 年第 1 期。
② 张玮:《科学制定教学目标是语文教学的第一要义》,《江苏教育科研》2011 年第 9 期 B。

语文教学目标的制定有两个依据：一是课程标准规定的课程目标依据。在学校教育中，按照从宏观、抽象到微观、具体的顺序，教学目标制定的依据依次是学校的培养目标、课程目标、教学目标。① 二是学生、教师、学科知识的分析依据。② 教学目标的制定依据研究比较全面，但是，教学目标的制定常常是有侧重的，教师实际上也不会全面衡量这些依据。戴荣进一步具体化了教学目标制定的依据，他认为教学目标确定的主要依据是语文课程标准规定的教学总目标和各学段的教学目标。此外，教学目标的确定还要依据教师的语文教学的实际水平，依据教师对教材的熟悉和掌握程度，依据学生现有的认知状况等。另外，课时教学目标、课文教学目标、单元教学目标、学期教学目标、学年教学目标、课程标准总目标、学段目标之间都是相互依据的关系。③

教学是教师有目的有计划有组织地引导学生活动的过程。教学目标的制定首先要根据课程标准要求，因为它集中体现了学科发展的一般现状、时代的普遍需求、学生的一般水平，尽管适应具体地域、具体学情的教学目标要具体情况具体分析，但为使所有学生达到课程目标的基本要求，教学目标的制定也要尊重课程标准的一般要求，所以，理解课程理念，领会课程目标内涵，把握课程目标特点至关重要。

（2）关于语文教学目标的设计

王荣生认为，语文教学目标设计需要从语文课程目标的高度来把握，注重凸显"情感态度和价值观"目标、关注"过程和方法"目标、落实"知识和能力"目标。④ 何功兴认为，语文教学目标设计首先要明确语文教学目标。明确的策略有：研究课程标准，把握语文课程的性质、任务，明确语文课程的总目标；研究教材，把握整套教材

---

① 王延玲、吕宪军：《论教学目标设计理论与实践的应用研究》，《东北师范大学学报》2004年第1期。

② 彭玉华：《新课程背景下语文课堂教学目标的设计》，《中小学教师培训》2005年第9期。

③ 戴荣：《语文课堂教学目标的确定》，《江苏教育研究》2009年第11期B。

④ 王荣生：《从"三个维度"把握语文课程与教学目标》，《上海教育科研》2003年第11期。

的内容和体系，形成涵盖全套教材的教学目标序列；研究学生，掌握学生的现有基础，设计切实可靠的教学目标。①

杨增祥从阅读教学目标设计入手，探讨了语文教学目标的内容分类。② 认为语文教学目标分为七类：一是知识目标。包括现代汉语知识、古汉语知识、文学知识、文章学知识等。二是能力目标。共六项。该论文就阅读能力分列了现代文阅读能力，包括整体把握能力、理解思路能力、理解内容能力、品味语言能力、表述整合能力；文学鉴赏能力，包括感受形象能力、品味语言能力、品味技巧能力；文言文阅读能力，包括诵读能力、理解能力。三是思维目标。包括思维方法、思维品质和思维能力三个方面。四是情感目标。包括喜怒哀乐情感、博爱情感、真善美情感。五是审美目标。包括鉴定事物美的类型和评价事物美的原因。六是德育目标。包括爱国意识、献身意识、好学意识、劳动意识、法律意识等。七是技能目标。包括阅读效率技能、查阅资料技能、准确答题技能（听说写技能）。这种目标内容的探讨为教学目标设计提供了借鉴。

语文教学目标设计还要遵循目标本身的特点。于世华、秦纪兰认为，新课程在本质上要求课程目标与教学过程中生成的目标保持统一性，预设性教学目标与非预设性教学目标要融合，其融合的策略主要是预设性教学目标的实施要注重增加问题情境、教学事件或教学活动。③ 周立群认为，语文教学目标的设计要做好五个结合：抽象目标与具体目标的结合、即时目标和延时目标的结合、预设目标和生成目标的结合、共同目标和个性目标的结合、体系目标与非逻辑目标的结合等。④ 金军华认为，三维目标是一个整体，不应偏颇，也不该分裂，教学目标设计应该以布卢姆的教学目标分类作引导，正确认识教学目标及其三维目标"三维"之关系；设计三维目标要注重有机整合，在

---

① 何功兴：《有效语文教学从明确目标开始》，《语文建设》2006年第6期。
② 杨增祥：《语文阅读教学目标设计》，《大连教育学院学报》2003年第9期。
③ 于世华、秦纪兰：《预设性与非预设性相整合的教学设计》，《教学与管理》2006年第4期。
④ 周立群：《新课程下语文教学目标设计策略》，《语文建设》2004年第1期Z。

过程与方法中掌握知识，形成能力，获得情感态度与价值观；三维目标的落实要了无痕迹，要整合于教学活动中。①

钱洲军提出，教学目标设计要关注学生的"起点行为"和"终点行为"，并且二者要对应，其目的是要求教师找到这两种行为水平之间的差距，采取措施，实施教学。他把学生的认知能力分为记忆、识别、解释、应用、分析、综合等层次，认为对不同阶段的学生来说，不作具体分析和取舍地制定的教学目标就很难适应中高阶段学生的实际需要。②

李茂森、孙亚玲认为，教学目标的制定需要慎重考虑。③从宏观角度看，教育目的是国家以政策形式来制定的，课程目标是专家与教材编制者根据政策来制定的，而教学目标则是教师根据课程目标来制定的。但从有效教学的角度看，语文教学要强调学生的主体性，学生是教学目标有效与否的载体，教学目标的制定不仅要符合学生的需要，而且还要突出学生参与制定教学目标的可能性和必要性。

语文课堂教学目标的有效制定必须遵循一定的原则。金丹华提出了教学目标制定的五原则：序列定位原则，即在课程标准、单元要求、教学建议等的引导下，制定教学目标；文本发现原则，即根据文本特点提炼教学目标；学生需要原则，即注重学生的能力差异和兴趣需要，又要完成基本的教学目标任务；预设生成原则，即注重预设与生成的结合；科学陈述原则。④戴荣提出了主体性和开放性原则、全面性和多样性原则、差异性和渐进性原则、生成性原则、激励性原则、可测性原则等制定教学目标的六原则。⑤许书明提出了确定教学目标必须遵循的整体性原则、动态性原则和教育性原则。⑥

---

① 金军华：《语文教学中三维目标设置的问题与策略》，《江苏教育研究》2010年第4期B。
② 钱洲军：《走出中学语文教学目标设计的误区》，《宁波教育学院学报》2007年第8期。
③ 李茂森、孙亚玲：《论有效教学中教学目标的性质及其价值——读〈课堂教学有效性标准研究〉》，《内蒙古师范大学学报》（教科版）2006年第1期。
④ 金丹华：《语文课堂教学目标的有效制定》，《浙江教育科学》2011年第2期。
⑤ 戴荣：《语文课堂教学目标的确定》，《江苏教育研究》2009年第11期B。
⑥ 许书明：《优化语文教学目标与目标教学》，《钦州师范高等专科学校学报》1998年第12期。

语文教学目标制定的程序方面。为确保语文教学目标的效度和信度，薛晓嫘总结了语文教学目标设计的程序与策略，提出语文教学目标设计要遵循确定教学类型、分析教学目标的水平、陈述具体行为三个步骤。① 许书明提出了较为详细的教学目标制定程序：② 第一，根据大纲要求和教材内容拟定各阶段、各年级、各学期乃至每一单元的教学目标要求，建立目标体系；第二，钻研教材，根据教学要求、重点、难点和学生特征确定课堂、课文的教学目标要点；第三，分析与教学目标相应的学习水平与学生的学习水平现状，对教学目标进行适当的调适；第四，结合课文内容，参照每一级学习水平编制教学目标双向细目表；第五，制定教学目标评价；第六，修改教学目标。教学目标设计的程序受布鲁纳目标教学理论的影响，过分强调认知性目标的设计与实施而忽视了非认知性目标的设计与实施。还有从学段、领域提出教学目标制定程序的，如周健的"如何确立高中语文阅读教学目标"、陈建国的"小学语文教学目标体系的科学构建"等。

总之，语文教学目标的设计策略已经从原来只注重教学内容的设计，开始转向从教学目标整体、目标维度、目标特点、学习主体等多个因素综合考虑设计，使教学目标研究具有了语文学科的特征和学情特点，能够更好地发挥教学目标对学生语文素养的培养功能。但是，新课程实施以来，语文教学受唯"知识技能"批判思想的影响，语文教学目标设计出现了轻知识与技能目标，重情感态度与价值观目标的倾向。

（3）关于语文教学目标的实施

温德峰、于爱玲认为，语文教学三维目标的实施存在"顾此失彼"的现象：③ 一是三维目标纠正了过去片面强调"知识技能"目标的教学倾向，但却又走向另一极端，片面注重情感态度与价值观目标

---

① 薛晓嫘：《反思语文教学目标》，《宜宾学院学报》2005年第11期。
② 许书明：《优化语文教学目标与目标教学》，《钦州师范高等专科学校学报》1998年第12期。
③ 温德峰、于爱玲：《语文教学三维目标的"顾此失彼"》，《当代教育科学》2006年第17期。

而忽视了知识与技能目标。二是新课程改革提倡"自主、合作、探究"的学习方式,以转变传统的注重教师授受的教学方式,但是课堂教学中学生并没有使用"自主、合作、探究"的学习方式。三是语文课程标准提出"努力建设开放而有活力的语文课程"的理念。要求教师尊重学生的独特感受,形成多元的健康的价值观;让学生在生活中学语文,培养学生收集信息、处理信息的能力,但实际上,教师却疏于对学生学习的引导,没有发挥自身组织、辅助、指导者的功能。

胡蜀萍认为,三维目标设计是一个整体,三个维度相互渗透,相互结合,不可分割。① 知识和能力目标是基础,方法和过程目标是中介,无论是形之于外的知识技能、方法活动,还是隐伏于内的心智活动教学目标,都要体现在教学过程中。教学实施应该把握三维目标的"一体性"特点,把三者有机整合,渗透在课堂、课外的学习活动中,使之有效落实。

4. 我国语文教学目标研究存在的问题

(1) 缺乏系统性

与国外教学目标研究相比,我国的语文教学目标理论研究虽然有一定程度的进展,但缺乏系统深入的研究。其中突出的一点就是国外语文教学目标研究,已经从教学目标制定、表述、实施、评价方面形成了完整的体系,便于对教学目标的有效生成情况进行监控,有利于教学目标的有效达成。因此,注重教学目标的制定、表述、实施与评价的一体化是本研究的重要内容。

(2) 缺乏可操作性

国内国外在语文教学目标研究方面,只注重了教学目标的制定、表述、实施与评价的研究,却忽视了语文教学目标实现的凭借,即教学内容或者教学资源的选择与确定的研究,使语文教学目标的实现很大程度上处于理念状态,缺乏实践的可操作性。语文教学目标与传统认为的教学目标在本质与内容上已经有了很大的差异,教学目标的性

---

① 胡蜀萍:《把三维目标的有机结合贯穿语文教学始终》,《四川教育学院学报》2005 年第 10 期。

质决定了教学内容与教学方法的选择与使用，无视二者的差异必然导致语文教学内容和教学方法不适应新的语文教学目标实施的需要。因此，本研究在语文教学目标研究的基础上注重语文教学内容的选择与确定研究，以服务于语文教学目标的有效生成。

（3）缺乏对学生的关注

从课堂教学层面看，语文教学目标的制定主体是教师。这体现了教师作为国家教育政策的代言人，实施关于学生发展的最低的最基本的国家教育要求的行为，但是，作为生成性教学目标之主体和载体的学生有制定教学目标的参与权，所以教学目标的制定更需要关注学生。因此，如何使教学目标既符合国家语文课程与教学的要求，又适应学生的学习需要，便利教师的教学，是本研究关注的一个问题。

语文教学目标研究的诸多成果与存在的问题为本研究提供了研究的突破口与方向选择。叶圣陶很早就提出了"语文教学到底是干什么的"这个困扰了语文教育界多年的历史问题。他说，语文教学之所以少、慢、差、费，几十年没有大的改观，其根本原因是"语文教学到底是干什么的"这个问题没有真正解决。这个问题似乎成为"哥德巴赫猜想"之谜。《中国教师报》曾围绕"语文教学到底是干什么的"这个问题展开探讨。长三角语文教育论坛也曾为此提出"研究教什么比研究怎么教更重要"的科研和教学命题。王荣生说："不知道教什么，是语文教师备课的最大困扰；不知道教了什么，是语文教师课后的普遍感受。"更为迫切的是，对于许多语文教师来说，"一般应该教什么""实际上需要教什么""通常可以用什么去教""实际上最好用什么去教"的认识更是一片混沌。至于如何更有效地促进语文教学目标的生成则更无从谈起。所以，从这个角度看，研究语文教学目标问题不仅是关键的，而且是"正当其时"的。[①]

（二）有效教学研究

语文教学目标有效生成的教学问题实际上就是有效教学的问题，

[①] 袁菊：《谨防知识过度而灵性失落——中学语文教学目标设定的一个视点》，《教学与管理》2012年第9期。

它强调围绕教学目标这一核心开展教学,使有效教学的理念和活动具有可操作性、可评价性。因此,研究语文教学目标的有效生成需要对有效教学研究进行梳理。

1. 研究历史

有效教学研究源于20世纪上半叶西方的教学科学化运动。大致经历了三个阶段:①

第一阶段,20世纪30年代初至60年代末,主要研究教师的好品质与有效教学的关系。30年代,卡特尔(Cattell)通过对教育行政官员、教师培训者、学校教师和学生关于好教师特征的调查,最后综合分析出好教师应该具备的品质。② 60年代,瑞安(Ryan)及其同事们通过对教师课堂教学的观察,总结出与有效教学有关的三个方面相对应的两极因素:③

> 热情与理解——冷漠与疏远;
> 有组织与有条理——无计划与拖沓;
> 刺激与想象——笨拙与呆板。

此研究"只是将教师特征与教育结果机械相连,而几乎忽视了课堂实际"。④ 仅凭教师的特点就推论出学生的学习效果,把有效教学简单化了。

第二阶段,20世纪70年代初至80年代末,主要研究教师的好的教学行为与有效教学的关系。一些学者开始反思基于教师品质的有效教学研究,认为,好的品质不能完全代表有效教学,判断有效教学的

---

① 陈晓端、Stephen Keith:《当代西方有效教学研究的系统考察与启示》,《比较教育研究》2005年第8期。

② Kyriacou, C., *Effective Teaching in Schools: Theory and Practice*, Starley Thomes Publishes, 1997, p. 5.

③ Perrott, E., *Effective Teaching: A Practical Guide to Improving Your Teaching*, New York: Long-man, 1986, p. 1.

④ 高文:《现代教学的模式化研究》,山东教育出版社2000年版,第127页。

标准应该到教学实践中去寻找，因此，基于好的课堂教学的教师行为研究成为有效教学研究的新视点。研究代表人物有弗兰德斯（Flanders）、罗森夏因（Rosenshine）和弗斯特（Furst），以及多勒（Doyle）等，他们研究的主要内容是教师的直接和间接的教学行为。

70年代后期，关于好的教学的研究开始转向学生的学习行为研究。代表性的研究是1976年美国学者伯利纳（Berliner）和蒂奇诺夫（Tichenoff）的大规模的教学研究。[①] 研究发现有两个因素是判定教学有效性的关键，即教学的意图（目标）与学生的成就。如果没有教学的意图（目标），教学有效与否也就无从判断；如果学生没有取得成就，教学也就谈不上有效。

第三阶段，20世纪90年代初至今，有效教学主要是综合性研究。90年代以来，有效教学开始进入综合化研究阶段，即从多个维度考察有效教学。有代表性的是经济合作与发展组织（OECD）关于有效教学的研究。该组织的研究数据来自英国、美国、法国、日本和澳大利亚。研究认为，教学质量（Teaching quality）是一个综合的概念，教学有效性的考察应该考虑五个方面的因素：[②]

①教师所掌握的实际课程领域的知识和教学内容的知识；
②教师教学法的技能，包括使用有效教学策略的意识与能力；
③教师教学反思的能力与自我批评的能力，以及教师专业化的品质；
④教师的移情能力与尊重他人的品德；
⑤教师教学管理的能力。

这一阶段，有效教学研究关注教师专业素养这一重要方面，是十分必要的，但是却忽视了有效教学的实际主体——学生方面。

此外，本研究认为，有效教学在20世纪末21世纪初已经有了新的研究动向，即将进入有效教学结构整合优化研究的新阶段。20世纪

---

① Perrott, E., *Effective Teaching: A Practical Guide to Improving Your Teaching*, New York: Long-man, 1986, p.4.
② Turner-Bisset, Rosie, *Expert Teaching: Knowledge and Pedagogy to Lead the Profession*, David Fulton Publishers, London, 2001, p.6.

90年代有效教学侧重多维多角度研究，21世纪初有效教学则侧重关键因素研究，运用"协同学原理"规划课程与教学设计。当代国际教育教学研究开始关注教学目标、教学策略和教学评价之间的匹配关系。安德森将新修订的布卢姆认知目标分类学称为"面向学习、教学和评估的分类学"；马扎诺（2008）主张把教学目标研究成果转化为"现实的教学生产力"；乔纳森的教学目标分类理论是力图体现教学目标结果分类、监测指标和教学策略一体化的尝试；OECD关键能力分类目标研究已经与国际学生能力评估项目（Programme for International Student Assessment，简称 PISA）联姻。这些研究都反映出有效教学优化整合的发展趋势，值得我国有效教学研究反思。

2. 有效教学研究内容

（1）有效教学的影响因素

影响有效教学的因素众多。研究角度不同，其研究内容也不同。程红、张天宝从教学活动出发，认为教学活动的主体（教师与学生）、教学活动的客体（课程与教材）、教学活动的中介手段（教学手段）、教学活动的空间结构（教师、学生、课程和教学手段等因素的结构关系）是影响有效教学的重要因素。① 姚利民从"教"的层面探讨影响有效教学的因素，认为教师的教学观念、教育知识、教育的责任意识、教学效能感、教学能力、教学机制等是影响有效教学的主要因素。② 孙亚玲把有效教学的影响因素分为积极因素和消极因素两个方面。③ 积极因素包括教师因素（教师的教育观念、教师的政治思想道德水平、教师的智力和智慧、教师的科学文化水平、教师的教学能力、教师的心理状态）、学生因素（学生的一般特征、学生的起点能力、学生的学习策略与方法、学生的参与）、教学内容因素（教学内容的价值取向、教学内容的多少）、教学环境因素（教学的物化环境和人文环境）。消极因素包括理论脱离实际，缺少实践

---

① 程红、张天宝：《论有效教学的标准》，《教育理论与实践》1998年第11期。
② 姚利民：《有效教学研》，博士学位论文，华东师范大学，2004年。
③ 孙亚玲：《课堂教学有效性标准研究》，博士学位论文，华东师范大学，2008年。

环节；重教书，不重育人；教学方法单一，教学气氛沉闷；教育教学观念陈旧等。

国外主要从教师角度研究有效教学。经历了从教师的品质、[1] 教师的课堂教学行为的研究，再到教师的综合教学素质、[2] 教师的教学决策研究的发展过程。20世纪60年代前，有效教学主要研究教师的个体品质与有效教学的关系；之后，到20世纪末，有效教学研究教师的综合素质；21世纪初，有效教学研究转向教师的教学决策研究。《有效教学决策》以"教学是一门由艺术家们所从事的科学"为假设，[3] 认为教学就是教师对影响学生学习可能性因素的不断决策过程，就是在与学生互动前、互动中、互动后做出决策的过程。它从信念体系、有效决策、有效教学理论、教师专业发展等方面探讨有效的教学决策。有效教学决策存在于教学设计与准备、教学互动和教学效果评价三个阶段中，主要强调教师的教学主导功能。

国外的有效教学研究与现阶段我国的有效教学研究有较大的差别，我国的有效教学研究的关键首先是学生主体解放的问题。因为没有学生主体的解放，任何有效教学理念和策略都无法落实，而学生解放的关键是还学生学习自主权，保障学生充分的课堂自主学习时间，使其在学习共同体中实现知识能力的发展，加速个体的社会化。

（2）有效教学模式研究

有效教学是一种程序化的教学活动过程，可以用教学模式来表述。可以说，语文教学目标的有效生成实际上就是一定的教学模式操作过程。在西方，不同的有效教学观念体现为不同的有效教学模式。

张璐总结了国外的有效教学模式，主要包括认知指导教学（Cognitively

---

[1] Kyriacou C., *Effective Teaching in Schools: Theory and Practice*, Starley Thomes Publishes, 1997, p. 5; Turner-Bisset, Rosie, *Expert Teaching: Knowledge and Pedagogy to Lead the Profession*, David Fulton Publishers, London, 2001, p. 6.

[2] Turner-Bisset, Rosie, *Expert Teaching: Knowledge and Pedagogy to Lead the Profession*, David Fulton Publishers, London, 2001, p. 6.

[3] ［美］威廉·威伦、贾尼丝·哈奇森、玛格丽特·伊什勒·博斯：《有效教学决策·前言》第六版，李森、王纬虹主译，宁德云校，教育科学出版社2009年版，第3页。

Guided Instruction Carpenter, Fennema & Frank, 1996)、认知复杂性教学（Complex Instruction Cohen & Lotan 1997; Bower, 1997)、真实性教学（Authentic Instruction）、交互教学模式（Reciprocal Teaching）、一致性教学（Instructional Congruence Lee & Fradd, 1998）。① 陈晓端总结了国外有效教学研究的历史，认为代表性的有效教学模式有基里亚库（Kyriacou）的背景—过程—结果分析模式、② 克里默斯（Creemers, 1994）和费希尔（Fisher, 1995）的表层分析模式以及教学的知识基础分析范式等。③

美国学者 Janice Skowron 运用研究型教学策略为教师提供了一些教学模型，并且指导教师如何为基本的、综合的、差异的和基于问题的学习创建有效的课堂教学设计。④ 他根据不同的哲学理论和教育基本原理总结出了基本教学、综合教学、差异教学、基于问题的学习和教学的四种教学模式，并详细地探讨了每种教学模式的基本特征、设计过程、实施方式和评价手段。

美国学者 Paul D. Eggen、Donald P. Kauchak 通过大量的课堂观察与实验提出了超越有效教学，为思维和理解而教的教学理念，从教学策略的角度探讨了一系列的有效教学模式，包括小组学习模式、合作学习模式、讨论教学模式、探究教学模式、概念获得模式、整合教学模式、问题本位学习模式、直接教学模式和讲授—讨论模式等，这些教学模式具体，教学策略全面翔实，便于教师学习、模仿和综合运用。⑤

在国内。有效教学模式研究是伴随着国外有效教学模式的译介和

---

① 张璐：《略论有效教学的标准》，《教育理论与实践》2000 年第 11 期。
② Kyriacou, C., *Effective Teaching in Schools: Theory and Practice*, Starley Thomes Publishes, 1997, pp. 5 – 7.
③ 陈晓端、Stephen Keith：《当代西方有效教学研究的系统考察与启示》，《比较教育研究》2005 年第 8 期。
④ [美] Janice Skowron：《教师备课指南：有效教学设计》，陈超、郄海霞译，中国轻工业出版社 2008 年版。
⑤ [美] Paul D. Eggen, Donald P. Kauchak：《学习与教学策略》，伍新春、朱瑾、夏令、秦宪刚译，北京师范大学出版社 2007 年版。

绪　论

自主探讨发展而来的。高慎英、刘良华认为，追求有效的教学模式的标志性事件是《教育建模》[①]《中小学教学模式》[②]《当代西方教学模式》[③]《我国中小学常用教学模式》[④]《实用课堂教学模式与方法改革全书》[⑤]《当代中小学教学模式研究》[⑥]等书的出版和介绍，以及大量的有关教学模式的论文的发表。20世纪80—90年代，教学模式是研究的热点，并被认为是解决有效教学问题的灵丹妙药。90年代后期，教学模式研究开始降温。国内的教学模式基本上都是以教学法来体现的，因为其理论、模式还没有成熟。主要的教学模式有"八字教学法""自学辅导教学""异步教学""尝试教学法""尝试指导·效果回授""有指导的自主学习""研究性学习""情境教学""情感教学"，等等。据统计，"自改革开放以来诞生的新教学法"就有"80种"之多。[⑦]新课程改革后，随着新教学理念的普及，新的教学模式如山东杜郎口的"三三六"模式、江苏洋思中学的"先学后教，当堂训练"模式、江苏东庐中学的"备讲学稿，讲学合一"模式等开始出现，但基于新课程改革的有效教学模式观念还没有真正形成。

由于教学模式具有一定的基础原理、价值假设、过程规范，一旦形成就具有强烈的排他性，很难再进行改造，因此，有效教学研究似乎开始转入对有效教学的策略探讨方面了。施良方等在《教学理论：课堂教学的原理、策略与研究》（1999）一书的第三部分从"教学准备、教学实施（主要行为、辅助行为、管理行为）、教学评价"三方面为有效教学提供了相关建议。[⑧]崔允漷把有效教学视为一种教学理

[①] 查有梁：《教育建模》，广西教育出版社1998年版。
[②] 杨小微：《中小学教学模式》，湖北教育出版社1990年版。
[③] 《当代西方教学模式》，丁证霖编译，山西教育出版社1991年版。
[④] 吴也显主编：《我国中小学常用教学模式》，云南教育出版社1993年版。
[⑤] 冯克诚主编：《实用课堂教学模式与方法改革全书》，中央编译出版社1994年版。
[⑥] 夏慧贤：《当代中小学教学模式研究》，广西教育出版社2001年版。
[⑦] 赵家骥、杨东主编：《中国当代新教学法大全》，四川教育出版社1996年版。
[⑧] 施良方等：《教学理论：课堂教学的原理、策略与研究》，华东师范大学出版社1999年版。

念，提出了有效教学的准备策略、实施策略、评价策略。① 张庆林的《高效率教学》一书，在对高效率教学的理论介绍之后，重点对高效率学习的策略、高效率教学的方法、高效率教学在学校教学实践中的具体应用、高效率教学评价四个方面介绍了有效教学的策略，可谓是有效教学策略的重彩之笔。② 姚利民在实践调查分析有效教学现状的基础上提出了讲授策略、组织课堂讨论策略、提问策略、适应性教学策略、创建课堂环境策略、激励策略、运用非言语手段策略、管理课堂策略、管理教学时间策略、管理课堂作业和家庭作业策略等，有效教学策略研究比较全面系统。③ 总之，有效教学无论是理论还是实践研究都开始从模式研究向策略研究转变。

3. 有效教学研究存在的问题

（1）国内有效教学一体化研究不足

从国际上看，有效教学研究经历了从关注教师到关注学生的发展进程，由多维有效教学因素研究到关键因素研究，再发展到基于系统的教学目标、教学策略和教学评价的一体化研究。在20世纪末，我国的有效教学研究以强化知识记忆为主的教学策略研究为主，到21世纪初，有效教学研究开始转向学生主体研究，但是，总的来看，我国的有效教学研究缺乏基于教学目标、教学策略与教学评价于一体的系统化研究。因为语文教学目标的有效生成不仅仅取决于某一因素，而且更取决于整个系统各因素的协同配合。仅仅关注教学中的一两个重要因素，而忽视其他教学因素和整个教学系统，必然影响语文教学的整体有效性。

（2）有效教学研究关注学生不足

有效教学的载体是学生，语文教学有效与否取决于学生主体的需要和活动。因为知识、能力、情感态度与价值观目标的达成是学生在

---

① 崔允漷：《有效教学：理念与策略》（上），《人民教育》2001年第6期；崔允漷：《有效教学：理念与策略》（下），《人民教育》2001年第7期。
② 张庆林：《高效率教学》，人民教育出版社2004年版。
③ 姚利民：《有效教学研究》，博士学位论文，华东师范大学，2004年。

活动中自我建构的结果，应该关注学生的活动，而有效教学的模式研究却把大量的时间放在对教师的教学研究中，教师虽然对教学目标的有效生成发挥着重要的指导作用，但毕竟是语文教学目标实际生成的外在条件。因此，有效教学在对教师教学研究的同时，更应该关注教师对学生主体活动的认知、开展与评价的研究。这是有效教学研究的关键环节，特别是在我国，长期以来教学忽视学生的活动和实践，有效教学常常以教师教学任务的艺术性完成表现效果来判断，造成了人们对有效教学的误解。因此，关注学生、关注学生的学习活动应该成为有效教学研究的重点。

（3）国内的有效教学模式缺乏可操作性

有效教学实际上是一种可以模仿、学习借鉴的操作模式。然而，纵观国内外的教学模式研究，国外的有效教学模式基本上是可模仿、可学习借鉴、可操作的模式。为了便于操作学习，教学模式还配有使用说明，并且有案例示范。而国内的有效教学模式不仅可模仿、可学习借鉴的操作性不强，而且没有操作使用的说明，也没有案例。学习者（教师）只能凭借观察和反思进行学习借鉴，这无疑增加了国内的教学模式移植使用的难度，影响了语文教学目标的有效生成。

（三）生成教学研究

1. 国外研究情况

1974年，心理学家维特罗克（Wittrock M.C）提出了"生成学习"理论（theory of generative learning），强调学习过程是学习者的原有认知结构与环境信息相互作用主动建构信息意义的生成过程。[①] 该理论对生成的概念、生成学习的因素、过程等进行了探讨。

美国太平洋橡树学院伊丽莎白·琼斯（Jones E）和约翰·尼莫（Nlinlllo J）对生成课程（emergent curriculum）进行了理论与实践探索，认为生成课程不是"罐头式"的课程，不是"木乃伊式"的课

---

① 康世刚：《数学素养生成的教学研究》，博士学位论文，西南大学，2009年，第42页。

程，而是一个动态的师生共同学习、共同建构对世界、对他人、对自己的态度和认识的过程，并对生成课程的来源、特点进行了分析。①

2. 国内研究情况

叶澜教授提出生成教学思想之后。罗祖兵对生成性教学的特征、实施、生成与预设等内容进行了探究。②此后，生成教学开始进入研究者的视野。

对于生成教学的特征的研究。不同研究者理解各不相同。郑金洲、蔡楠荣认为，生成教学具有复杂性、动态性、情景性、偶发性、隐藏性等特征;③靖国平认为，生成教学具有过程性、互动性、非预料性、价值性等特征;④于世华、谢树平认为，生成教学具有角色互换、情境起伏、不平衡中建构等特征;⑤马秀春认为，生成性教学具有生命生成性、交往互动性、过程动态性、开放性等特点。⑥

对于生成教学的实施研究。郑金洲、蔡楠荣认为，生成教学的实施要着重关注在互动中生成、在生活中生成、在情境中生成、在探究中生成、在反思中生成等几个方面。并提出了提问、讲述、讨论、重组课堂信息等教学策略，每一策略又进行了细致的分析；同时要求教师成为对话者、引导者、设计者、教学智慧创造者；还要求重视生成教学资源的开发与利用。⑦靖国平认为，生成教学实施的基本条件有：高水平、高标准的教学"愿景"；多层次、开放性的教学目标和教学设计；民主化、协商式的教学环境；多样化、灵活化的教学实践策略。⑧龙海霞认为，生成教学的实施关键是在教学过程中实现从教师

---

① 康世刚:《数学素养生成的教学研究》，博士学位论文，西南大学，2009年，第42页。
② 罗祖兵:《从"预成"到"生成"——境遇性教学导论》，博士学位论文，华中师范大学，2007年，第13—14页。
③ 郑金洲、蔡楠荣编著:《生成教学》，福建教育出版社2005年版。
④ 靖国平:《生成性课堂：何以可能?》，《湖北教育》2005年第7—8期。
⑤ 于世华、谢树平:《动态生成的教学过程设计》，《天津师范大学学报》（基础教育版）2004年第4期。
⑥ 马秀春:《生成性教学研究》，博士学位论文，东北师范大学，2006年，第5页。
⑦ 郑金洲、蔡楠荣编著:《生成教学》，福建教育出版社2005年版。
⑧ 靖国平:《生成性课堂：何以可能?》，《湖北教育》2005年第7—8期。

独白走向对话、从封闭学习走向合作学习、从被动学习走向主动学习、从个体享受走向共享共生的思想变革。① 宋佳楣认为，生成教学的实施要求主要有：预设具有宽容性、注重交往与对话、创设情境并体现艺术性与审美性。② 张金梅认为，实施生成性课程（教学）要实现"三结合"，目标的系统性与生成性相结合、知识的确定性与不确定性相结合、教师的主体性与儿童的主体性相结合。③ 马秀春认为，生成教学应采取以下措施：教学方案的设计要保持弹性；以学定教，及时调整；注重多元评价，实现评价的艺术性、客观性、适时性；提升教师的教育智慧。④

对于生成与预设的关系的研究。李伟认为预设是生成的基础；⑤ 张金梅认为生成是对预成的超越，主要体现为生成课程克服了预成课程在目标、知识观、师生关系方面的某些局限与不足；⑥ 靖国平对预设与生成进行了细致的研究，把预设分为"固化预设"和"弹性预设"，认为生成性教学反对前者而不反对后者，因此，"生成性课堂"与"预设性课堂"是"对应关系"而非"对立关系"，是"交融关系"而非"并列关系"。⑦

3. 生成教学研究存在泛化的问题

生成教学理论源自哲学思辨，受益于心理学研究成果，形成于教学实践，强调生成的过程，凸显学习者主体的自觉性、主动性和自主参与与反思的特征。但是，生成教学研究在理论与实践上都有严重的"泛化"现象，在解放教学观念的同时，又走向另一极端，使生成处于"完全自由状态"！生成教学打破了传统的定式思维关于教学的观

---

① 龙海霞：《从"预成"到"生成"——从建构主义理论看教学观的变革》，《教学实践与研究》（中学版）2005年第11期。
② 宋佳楣：《教育智慧的意蕴：生成性教学》，《辽宁教育》2005年第7—8期。
③ 张金梅：《生成课程：对"预成课程"的继承与超越》，《早期教育》2002年第8期。
④ 马秀春：《生成性教学研究》，博士学位论文，东北师范大学，2006年，第5页。
⑤ 李伟：《从"预成论"到"生成论"——教学观念的重要变革》，《全球教育展望》2006年第5期。
⑥ 张金梅：《生成课程：对"预成课程"的继承与超越》，《早期教育》2002年第8期。
⑦ 靖国平：《生成性课堂：何以可能？》，《湖北教育》2005年第7—8期。

念、教学目标、教学过程、教学评价、师生关系等的静态看法，对于促进课程与教学的丰富，促进学生的学习与个性发展都有重要的意义。但是，语文教学是有目的、计划、有组织的教学活动，如果语文教学无法找到目标、方向、规律、确定性，而在一个没有确定性的世界里，那么，生成教学就成为一条无法把握的"克拉底鲁之河"，从而陷入相对主义的泥淖，必然也将无果而终。马克思认为，人是对象性的存在物，必然要受对象的制约；人在对象化中能动地表现自己的存在，因此，只有主动地接受对象制约，才能在与对象自由自觉地活动中"复现"人的生命，生成自我。正如马克思论述人与劳动的关系一样，"劳动是人在外化范围内或者作为外化的人的自为的生成"，① 那么，教学生成也就是学生在外化范围内或作为外化的人的自为的生成。因此，语文教学中的生成必然是以预设为主的学生的自我生成，而这却在实际教学中被严重地忽视了。

（四）有效教学研究的不足及后续研究的问题

通过对以上语文教学目标研究、有效教学研究、生成教学研究的梳理发现，前人对语文教学目标的有效生成研究进行了有重点深入的研究，也有许多深刻的有意义的思想观点，对于后续语文教学目标的有效生成研究和实践都有重要的指导和借鉴作用。但是，也显示出了研究的某些不足，这为本研究提供了研究的空间，即如何使语文教学目标有效生成，从而解决语文教学实践存在的效率不高的问题。

1. 已有研究存在的不足

（1）缺乏从系统协同的视野研究语文教学目标的有效生成

语文教学目标的有效生成涉及教学目标、教学内容（教学资源）、教学活动、教学情境、教学评价等因素，它们共同构成了语文教学的系统，各因素对教学目标的达成均发挥着协同效应的作用，需要从整体上关注。但是，上述研究缺乏整体视野，只侧重从某一方面来研究

---

① 《马克思恩格斯全集》第42卷，人民教育出版社1986年版，第163页。

教学目标的有效达成，使有效教学丧失了整体优化的可能。

（2）缺乏对教学内容的关注

教学内容是教学目标实现的凭借，在一定程度上教学内容已经开始走向教学内容资源化的趋势。也就是说，为实现教学目标的有效、高效达成，教学可以自主选择使用其他教学资源，丰富教学内容。提升教师开发和使用课程资源的自觉性、主动性和积极性，开发符合地域、学情、教师教学需要的教学内容，激发学生的兴趣，有效实现教学目标。但是，上述研究多是从教学目标、教学策略、教学评价三方面研究教学的有效性的，从而使语文教学难免走向为实现目标而仅仅传授知识、强化技能训练的老路，影响了基于学生全面发展的语文教学目标的有效生成。

（3）缺乏对学生主体的关注

语文教学目标的达成就是学生在教师的指导下，与学习对象、教师及学习共同体其他成员进行对话、沟通、协商的过程。通过对教学内容的理解进而实现教学目标，提高教学效率。然而，教学目标达成的教学研究、有效教学研究却很少关注学生的学习活动，没有对学生的学习活动进行深入的研究，必然导致课堂教学中学生的活动形式化、泛化，甚至缺失。学生活动的最重要组织形式是学习共同体，而上述研究却很少涉及，因而使重视学生、爱护学生、促进学生发展的理念不能得到具体实施。

（4）缺乏对教师发展的关注

教师是课堂教学的组织者、引导者、促进者，但是，教师和学生一样也需要成长，需要发展，只不过成长发展的目标需要与学生不同而已。课程改革的关键是课程，课程实施的关键是教师，如果教师的素质不高，课程与教学意识淡漠，那么，教师就无法把课程的理念、价值、内容、实施、评价等贯彻到教学层面，甚至偏离课程目标理念、价值取向。当前，语文教学改革中出现的这样或那样的问题很大程度上就是教师的课程意识、教学意识不足造成的，其根源在于教师的专业发展没有受到真正的关注。

（5）缺乏实证性的教学目标有效生成研究

语文教学问题就是实践问题，对于它的研究需要从实践中发现问题、解决问题，从而提高教学的有效性，然而从上述研究来看，对语文教学实践的关注不足，一定程度上掩盖了语文教学问题研究的真实性，理论研究远离了教学实践，加深了理论与实践之间的隔膜，影响了语文教学目标的有效实现。

2. 后续研究的问题

针对上述研究之不足，本研究以目标为核心以系统协同效应理论为指导阐明语文教学目标有效生成的价值诉求、系统构成要素、教师教学策略优化、教学过程模式建构等问题，以弥补前人研究的不足，提高语文教学效率。

（1）阐明语文教学目标的价值诉求

语文教学目标是一定的课程观、价值观的体现，它规范着教学内容、教学活动、教学情境、教学评价的选择与确定，对教师教学有重要的指导作用。语文教学目标的价值有学科价值、社会发展价值和终极价值，它不仅反映了国家对学生发展的要求，也反映了课程对学生的发展要求和学生自身发展的需要，明确语文教学目标的价值有利于语文教学目标的制定与落实。

（2）探讨语文教学目标有效生成的构成要素

语文教学目标有效生成的构成要素众多，但是，教学目标、教学内容、教学活动、教学情境、教学评价是其不可缺乏的构成要素，它们对语文教学目标的有效生成发挥着重要的促进或延缓的作用。因此，需要予以明确，并提供相应的优化策略，为语文教学目标的有效生成创造条件。

（3）从教学监控视角优化教师的教学策略

在教学层面有两类主体：一是教师主体，二是学生主体。学生主体是教学目标的有效生成载体和生成者，但是学生主体由于其未成熟特征，这就决定了教师在语文课程与教学中必须发挥对整个教学过程的监控与引导作用，从而保证教学目标的实现和学生个体与全体的全面发展。因此，需要优化教师的教学监控策略，使之发挥发现问题、解决问题,及时调整教学活动,协同教学过程各因素共同促进教学目标有效生成的作用。

(4) 尝试构建语文教学目标有效生成的过程模式

语文教学实际上就是追求教学目标有效实现的过程。而从有效教学的构成因素和过程来看,语文教学目标的有效实现是有一定模式的,因此,只有根据其构成因素和运作过程形成适宜的可操作模式,才能保障语文教学的有效性,促进有效教学的实现。

四 研究内容与方法

(一) 研究内容

第一,从当前我国的语文教学现状与问题出发,对国内外的语文教学目标、有效教学、生成教学的研究进行文献梳理,为本研究提供突破口,确定研究的问题、研究的内容与研究设计。

第二,从语文教学目标的有效生成价值入手,分析语文教学目标有效生成的内涵、特点,阐释教学过程各因素在教学中的协同效应原理,并考察语文教学目标生成存在的问题,为后续研究奠定基础。

第三,从教学目标、教学内容、教学活动、教学情境和教学评价五个方面分析影响语文教学目标有效生成的制约因素,并提出各制约因素相关的优化策略。

第四,从教师的教学监控视角考察教师的教学策略,阐明教师的教学监控策略的内涵,提出优化措施,为提高教师的专业素养,促进教学目标的有效生成服务。

第五,在对教学过程各因素、教师教学监控策略的分析及其优化研究的基础上,尝试根据语文教学目标的性质特点,构想本土化的语文教学目标有效生成的过程模式,并展望走向促进个性发展的有效语文教学愿景。

(二) 研究方法

1. 文献法

运用文献法收集国内外关于教学目标的研究文献,梳理历史资料,归纳总结教学目标、有效教学、生成教学的研究理论与实践的成就与不足，为本研究寻找突破口；收集相关理论、事实文献为本研究的理论与实践服务。

2. 课堂观察法

语文教学目标研究是基于教学实践的研究，只有在语文课堂教学过程中，才能真正发现教学目标设计的难易、实施策略选择的适当与否、教学目标评价的运用与效果，教学过程各因素的协同关系，从而发现问题、解决问题，促进语文教学目标的有效生成。

3. 调查访谈法

语文教学目标首先是外在于教师和学生主体的，是教师根据语文课程标准、教师、学生、学科特点等综合因素预设的预期性教学结果，到底是否适合学生的真实需要，对学生能否有实际的促进作用；教师为教学目标的有效生成选择的教学策略是否真正是学生喜欢的、适用的；教师创设的教学目标生成情境是否真正激发了学生的兴趣；教学目标的最终结果与教师预期的教学结果之间的差异等都需要通过调查访谈来求证。

4. 比较法

我国的语文教学目标研究经历了从无到有、由简单片面到繁杂的系统的发展演变过程，需要通过梳理，比较其成就与不足；我国关于教学目标的研究是在外国的教学目标理论译介下发展而来的，需要对国外的教学目标研究的历史与现状进行归纳对比，以确切把握国外的教学目标研究的新进展、新成就，并进行反思批判，同时，对照我国的语文教学目标研究现状，寻找差距，反思改进，建构适合本土的教学目标有效生成的教学模式。

五 研究意义与创新

（一）研究意义

1. 在理论方面

适应当代课程教学改革需要，丰富教学理论。语文教学目标是语文教学实践活动的出发点和归宿，在教学理论与实践研究中占据非常重要的地位。然而，我国对语文教学目标的研究还存在理论研究不足的问题，在对教学目标研究文献的分析中发现，① 理论研究占5.4%，应用研究占94.6%，应用研究显著高于理论研究，并且这种长期重应用而轻理论研究的状况没有得到改变；在教学目标研究中，有86.3%的文献没有运用理论，而仅仅是基于经验的分析，即使是提到理论，也只是国外的理论，基于本土的、自觉的理论研究比较匮乏。

自改革开放以来，我国的教学目标分类研究主要是引进布卢姆的教学目标分类理论和加涅的学习结果分类理论，它们虽然具有很强的操作性，能够指导教学实践，但是，教学目标毕竟具有学科特点、地域特性，以超越学科的通用的教学目标分类体系指导具体学科、特定地域的教学目标实践必然会带来各种弊端。另外，中华人民共和国成立以来的教学论研究长期受苏联的影响，教学不仅没有目标观念，而且还把教学目标简单地等同教学目的、教学任务，导致对教学目标研究的忽视，造成教学实践中教学目标模糊、游移等问题，严重影响了教学效率。

新课程改革以来，语文教学目标以三维目标形式呈现，改变了传统只注重"基础知识""基本技能""双基"目标的教学不足，为学生的全面发展提供了可能，但是，具体到语文学科三维目标的具体内涵、特点、表述、设计、实施与评价等都面临再研究的问题。因此，加强语文学科教学目标的研究对于丰富教学理论，促进教学实践具有重要的价值。

2. 在实践方面

有效监控教学质量，提高语文教学效率。监控教学质量，提高教学效率是国内外教学研究的诉求，但是，教学效率研究却常常忽视评价效率的依据研究——教学目标研究，造成教学效率高低、教学质量优劣没有一个统一的评价标准的问题。教学目标有效生成研究不仅明

---

① 胡定荣、徐昌：《改革开放30年中国教学论的进展——基于教学目标研究的内容分析》，《上海教育研究》2010年第2期。

确申明教学有效评价的标准，而且还将使教育研究者、教师、学生关注教学目标与有效达成的关系，并且可以借助多媒体技术、网络技术实现教学过程优化，并对教学质量和教学效率进行有效监控与反馈，从而不断改进教学，提高教学质量。

提升语文教师专业素养。语文教学的最大特点是教学目标难确定、教学内容难把握、教学评价难实施，这是由语文学科的性质特点决定的。其实，这也与语文教师的专业素质有关，教师没有真正认知语文学科的性质特点、语文教学目标的性质内涵、教学目标的设计、教学内容的选择、教学目标实施的效果与评价，从而为语文教学目标的有效生成带来了困难。本研究通过对上述内容的探讨，为教师提供相应的学习资源，能提高教师的专业素质，促进教师教学观念的转变。

促进语文新课程改革。新课程改革的关键是对传统教学模式和教学观念的变革，而新课程改革的核心是教学目标。它不仅体现着新的课程理念、培养目标，而且还决定着新的语文教学的内容选择、策略确定、实施评价等。教学目标研究化宏观抽象于具体，能使教师以具体的、可操作的行为范式落实新课程理念，有利于促进新课程改革。

培养新型人才。教育的目的就是培养人才，而人才培养的关键在于培养目标的设计与实施。只有明确现代社会人才发展的特点，确定明确的培养目标，制定恰当的教学目标，才能借助丰富的教学媒介资源、选择恰当的教学内容与实施策略，有效激发学生的学习兴趣，培养学生的创新意识、创新思维和实践能力，缔造适合时代需要的人才。

（二）创新之处

1. 观点创新：教学目标的生成实际就是预设目标的达成

教学目标的生成一般以斯滕豪斯的过程模式为依据，不强调预先制定教学目标，不强调依据目标选择教学内容，而是根据彼得斯的"程序原则"，通过教师在教学过程中不断地进行价值澄清的教育活动，生成教学目标的过程。目的是发展教师对教学过程的理解力与判断力，突破课程"防"教师的目标编制意图，保证教师从事有价值的、真正的"教育"活动。而本研究则认为，教学目标生成是在教师引导下学生通过以目标为导向的操作教学资源的活动，最终达成教学目标的过程。目的是突破教师对学生的"控制"，强调教学目标的学生个体性生成、社会性生成，提高教学效率。

2. 方法创新：从系统整体视角运用协同理论研究语文教学目标的有效生成

有效教学研究，一般以宏观研究或局部研究为主，对于指导教学实践，提高教学效率，还存在不足。而本研究则从整体系统角度出发，强调教学过程各因素的协同、优化及其可能发挥的"杠杆作用"、自组织功能，教师的教学监控功能，具有较强的现实指导性、实践操作性，有利于提高教学效率。

3. 内容创新：根据目标的性质特征建构集目标、活动和评价于一体的有效教学过程模式

有效教学是一个过程。本研究以目标为导向，以目标的性质为区别特征，构建集目标、活动和评价于一体的有效教学过程模式，实现语文教学目标的有效生成。

第一章 语文教学目标的有效生成

一 语文教学目标的价值

教育对人的发展功能是多维的。传统的语文教育注重"文道统一""文以载道"的教育功能;现代教育虽然冲破了传统教育的樊篱,聚焦于"基础知识""基本技能"的教育价值,新课程改革又从"知识与能力、过程与方法、情感态度与价值观""三维目标"维度重构了语文教育的价值,使全面发展的语文素养课程目标理念具体化了,但是,三维目标还没有区分出语文学科的学科目标与非学科目标,时代目标与终极目标的教育价值。因此,还需要从语文课程的本质价值——言语智慧、时代对语文教育的要求——创新意识、语文教育的终极价值——学会学习三个方面丰富语文教学目标的价值。

(一)言语智慧:语文教学目标的本质诉求

1. 语文课程性质的探寻

语文教学目标是语文课程目标的具体化,语文课程的性质决定了语文课程目标与教学目标的诉求。探讨语文教学目标的本质诉求需要从语文课程本质的研究开始。

有关语文课程的本质研究,历史上已经有了多种说法,但至今还没有达成共识,以至于有学者主张,把语文课程的本质探讨"悬置"起来。这种主张未必不是一种好的策略,它能从语文教学实践出发,切实促进语文课程实体内容的建设,解决当今课程和教学的"教什么"的重要问题。但是,语文课程与教学问题的研究依然无法绕过语文课程的性质探讨,无论其性质有,还是无。① 语文课程的性质最早是从对语文课程之名"语文"的探讨开始的。"语文"一词源于叶圣陶对语文课程或语文学科的定名。1949年,在华北人民政府教科书编审委员会会议上叶圣陶将当时的"国语"和"国文"整合起来,统称为"语文"。当时并没有引起太大的分歧,但是,随着对语文学科、语文课程、语文课的研究,语文(课程)的性质、内涵、目标、内容、教学方法等就逐渐成为语文研究需要探讨的内容时,追根溯源,"语文"的本质内涵就成为必须澄清的重要问题了。

"语文"被理解为语言文字、语言文章、语言文学、语言文化、语言文字文章文学文化综合说,"言语生命的表达"说等。语言文字、语言文章、语言文学、语言文化、语言文字文章文学文化综合说,是研究"语文"的本体,而"言语生命的表达"说则研究"语文"使用的主体——人,就本研究而言主要侧重前者。

语言文字、语言文章、语言文学、语言文化、语言文字文章文学文化综合说,都强调了语言,这是其中的共性。语言是一种具有一定意义的符号和使用规则的系统。它的功能是保障社会成员使用的统一性、规范性,成为公共的使用工具和言语行为规范。文字是语言系统的重要元素,没有文字不仅语言无法呈现,而且也无法建立语言使用的规则。文章、文学、文化是运用语言符号与规则记录或表达的个体或群体的行为、规则、精神、心理等载体,它不再是一种纯粹的语言符号,而是语言符号的运用,具有了语言符号的整体意义。而语言运用的规则也不是纯粹的、机械的、客观的规则,而是基于个体建构意义之上的、适合自身理解、交流与表达的规则。从这个角度看,仅仅从语言学的角度探讨语文的本质就把语文理解为固定的符号与客观的规则系统了,而忽视了语言文字的运用。如此理解,"语文课程"无异于等同"语言课程"了。

---

① 于源溟在其博士论文《预成性语文课程基点批判》中,针对语文课程性质的论争提出语文课程无性质的说法。

对此，叶圣陶也多次对"语文"的性质进行了解释说明。1962年，叶圣陶在北京中华函授学校举办"语文学习讲座"的讲话中说：

  什么叫语文？平常说的话叫口头语言，写到纸面上叫书面语言。语就是口头语言，文就是书面语言。把口头语言和书面语言连在一起说，就叫语文。这个名称就是1949年下半年用起来的，解放以前，这个学科的名称，小学叫"国语"，中学叫"国文"。解放以后才统称"语文"。①

1964年，叶圣陶在答复一封来信时又对上述说法进行了补充说明：

  "语文"一名，始用于1949年华北人民政府教科书编审委员会选用中小学课本之时。前此中学称"国文"，小学称"国语"，至是乃统而一之。彼时同仁之意，以为口头为"语"，书面为"文"，文本于语，不可偏指，故合言之。亦见此学科听说读写宜并重，诵习课文，练习作文，固为读写之事，而苟忽于听说，不注意训练，则读写之成效亦将减损……其后有人释为语言文字，有人释为语言文学，皆非立此名之原意。第二种解释与原意为近，唯"文字"之含义较"文学"为广，缘书面之文，不尽属于文学也，课本中有文学作品，有非文学之各体文章，可以证之。第一种解释之文字，如理解为成篇之书面语，则亦与原意合矣。②

  叶圣陶先生在这里明确指出，"语文"包括"口头语"和"书面语"，澄清了"语文"是语言文字、语言文学、语言文章、语言文化的片面性理解，也隐约传递出了"口头语"和"书面语"之"语"不是"语言"之"语"的意思。因为它带有"口头"与"书面"的限制修饰词，说明"语文"是"口"和"书""行动"的产物。无论是

---

① 中央教育科学研究所编：《叶圣陶语文教育论集》，教育科学出版社1980年版，第138页。
② 叶圣陶：《叶圣陶答教师的100封信》，开明出版社1989年版，第56页。

大众化的还是个体化的"口头""语"和"书面""语",这个"语"都已经具体化、实践化了,是语言的"运用",即言语成果或言语作品。所以,把语文(课程)的本质理解为"语言"课程的本质,即工具(性)是不准确的。

"口头语"和"书面语"是"言语",是个体言语行为的成果(言语作品),而语文课程,确切地说,是指语文教科书,其主要内容是个体言语行为的成果,但是,并不能说语文课程是言语课程。

言语是现代语言学中的一个重要概念。它是19世纪30年代德国语言学家洪堡特(W. V. Humboldt)提出的。20世纪初,瑞士语言学家现代语言学之父索绪尔(F. D. Saussure)把言语作为个体的语言实践与"通过语言实践存放在某一社会集团全体成员中的宝库,一个潜在于每一个人的脑子里,或者说得更确切些,潜在于一群人的脑子里的语法体系"[①]——语言,区别开来。这一区别有重要的意义,语言是一种语言符号与规则体系,研究的是一种客观的规律;而言语是一种语言符号与规则的实践活动,研究的是使用的规律。语言规律与语言使用规律二者之间尽管存在着交叉现象,但是,各自研究的侧重点是不同的,从而为以言语实践为主体的语文教学活动提供了指导与借鉴。

言语是对语言的运用。语言学家基本上对言语的界定有两种理解:一是语言运用的成果,一是语言运用的过程或活动。高名凯、石安石认为:"言语是说话'或写作'和所说的话(包括写下来的话)。"朱曼殊认为:"言语是个体运用语言产生的话语行为及其产生的话语。"英国学者哈特曼和斯托克认为:"言语,指产生某一语言的一连串有意义的语言过程或结果,也指和手势语或书面语相对的口语,有时候也用来作言语或言语行为的统称。"曹日昌认为:"言语是人运用语言材料和语言规则所进行的交际活动的过程。"同时,他又在注释中补充说:"在语言学中,言语这一术语有时也兼指言语活动的产物,如人所说出的言辞和写出的文学作品,也被叫做言语。"[②] 语言学家或心

[①] 李海林:《言语教学论》,上海教育出版社2005年版,第23页。
[②] 同上书,第27—28页。

理学家对言语的理解基本上揭示了言语的内涵，言语既包括行为，又包括行为结果。

作为一种行为，言语是主体与自身、与他人、与文本、与自然等相互对话的过程。它既包括外显的行为，即通过语言符号传递与表达信息，既有对信息的接受，又有对信息的传递；又包括内隐的行为，即个体进行的心理的、思维的语言符号与语言意义转换的过程，即言义转换。作为一种结果，言语是主体成功传情达意的实现，体现为文本、文章、言语作品，甚至非言语作品等。当然，作为行为结果的言语不能成功地完成传情达意的任务的情况也是可能出现的，在这种情境下，它们或者被重复修正，或者被误解。总之，言语表征的是言语主体的行为、行为主旨、行为结果（文本、作品、文章等）。从这个意义上说，言语行为包含在言语作品（包括文本、文章、文学作品等）之中。在言语表征的背后则是主体对语言符号的筛选与鉴别、语言规则的修饰、行动策略的抉择、元认知监控、言语背景的认知与调适等。因此，言语作为一种结果，它体现了言语主体的外显行为、行为主旨、行为结果，同时，又内蕴着言语主体内隐的对语言符号的筛选与鉴别、语言规则的辨识与修饰、言语行为的策略抉择、元认知监控、言语背景的认知与调适等。

作为学校教育的语文课程固然选择了大量的言语作品，但它不同于非学校教育的言语作品。非学校教育的言语作品旨在传递作品的主旨，以宣扬真善美，批判假恶丑。而学校教育语境中语文课程中的言语作品旨在通过言语作品让学生学习认识语言符号的筛选与鉴别、语言规则的辨识与修饰、言语行为的策略抉择、元认知监控、言语背景的认知与调适等，以使自己能够正确地使用语言表达个人言语，实现自身生存、发展和创造的活动。这样看来，语文课程的核心内容应该是实现个体言语表达的语言符号和规则、言语行为的策略、元认知知识、言语背景认知与调适的知识等。而言语作品则是语言知识和言语知识认知与实践的资源。因此，把语文课程的本质等同于言语则是不恰当的，至少说明这种说法还是存在漏洞的。

第一章　语文教学目标的有效生成

语文课程是培养个体言语能力的课程。新《义务教育语文课程标准（2011年）》规定："语文课程是学习语言文字运用的综合性、实践性课程。"[①]"学习语言文字运用"内蕴着主体的言语行为技能和策略，即言语能力。从心理学的角度看，言语能力是一种智慧。"学习语言文字运用"是语文课程的目的，那么，语文课程的教学目标必然是言语智慧——语言文字运用。

2. 言语智慧：语文教学目标的价值

"智慧"一词在历史上及各种文献资料中的理解各不相同。《辞海》认为，"智"有三层意思：一是聪明。二是智慧、智谋。三是通"知"，即知道。"慧"有两层意思：一是智慧、聪明。二是狡黠。"智慧"的意思主要有："对事物能认识、辨析、判断处理和发明创造的能力；犹言才智，智谋"。[②] 智慧是一种能力，是一种行为倾向。《新华词典》认为，智慧是"从实践中得来的聪明才干；同智力"。[③] 强调智慧是一种基于实践的行为结果。《英汉辞海》认为，智慧是"积累的见闻哲学或科学的学问学识，积累的专门知识或本能的适应；学识的明智运用，识别内部性质和主要关系的能力；判断力；心智健全"。[④]《牛津高级英汉双解词典》认为，智慧是"（在做决定或判断时表现出的）经验和知识；正确的判断，明智，常识"。[⑤]

在古今中外历史上，一些哲学家、思想家也对"智慧"进行了各种各样的诠释。在西方，"智慧"（索非亚）一词出自伊雄语，意思有三层：一是指一般的聪明与谨慎；二是指敏于技艺；三是指学问和智慧。后来，人们又把"小巧"与"大智"作了区分，"智慧"专指"学问和智慧"。亚里士多德从哲学的角度认为，"智慧就是有关某些原理与原因的知识"。同时，在来源上又认为，"智慧从普遍认识产生，不

[①] 中华人民共和国教育部：《义务教育语文课程标准（2011年）》，北京师范大学出版社2012年版。
[②]《辞海》，上海辞书出版社1999年版。
[③]《新华词典》，商务印书馆1980年版。
[④] 王同亿主编：《英汉辞海》，国际工业出版社1988年版。
[⑤]《牛津高级英汉双解词典》，商务印书馆、牛津大学出版社1997年版。

从个别认识得来。"① 在亚里士多德看来，智慧源于人们对普遍事物的认识，对事物原因与原理知识的认识，并且强调真正的智慧应该是属于哲学和哲学家的。

英国近代哲学家、教育家洛克（Locke J）认为，一个有德行的绅士应当具备"理智""诚实""智慧"和"礼仪"四种品质。他宣称，对于智慧的理解与一般流行的解释一样，知识就是使得一个人能干并有远见，能很好地处理他的事务，并对事务专心致志。② 智慧不同于狡猾，狡猾要模仿智慧，并企图替代智慧，所以，洛克主张教育要使学生获得知识的美德，使之成为一个"坦白、公道和聪敏的人"。

英国现代哲学家、教育家罗素（Ruseell B. A. W）在谈到教育目的时指出，"活动""勇敢""敏感"和"智慧"的结合便可奠定理想品格的根基。他认为智慧是人们求知的好奇心和求知的能力。智力生活的自然基础是好奇心，智力需要机敏的好奇心。因此，"智力"与其说是指已经获得的知识，不如说是指求知的能力。③

当代著名哲学家、数学家怀特海（Whitehead A. N）在《教育的目的》中提出："智慧是掌握知识的方式。它涉及知识的处理，确定有关问题时知识的选择，及运用知识使我们的直觉经验更有价值。这种对知识的掌握就是智慧，智慧是可以获得的最本质的自由。"并认为"智慧高于知识"，强调教育要培养人的智慧的力量，"大学的任务在于把一个孩子的知识转变为一个成人的力量"。④

从以上关于智慧的解释看，尽管对智慧的理解各不相同，但基本上都涉及知识及知识的运用。要有智慧必须先有知识，当然，这里的知识不仅包括书本知识，而且更包括实践知识。知识的占有并不是智慧，关键是知识的实践运用。其实，从建构主义对知识的理解来看，知识的占有过程和使用过程就蕴含了智慧。因为知识学习需要学生积

---

① ［希腊］亚里士多德：《形而上学》，商务印书馆1959年版，第2—3页。
② ［英］洛克：《教育漫话》，教育科学出版社1999年版，第39—40页。
③ ［法］罗素：《教育与美好生活》，河北人民出版社1999年版，第39—40页。
④ ［德］怀特海：《教育的目的》，徐汝舟译，生活·读书·新知三联书店2002年版，第54页。

极的建构活动,"在教学情境中,学生被认为依据他们的原有知识、信息,建构自己的意义"①。因此,智慧是运用知识迅速、灵活、正确地理解与解决问题的能力。

言语智慧则是言语主体运用语言文字迅速、灵活、正确地理解与解决问题的能力。人是符号化的动物,与其他动物相比,能借助语言符号积聚并传承知识,认知自然、社会、他人与自身,改造自然、社会、他人与自身,从而促进自身的生存发展。这是人的一种本能,也是人的一种智慧。因为人与强大的自然、凶猛的动物相比是弱者,为了生存发展就必须在与自然斗争的过程中不断地总结经验教训,获得和加深对自然的认知,并把这种认知源源不断地传递给同仁与后辈,以维系种的繁衍和发展。但人类个体的生存时空使个体的经验传承受到局限,语言的出现不仅使人类个体的经验能够得到积聚,而且还可以久远传承。语言不仅成为人的存在方式,寄予着人的生命、价值和意义,而且还成为人的自我实现方式,凝聚着人的智慧、策略和创造的力量。伽达默尔说:"语言要素并非是一种在其中能遭遇到这个或那个事物的空的媒介,它全然是一切能够遭遇到我们事物的基本元素。"② 而这种"遭遇"恰恰延伸了人类个体实践活动的时空,提高了现实实践活动的针对性、有效性,为自然的人化,人化的自然及其相互间的和谐关系的解决创造了条件。

从心理学的角度看,言语智慧是一种综合的心理品质。③ 它包括言语知觉、言语记忆、言语思维、言语情感、言语个性,同时,这些方面又不是简单相加的,而是以一种全息的方式整合在一起发挥功能作用的。概括起来说,言语智慧就是语感。语感是对言语的直觉同化,④ 是一个过程。同化就是主体与言语对象之间的内容、形式以及内容与形式之间的图式转换。在同化过程中蕴含着言语主体的理性直

---

① 吴耘红、皮连生:《修订的布卢姆认知教育目标分类学的理论意义与实践意义——兼论课程改革中"三维目标说"》,《课程·教材·教法》2009年第2期。
② [德]伽达默尔:《科学时代的理性》,国际文化出版公司1988年版,第44页。
③ 李海林:《言语教学论》,上海教育出版社2005年版,第223页。
④ 同上书,第229页。

觉和思维直觉，它使主体在无意识中进行着言语知识、内容、技能、策略的理想化的运行。从静态的角度看，语感是一种图式，是言语表达在言语主体内部的一种有序结构。它不断地与外部世界进行着信息交换，当新的信息进入时，原来稳定的图式结构就失去平衡，造成图式内部各方面的矛盾与冲突，直到主体自觉协调图式结构各方面的关系，解决矛盾与冲突时，才能使图式结构再次达到平衡状态。语感就是这样不断地处于图式结构的不平衡到平衡，再到不平衡状态的循环上升转换中，不断地促进语感结构和组织自身的发展与提高的。

语感虽然能够说明语文课程的教学目标价值之本质，但是却容易导向神秘，其主要原因是：一方面语感是一种直觉，包括经验的和理性的，并且二者处于一种混沌状态，无法具体区别；另一方面语感作为一种标识智慧的理性直觉，却没有一定的理路与操作程序，只是一种类似"形而上"的理论共识。因此，本研究认为与其作"形而上"的"玄思"，不如回归到"形而下"的实践探讨，更有助于语文课程的价值实现。所以，根据语文学的研究，言语智慧可以理解为语言文字运用的知识、技能、策略。语文学是研究言语的科学，包括言语主体、言语知识、言语策略、言语环境、言语作品四项。言语智慧就是言语主体以一定的主旨为目标，在一定的言语环境中借助言语知识和言语策略，建构言语作品，成功实施言语行为的过程。言语主体是言语活动者，言语环境是言语活动的背景条件，言语作品是言语活动的成果。[1] 言语知识是言语行动的凭借，言语策略是言语行为的手段。言语知识源于语言学系统，从这个意义上看，语文学包括语言学。以前的语文学研究要素主要包括言语主体、言语环境、言语作品三要素，而没有言语知识和言语策略，这就给言语作品的产生制造了一种神秘感。而正是言语知识、言语策略的语境性运用，才显示了言语主体的智慧——言语能力。

言语智慧是语文课程的本质。言语运用是语文课程的本体，本体

---

[1] 李海林：《言语教学论》，上海教育出版社2005年版，第68页。

是决定事物性质的关键。传统的语文课程以语言知识为主,向学习者传授大量的语言知识,但是,学习者虽然学习了大量的语言知识,却不会运用语言知识。因为知识被看作是客观世界的表征,是把握世界的工具。现代知识观认为,知识是主体运用自身的知识经验与认知对象相互作用共同建构的,缺乏主体的积极参与,知识不可能真正产生。因此,知识的生成需要主体运用自身的语言知识,发挥自身的主动性、自觉性和创造性,与对象进行积极对话,从而促进知识的理解与建构。主体与对象进行对话的实践活动,是主体解决其与对象之间被制约与制约的关系,实现主体自由的一种追求,体现了人类个体运用语言这一重要媒介的智慧。而在这一过程中言语知识的获得则是言语智慧生成的附带性成果。

当然,个体在言语运用过程中,也激发和培养了自己的情感态度与价值观,这是言语智慧生成的催化剂,但是与其他学科相比,这类情感态度与价值观目标具有普适性,是所有学科都具备的内容。因此,语文教学中的情感态度与价值观目标教学仅仅是情感态度与价值观教育的一部分,尽管情感态度与价值观在个体的语言文字运用中发挥着驱动力的作用。言语智慧是超越知识技能、情感态度与价值观目标,以及其他学科,独蕴于语文课程的本质内核,正如徐林祥所言,中小学生语文学习的过程是一个由言语形式的感知,进而到言语内容的掌握,同时,受到思想品德教育和审美教育,又进而通过学习恰当的言语形式来表达自己的思想情感的不断循环往复的过程。[①]

(二)创新意识:语文教学目标的时代要求

语文教学目标不仅体现着语文课程的本质,即培养学生的言语智慧,而且还要根据时代特点,培养学生适应当下社会生活的能力,适应国家和社会发展的需要。当然,这种教学目标未必仅仅属于语文学科,其他学科也各有分担。

传统教育认为学习是为未来作准备的,并不是为当下服务的。在

---

① 徐林祥、杨九俊:《关于语文课程目标百年嬗变的反思》,《课程·教材·教法》2012年第2期。

西方，人文主义发端以前，教育是为未来进入"天堂"作准备的。教育崇奉唯一的精神支柱是上帝耶和华，追慕永生的天国，把世俗生活比作行云流水、过眼云烟，而不予以重视。学生学习的内容以宗教知识为主，同时也进行着简单的读写算及世俗的知识教育。人文主义兴起之后，教育目标开始注重人的现世生活。对此，斯宾塞提出教育的目的在于教导每一个人怎样过"完美"的生活的主张，并对学习的相关内容知识进行排序：第一，是准备直接保全自己的知识；第二，是间接保全自己的知识；第三，是准备做父母的知识；第四，是准备做公民的知识；第五，是生活中各项文化活动的知识，并以这些知识制定课程。① 实际上，斯宾塞在实践上并没有真正注重学生的当下生活，而是关注学生的未来生活。这一方面是受资本主义工业化发展的影响，学生需要学习将来成人后生存发展的关于工业技能的知识，适应工业发展的需要；另一方面是受现代知识观的影响，关于现实生活经验的知识都被排除在学习内容之外。西方关于知识的观念有两种，一是理性主义知识观，一是经验主义知识观，这两种知识观都排除了生活经验知识，造成了教育过分注重经过实证或理性反思的科学知识，而忽视了当下生活知识的普及，从而使人丧失了对当下生活的关注。

在我国，传统语文教育的目标也主要是为未来作准备。《大学》一文明确提出了教育的目标，"大学之道在明明德，在亲民，在止于至善。""明明德"是发扬光大、传播美好的道德之意，也就是传承的意思。"亲民"可理解为亲近人民。"止于至善"是说在学习修炼达到最完美的境界之后，保持这种完善品性。从这里可以看出，传统教育的目标基本上是伦理道德、美好的"圣人""君子"品格的教育。这种品格的教育要经过"修身、齐家、治国、平天下"一系列的阶段。这也是孔子培养人的主要目标。孔子教育思想之中最重要的是"仁""爱人"的教育，这是孔子最高的道德标准与理想，他要求学生以"仁"指导日常的道德，坚持道德信仰而不动摇，"君子无终食之间违

---

① ［英］斯宾塞：《教育论——智育、德育和体育》，胡毅译，人民教育出版社1962年版。

仁，造次必于是，颠沛必于是"，并要学习者"志士仁人，无求生以害仁，有杀身以成仁"，最终达到"学而优则仕"的"治国"理想。培养"仁人之心"尽管重要，但是了解、接触现实生活获得谋生的知识技能更关键，然而，当樊迟求教"学稼"的问题时，孔子却说："吾不如老农。请学为圃。"樊迟离开后，孔子极端轻蔑地批判道："小人哉，樊须也！上好礼，则民莫敢不敬；上好义，则民莫敢不服；上好信，则民莫敢不用情。夫如是，则四方之民襁负其子而至矣，焉用稼？"（《论语·子路》）在这种教育理想的支配下，学生学习的是四书五经，是治国平天下的"专经"，而远离现实生活，轻视自然科学，"五谷不分""六体不勤"，成为"死读书""读死书""读书死"的书呆子。

梁启超从科举制度入手对封建教育进行了批判，他说："当今科举是以八股之文、八股之诗、试帖楷法来取士的。选择上来的多是中才，滥竽充数之才，至愚极陋之才，学非所用、用非所学之才，并不能擢拔一些奇才异能、真才实学者。"那些侥幸登第者，"多有不识汉唐为何朝，贞观为何号者？至于中国之舆地不知，外国之名形不识，更不足责也。其能稍通古今者，郡邑或不得一人，其能通达中外博达政教之故，及有专门之学者益更寡矣。"①

在五四新文化运动中，鲁迅对封建教育育人的这种思想进行了猛烈的批判。他说，封建教育培养的是"做奴隶的人""想做奴隶而不可得的人"；对于学习结果，他说："这些千篇一律的儒者们，倘是四方的大地，那是很知道的，但一到圆形的地球，却什么也不知道，于是和四书上并无记载的法兰西和英吉利打仗而失败了。"②"这些腐儒们孤陋寡闻，连西班牙、葡萄牙的存在也不相信，认为是法国和英国为了讨些利益，胡诌出来的国名。可是又盲目排斥，抵

---

① 程禹文：《论梁启超对封建科举教育的批判》，《首都师范大学学报》（社会科学版）1996年第2期。
② 鲁迅：《且介亭杂文二集·在现代中国的孔夫子》，光明日报出版社1980年版，第251页。

制科学",竟然"连算术也斥为洋鬼子的学问"。[①] 造成这种教育结果的主要原因是教育只重视为未来作准备,而忽视了关注学生适应当下生活的教育普及。

这种不重视学生当下生活教育的思想源于传统的教育理念。在西方有"知识即美德"的教育理念,在国内有传统的培养"圣人""君子"的"治国、平天下"的教育理念。其实,知识并不等同于美德,知识也不会自动转化为"理想人格",知识只是"知",要化为学生的"知"则需要切实的"行",只有在"行"的过程中,"知"才能结合个体的经验和认知结构真正建构起来,内化为行动者的人格、美德。从这个角度看,传统教学不仅不注重学生的当下生活,而且在知识的传授上采用"灌装式""授受式",把学生当作装载知识的"有脚书橱"了。

杜威针对传统教育只注重知识授受而忽视学生主体的教育弊端进行了激烈的批判,并提出了与传统教育课堂、教材、教师三中心相对立的现代教育学生、经验、活动三中心主张,强调对儿童当下生活教育的重视。他说,教育没有外在的目的,教育的过程就是目的,并且强调教育即生长,即经验的改造或改组。刘铁芳认为,教育本身是一种特殊的儿童生活,教育实质上是一个不断地适应儿童的本真,儿童也不断地适应教育引导的双向并行与递进的生活过程。[②] 教育与儿童之间是一种相互协商融合的过程,在这一过程中,教育得到有目的有计划有组织的贯彻执行,儿童得到尊重,获得全面的发展,从而使注重知识技能的传统教育过渡到注重学生全面发展的现代教育。

全面发展是人的发展的需要,同时教育也应该针对时代发展的社会要求有所侧重,即服务于国家的、社会的发展需要。不只语文学科,其他学科也不能例外。当前,全球面临着能源问题、发展问题、生态问题、发达国家与发展中国家矛盾冲突的问题等,严重威胁着人类的生存和发展,这些问题的解决最终要依靠科学技术的发现和创新。就

[①] 孙世哲:《鲁迅对封建主义教育的批判》,《北京师范大学学报》1981年第6期。
[②] 刘铁芳:《试论教育与生活》,《教育理论与实践》1996年第4期。

第一章 语文教学目标的有效生成

我国而言，正在由发展中国家向发达国家迈进，经济发展模式正由依靠资源优势开始转向依靠科学技术优势发展阶段，加之国内外各种矛盾冲突，整个国家处于发展比较困难状态，于是，依靠科技实现创新，摆脱困境已经成为我国实现国富民强，中华民族振兴的关键。在这种情况下，中国的教育，尤其是基础教育，必须承担起创新与发展促进综合国力竞争的重要责任。因此，语文教学培养学生的创新意识和实践能力，促进学生的科技创新素质的提升，是课程的职责所在，是重要的语文教育目标。

语文课程与教学提出的培养学生的创新意识和实践能力的教育目标，并非像理科学习那样，像科学家研究那样，躬亲实验室，进行基于科学问题的探讨与研究，而是为学生从事科学技术的创新与发明提供精神支持和实践动力，体现语文学科之母、学科之基础的特性。因为语文学科是言语学科，属于社会科学，而不是自然科学，其功能重在言语智慧的养成，并为其他学科的学习奠定语言理解与运用的工具基础。创新意识仅仅是语文学科的情感态度与价值观目标领域的一个重要组织部分，而言语实践活动也正符合培养学生的创新意识这一教学目标。在我国，不仅中小学生，甚至大学生，从事科学研究的人，也都普遍缺乏创新意识，因此，语文课程培养学生的创新意识是时代赋予的诉求。

创新意识是人根据社会和个体生活发展的需要，改造或创造前所未有的事物或观念的倾向，并在实践活动中表现出创新的意向、愿望和设想，是人类意识活动中的一种积极的、富有成果性的表现形式，是人们进行创造活动的出发点和内在动力。要创新首先需要怀疑与批判。批判与创造是一对孪生兄弟，没有怀疑和批判，就没有创造；反之，没有创造，也就没有怀疑与批判。[①] 康德说："人类理性非常爱好建设，不只一次把一座塔建成了以后又拆掉，以便察看一下地基情况

---

① 钱兆华：《怀疑和批判精神：推动科学进步的关键因素》，《江苏大学学报》（社会科学版）2001 年第 1 期。

如何。"① 不言而喻，把一座在科学原理上建好的塔拆掉，需要的是强烈的怀疑和批判精神；而要在新的基础上重新建造起新塔，则需要的不是模仿，而是创新创造的精神。

在语文教学中，学生的创新意识首先表现在对问题的质疑批判上，对问题答案的多维探讨与求证上，对旧问题、旧内容的新的发现和见解上。正是质疑批判培养了学生的怀疑精神，为创新埋下了种子；正是对问题答案的多维探讨和求证，使学生形成了辐射性求异思维，避免了求同思维，为创新创造提供了思维前提；正是对旧问题、旧内容的新的发现和见解，才可能使学生在思想上、心理上提升了创新的精神和勇气，只要怀疑批判，有信心有毅力，就可能有新的发现创新。

有了创新意识后，还要求学生进行实践，从而把新的思想、新的观念、新的方法见之于实践，把设想、理想变成现实。我国文化源远流长，璀璨丰富，很能激发人的想象，形成新的观念和设想，但是，由于缺乏把观念与设想变成实践的行动，从而影响了求证观念与设想正确与错误的机会，发现创新新产品的机会。因此，语文教育要鼓励学生把观念变成实践行动，培养实践能力，并且在语文教学过程中通过各种活动项目培养学生的实践能力，最终实现创新意识和实践能力的语文教育目标。

（三）学会学习：语文教学目标的终极追求

学会学习并不是新的学习理念，自从教育产生之日起学会学习的理念就产生了，只不过随着时代发展的变迁，学会学习才逐渐成为人类个体生存发展的必备技能。在传统社会，由于知识发展变迁比较缓慢，知识的数量与社会对知识人才的需要都相对比较固定，掌握了一定的知识就成为个体一生生存发展的保障。而当代社会，知识爆炸式发展，新旧知识替代比较频繁，特别是随着新兴学科知识和技术的不断出现，新的自然、社会和思维问题的不断滋生，掌握新的知识，获取新的技术，形成新的思维观念，往往成为解决问题、促进发展、增

---

① ［德］康德：《自然科学的形而上学基础》，生活·读书·新知三联书店 1988 年版。

进和谐的关键。传统的那种一劳永逸地获取知识，一世平安的教育观念已经不可能了，取而代之的是不断地学习，不断地改变自己，不断地改变自己与外界的关系，形成终身受教育的理念。但是，学校教育毕竟时空有限，这就需要教育者个体具备学会学习的技能和观念，以保障个体一生健康顺利地生存发展。

20世纪20年代"终身教育"理念提出。1965年，经联合国教科文组织倡导，"任何阶段的所有人都能得到学习机会"的终身教育理念成为各国教育的奋斗目标。爱因斯坦在谈到对知识教育的看法时说，"通过专业知识教育人是不够的。通过专业教育，他可以成为一种有用的机器，但是不能成为一个和谐发展的人，要使学生对价值有所理解并且产生热烈的感情，那是最基本的。他必须获得对美和道德上的善有鲜明的辨别力。"[1] 也就是说，要培养学生学会学习的观念和素养。20世纪70年代，联合国教科文组织发表《学会生存》一文，其中四大学习理念之一就是"学会学习"；[2] 90年代又发表《教育——财富蕴藏其中》一文，针对21世纪的社会形势，强调要发挥教育的重要功能，其中之一就是培养学生"学会认知"的教育理念。[3] 方智范说，语文课程目标制定的出发点是语文课程培养学生全面的语文素养这一理念，语文课程的"总目标是基于人的终身需要以及和谐发展所必须具备的基本语文素养而提出来的"，它突出了现代社会对语文能力的新要求，突出了语文课程的实践本质。[4] 其实，从长远来看，语文教学目标的价值就是让学生学会学习。莫兰在《方法：天然之天性》中说，人类不仅需要学习，而且需要学会如何学习。[5]

如果前面所说的学生学会学习仅仅是一种教育趋势的话，那么，"第三次工业革命""人工智能""决战第三屏""翻转课堂教学"等

---

[1] [美]爱因斯坦：《爱因斯坦文集》第3卷，许良英等编译，商务印书馆1979年版，第310页。
[2] 联合国教科文组织：《学会生存》，韦钰译，教育科学出版社1996年版。
[3] 联合国教科文组织：《教育——财富蕴藏其中》，教育科学出版社1996年版。
[4] 方智范：《关于语文课程目标的对话》，《语文建设》2002年第1期。
[5] [法]埃德加·莫兰：《方法：天然之天性》，北京大学出版社2002年版，第16—17页。

新事物、新观念的出现，无疑则把学会学习这种理念提到眼前。"第三次工业革命"的实质就是新能源、新材料、新技术与互联网的创新、融合与运用，其标志是数字制造技术、互联网技术和再生性能源技术的交互整合，从而导致了生产方式、制造模式、生产组织等发生了重大的变革。新技术的到来为学习者提供了无限的才能发挥机会，但需要学习者掌握新技术，特别是适合自己的个性特长爱好的技术、创业的技术，而知识爆炸与海量信息的出现则成为学习者首先要面临的问题，他们必须学会搜集、整理、选择、决策等方面的学习技能。

"人工智能"是"人工"和"智能"的整合。它是计算机学科的一个分支，是20世纪70年代以来被称为世纪三大尖端技术之一。它主要是研究使计算机模拟人的某些思维过程和智能行为（如学习、推理、思考、规划等）的科学，从而实现计算机的更高层次的应用。有学者预测人工智能在不久的将来就会成为我们生活中的一员，这就要求我们不仅了解、学会使用人工智能产品，而且还能够与之对话交流，并进而创造更多的人工智能产品。人工智能理论和产品的出现，使人类个体了解、掌握、使用、改革智能产品的学习变得非常必要。"决战第三屏"是恰克·马丁（Chuck Martin）在其《决战第三屏：移动互联网时代的商业与营销新规则》一书中提出的新的经销理念，它揭示了移动互联网如何改变了营销和企业运营的规则，系统总结了移动互联网商业及其新的营销模式。它虽然说的是经销问题，但是对于借助网络媒介寻找、发现、提升自身知识技能，增加创业实力的学习者来说，无疑也提供了绝佳的机会，但前提是学习者会运用"第三屏"学习。[①]

适应第三次工业革命、"人工智能"时代的到来，学校学习的传统模式正在或已经被改变。"翻转课堂式教学模式"（Flipped Class Model）是美国迈阿密大学教授"经济学入门课程"采用的一种教学模式。2007年，美国科罗拉多州Woodland Park High School的化学教

---

① ［美］恰克·马丁：《决战第三屏：移动互联网时代的商业与营销新规则》，电子工业出版社2012年版。

第一章 语文教学目标的有效生成

师 Jonathan Bergmann and Aaron Sams 在课堂中采用"翻转课堂式教学模式",并推动了这个模式在美国中小学教育中的使用,而且使之成为美国大学正在推行的教学模式。这种教学模式强调学生在家完成知识的学习,把课堂变成师生答疑解惑、知识运用的场所,从而促进有效的教学与学习。翻转课堂教学实质上相当于我国传统的有计划、有目的的"预习",充分体现了学习者的自觉性、主动性和创新性。众多新事物、新现象、新理念的出现使得语文教学也不得不把培养学生学会学习的教育目标提到日程上来,并且使学会学习成为学生一生的必要的生存技能!因为学习不再是纯粹的学校学习,而是终身学习!

从学习者学习的角度来看,学会学习包括自主学习、合作学习和探究性学习。

自主学习。传统的教育注重教师、教学方法、教学内容和教学评价,是一种注重课程知识传授而忽视学生主体的教育。与之相对,自主学习是强调学习者内在学习品质的一种学习方式。B.J.齐莫曼认为,学生只有在元认知、动机和行为三个方面是一个积极的参与者时,他们的学习才是自主的。在学习过程中,自主学习的动机是内在的或自我激发的,学习的方法是有计划的或已经熟练达到自动化程度的;学习者对学习是定时而有效的,并且能够预期意识到学习结果,对学习的物质和社会环境时刻保持着高度的敏锐感和应变性。[1] 我国学者认为,如果学习者在学习之前能够确定学习目标、制订学习计划、做出具体的学习准备,在学习过程中就能够对学习进展、学习方法进行自我监控、自我反馈和自我调节,对学习结果进行自我检查、自我总结、自我评价和自我补救,那么他的学习才是自主的。在此基础上,我国学者把自主学习概括为:"能学""想学""会学""坚持学"。[2]

自主学习是主体参与的主动建构的学习。主体教育理论认为,学

---

[1] Zimmerman B J., Self-regulated Learning and Academic Achievement: An Overview, *Educational Psychologist*, January 1990, pp. 3-17. 转自李子华《学生自主学习的有效教学策略研究》,《中国教育学刊》2005 年第 12 期。

[2] 庞维国:《自主学习——学与教的原理和策略》,华东师范大学出版社 2004 年版,第 4—5 页。

生是教学活动的主体,教学过程是学生主动建构与发展的过程。正如马克思所说,"历史不过是追求着自己的人的活动而已",教学活动的过程就是学生自觉地积极参与的过程,探索和发现的过程,发展与创造的过程。建构主义认为,教学过程不是教师向学生传递知识的过程,而是学生根据自己的已有知识经验和认知结构,对外在信息加工建构的过程。在这个过程中新信息被建构理解,旧知识经验被调整和改变,进而实现知识信息的质和量的重构与提升。

不仅如此,自主学习过程还是学习者对自己的认知结构改造和创新的过程。鲁洁说:"人的心智结构并非纯先天的、自我存在的、固定不变的,它有一个形成发展的过程,这个过程是学习者自身建构的过程。"[①] 在这种建构过程中,人的意识发挥着重要的作用,他将自己作为主体,同时又将自己作为客体,在主客体相互作用中促进认知结构的形成和发展。而且,主体还不断地把已经形成的认知结构作用于实践,以主体自觉的态势把自己各方面的力量整合激发出来,积极地推进自己的认知活动,实现预期目的的对象化、现实化。原有的认知结构在实践中不断地现实化、不断地建构、不断地发展,从而实现人自身的发展与现实世界的适应。埃德加·莫兰说:"生物的最小行动都以'我运算'为前提;通过这个运算,个体自我中心地根据它自己(的情况)来处理所有对象和材料。"[②] 当然,这种"运算"也包括生物体自身。从这个层面来说,自主学习有助于学生学会自主。因为它让儿童自己解放了自己的"眼睛""嘴巴""头脑""双手""时间"和"空间",同时,也释放了自己的发展潜能和意志。

合作学习。合作学习是一种基本的教学组织形式,也是基本的学习方式。合作学习是基于共同的学习目标、任务或旨趣,由两个或两个以上的学习者组成的,通过合作而完成某种学习任务,实现自身发展目标的学习。从学习者身份看,合作学习有师生合作、生生合作。从合作学习的成员组织看,有异质合作学习、有同质合作学习。

---

① 鲁洁:《教育:人之自我建构的实践活动》,《教育研究》1998年第9期。
② [法]埃德加·莫兰:《复杂思想:自觉的科学》,北京大学出版社2001年版,第261页。

第一章　语文教学目标的有效生成

合作学习是一种基于互助合作的学习。学习有多种形式，不同的形式其功能不同。我国传统教育注重自主学习，强调学习者的意志，强调学习要博闻强识，"读万卷书，行万里路"，熟读成诵，但是那是在书籍有限、知识有限的时代，知识的量与知识的质等同，并且知识学习的目的基本上是单一的，即为"科举考试"。而处于知识信息爆炸的技术媒介时代，学什么、如何学、成果如何，都不是学习者个体所能够左右的，特别是在自由充分发挥个体智能的时代，学习者要获得知识技能、解决问题、发现创新，实现自我，就需要有一定的合作伙伴。韩国前总统朴瑾惠访华时借用中国的古语说，一个人走得快，两个人走得远。言外之意，无论做何事只要想走得远，就必须合作。

更为重要的是，国人的合作意识不强，合作的理解、合作的共识精神不高，在当今全球化需要合作的时代，如何学会合作、通过合作实现自我、发展自我，不仅是教育面临的问题，而且也是语文教育应该解决的问题。

探究性学习。探究是一种活动方式，既是思维活动，又是实践活动。既是科学家对于某一问题或现象的专门研究范式，也是一般人解决问题的活动方式；既包括对人类未知的探究，也包括对人类已知而对个体来说未知的探究。探究性学习是学习者在学科领域或现实生活情境中，通过发现问题、建立假设、收集实验、论证假设，实现知识获得、能力培养和创新意识生成的活动。探究性学习是学生在经验或体验中直接学习，在学习过程中对已有的知识不断收集、再现与整合的过程。因为已有知识是继续获得新知和能力的学习凭借，已有知识的整合是新知识和能力产生的前提与基础，对已有知识的整合的过程也是新知识生产的过程。同时，在对新问题理解、求证与解决的过程中不断获得新认知，形成新能力。

探究既源于人的天性，也源于自然的无限神秘性。人是有好奇性的，外界任何事物都可能引起人的激情与好奇，引领人走近好奇。同时人类自身是一个经验型动物，任何知识、经历、好奇都必须经过经验来获得满足，对无穷无尽的自然和社会缺乏足够的经验是人类探究的必然。米兰·昆德拉说："缺乏经验（inexperience）是人类生存处境的性质之一。"① 从出生到死亡，人无时无刻不经历着经验的匮乏与获得的矛盾，对于人类而言未知是需要经历的经验，对于新生儿童来说，成人社会是需要经历的经验，对于成人而言未知的经验依然存在。经验是经历和行动，只有行动与反思才能探究到未知。而客观世界无论对于人类群体还是对于个体而言都是一个充满着神奇的世界，即使是同一时空不同的视角，同一时空不同的个体，其审视的神秘感都会各自不同。因此，从某种角度看，人类发展的历史就是人类不断地探究神秘、破解神秘的历史。

探究是不断尝试错误、纠正错误的过程，它需要主体自觉积极地行动以及坚强的意志。因为对于一个探索者来说，成功意味着能力，失败意味着无能无知。问题探究对于个体而言是没有保障成功的捷径可取的，否则也无法培养探究能力与创新意识。因此，探究遭遇失败往往是学习中的一种常态，可贵的是在失败面前养成并保持"败而不馁"的精神与毅力，这是未来学习者需要的一种品质，也是应对未来时代风云变幻的必备品格，更是探究学习的价值所在。

学会学习不仅仅是掌握基本的学习方式，还要会学习，从而实现有效学习。会学习，但不意味着会主动学习，它需要学习者的自我学习意志和精神的推动，也就是说，学习者要不断地强化教育自己去学习，即自我教育强化，这是学习的动力机制。苏霍姆林斯基说，没有自我教育，就没有真正的教育。从内外因的关系来看，外因是变化的条件，内因是变化的根据，外因通过内因发挥作用。教育是个体的事情，只有自己最清楚需要什么教育，如何接受教育，个体才能去完成受教育的任务，促进自身的发展，因此，人的自我教育是关键。1983年11月，日本中央教育审议会在关于21世纪的教育展望中特别提出并强调自我教育能力的培养目标。② 自我教育能力目标主要包括：具

---

① ［捷克］米兰·昆德拉：《小说的艺术》，董强译，上海译文出版社2004年版。
② 熊建华：《语文综合性学习理论研究》，硕士学位论文，四川师范大学，2009年，第70页。

有面对困难的坚强意志,积极寻求问题解决的决心;主体具有自觉的设定目标、选择和运用必要的知识、信息、技能的能力;具有自我监控、尊重他人、建立良好的人际关系的能力。报告中关于学习要有欲望、有学习的方法,以及应对社会变化的生存方法的自我能力,其实就是学会学习的教育目标。

在语文教学中教师要首先提供有计划的学习,并指导学习方法、创设学习情境、倡导学生形成学习共同体,使学生感到学习的快乐和兴趣,进而促进学生自己制定学习目标和计划,自觉主动的学习,在此过程中教师要不断地采取各种形式进行评价反馈,使学生由教师推动发展进行学习,转变到学生自我强化、自我推动进行学习,从而实现自主学习。

语文教学目标就是要通过具体的教学涵养学生的言语智慧、激发学生的创新精神、培养学会学习的能力,从而实现语文课程关于培养学生全面语文素养的任务,落实国家关于语文课程目标的教学要求。

二 语文教学目标生成存在的问题与分析

语文教学目标有效生成研究主要研究以目标为导向的有效教学问题。因此,首先需要弄清当下语文教学目标生成活动中存在的问题。然后,确定研究对象,研究设计,开展研究。研究在梳理教学目标、有效教学和生成教学文献研究的同时,又进行了语文教学调查研究。

研究样本。研究样本是在三个地方选择的。一是广东省湛江市;二是江苏南京东庐中学和山东聊城杜郎口中学。样本选择以随机选择和固定选择相结合,湛江地区的样本选择是随机的,其他地方的样本是固定选择的。

调查研究的内容和方式。一是听课。主要课文有张洁的《拣麦穗》、史铁生的《我与地坛》、贾平凹的《秦腔》、孟浩然的《夜归鹿门歌》、冰心的《霞》等。主要是高中语文课。二是阅读教案。教案来源有三。教师培训中,教师通过网络发送给指导教师的语文教案;听课观摩现场中,搜集到的教师教案;通过特定约定,搜集到的教师教案。三是访谈。访谈内容主要是根据附录设计的问题进行的，具体活动不是完全根据访谈提纲进行的，而是根据问题需要、重难点灵活进行的。访谈对象包括教师和学生。教师访谈包括电话访谈、在线交流和面谈。学生访谈主要是面谈。

调查涉及的问题面比较多，为方便起见，研究以问题归纳顺序整理分析。

（一）语文教学目标生成存在的问题

1. 语文教学目标问题

（1）语文教学目标虚化

"虚"与"实"相对，语文教学目标的确存在不真实的现象，这包括：

首先，教学目标无法操作或不操作。如"通过对课文的学习，培养学生热爱生活、关心他人的品质""通过教学提高学生的阅读、写作能力""培养学生的审美能力，提高学生的语文素养"等等。这些教学目标相当于学段或者学期、学年总目标，也可以视为教育目的，在具体的课堂教学中无法操作实施。在一些教师的教案中一些教学目标在具体的教案内容中根本看不到落实的内容和步骤。因此，教学目标存在无法落实的问题。

其次，教学目标不符合学生的实际需要。语文教学目标与学生的实际需要不符合，这主要是通过对学生的调查发现的。这种教学目标的达成过分简易，或者教学目标对学生没有教育发展的价值。如某教师在学习《秦腔》课文时确定的教学目标之一是"怎样写文化散文"，而实际上教学的内容则是归纳贾平凹散文的写作特点，即故园情结、文化视界、百姓情怀、艺术表现，并在下课时教师布置学生"写一篇文化散文"作业。这种教学目标的教学对学生实际发挥的促进作用极其有限，文化散文并不一定都如贾平凹那样写，应该选择几类能够概括文化写作特点的散文，让学生在思想上认识到哪些是文化、文化写作大致要写文化方面的哪些内容？如何选择？如何写？等等，而不是学一篇课文就简单地要求学生学习写作。所以，有些教学目标不符合

第一章 语文教学目标的有效生成

学生的实际需要。

最后,教学目标设计形式化。新课程改革以三维目标形式设置课程,强调语文教学过程注重"知识与能力""过程与方法""情感态度与价值观"三维目标,但并没有强制具体的语文教学教案也一定按"三维目标"方式编制。可是,教师的教案大部分是以"三维目标"形式编制的。其实,"三维目标"强调教学要从整体上考虑学生受到的综合教育,而不是仅仅侧重某"一维"的目标教育。"三维目标"中的"一维"目标在实施过程中都潜在地包含着其他"二维"目标,可以说,即便以知识与能力为主线的语文教学目标在其实施过程中也包含着其他"二维"目标,所以,笼统地不加分析地以"三维目标"形式编制教学目标犯了形式化的错误。

(2) 教学目标概括化有余,细化不足

根据格伦兰(N. E. Gronlund)对教学目标的研究,教学目标分为一般目标(general objective)和特殊目标(specific objective)。[①] 一般目标陈述预期的教学结果。特殊目标是对一般目标的具体化,即用具体的行为(作业的或可测量的)术语陈述可预期的教学结果。教学目标的制定分两步,第一步是一般目标,第二步是特殊目标。因此,在教案中开列的语文教学目标并不是教学过程中通过一个教学事件一次就能够完成的特殊目标,而是需要通过一系列教学事件才能够最终实现的一般目标。换句话说,教案中的语文教学目标是上位概念的教学目标,具有概括性、抽象性,甚至模糊性的特点,它需要细化为并列的或者是递进层次的教学目标,即下位的教学目标。然后,每个细化的下位教学目标对应于具体的教学资源,通过活动形成教学事件。这样,一个上位教学目标的实现往往需要通过多个下位教学目标的学习才能够达成。事实上,语文教学目标设置要求一方面是概括化、模糊化;一方面是清晰化、具体化、操作化。所谓概括化、模糊化是指上位语文教学目标。它是有待细化为下位目标的一般目标。所说的清晰

---

① 陈玉琨、赵永年选编:《教育学文集·教育评价》,人民教育出版社1993年版,第562页。

化、具体化、操作化是指实际操作活动过程中的下位语文教学目标，而不是上位语文教学目标，否则，下位语文教学目标就容易简单化，用以教学就会导致课堂教学内容不丰富的问题。正是由于上位教学目标的概括化、模糊化与下位教学目标的具体化、可操作化，才使教学内容、教学过程丰富，上位教学目标才能最终得到有效实现。

但是，在语文教案中，教师把一般教学目标与特殊教学目标混同了，导致语文教学目标出现了概括化、模糊化的问题，影响了语文教学目标的具体化、操作化，误导了语文教学。

（3）语文教学目标混乱，不清晰

首先，从教学目标内容上看，多个目标杂糅。如L教师关于粤教版（必修一）《我很重要》第二课时的教学目标：

> 通过研究标题、抓住主旨句等方法，归纳文章中心，领略文章深刻的思想内涵，引导学生认识自己生命的独一无二，从而认识生命的可贵，珍视自己生存的意义和价值，关注自己内心生活的品质，启发学生热爱生活，别轻易贬责自己，树立生活的自信心和对他人对自己生命的责任感。

其次，语文教学目标表述不清晰。语文教学目标的表述是学生学习之后或者教学之后预期的活动结果，即学生的行为表现。教学目标就要以学生的行为表现来书写，根据对教学目标的研究，一个完整的教学目标表述要包括主体、对象、行为、条件四个要件。但是，很多教师在教案中对教学目标的表述不仅缺乏学生这一"主体"，而且还把"行为"写成了教师的教学行为，很明显地显示出教师没有真正理解教学目标的本质内涵。

（4）语文教学目标片面化

语文教学目标包括知识与能力、过程与方法、情感态度与价值观三个维度的目标。实际上在教案中，多数教师的教学目标只有知识目标、情感态度与价值观目标，而能力目标、方法目标缺失。这种现象

第一章 语文教学目标的有效生成

在过去和现在的教案中都普遍存在,培养学生的能力首先需要有培养能力的知识、技能和方法,但是知识、技能和方法却不等同能力,这需要教师把知识、技能和方法变为形成能力的凭借或手段。能力目标的缺失及其认知的不足,导致了学生能力培养的盲目性和极端性,给学习带来了不必要的负担。

2. 语文教学内容选择与使用问题

（1）语文教学内容与教学目标不一致

语文教学内容是教学目标实现的凭借,但是,教案中教师确定的教学内容几乎都是从课文文本学习的角度来设计的,即应该学习课文的什么内容。其实,就教材中的某篇课文而言,到底要"教学什么",应该以教材规定的教学目标的要求来确定在这一篇课文中应该讲授什么、学习什么,同时,也应该超越课文本身,开发促进教学目标有效生成的可资利用的其他课程资源、教学资源。而事实上,教材中提示的教学目标对教师确定教学内容没有约束力,反而是课文的内容成为教师制定教学目标的重要依据。

如：一教师在《我与地坛》第一课时设计的教学目标是"品味语言,学习情景交融,物我不分的写作手法。"采用的教学过程是,"请一组齐读"、"学生品析"、"教师点拨"的教学过程。选择的内容有两处：

一、树干上留着一只蝉蜕,寂寞如一间空屋。

【蝉蜕——重生】

二、露水在草叶上滚动、聚集,压弯了草叶轰然坠地摔开万道金光。

【露水——摔开万道金光】

然后,小结："本处移情入景,情景交融,物我不分,真实地再现自己在地坛沉思默想,探求生命意义的情形。虽然不能一一对应说蚂蚁教会作者什么,蝉、蜜蜂教会作者什么,看了一下露珠便如何,但几年的观察、思考还是会影响作者的。从景物的描写中,我们可以看到作者的思想感情经历了一个从苦闷、绝望到充满希望的变化过程,这一变化正是地坛上生生不息之景给作者带来的启示,可以说,正是地坛拯救了作者。"

"品味语言、学习情景交融,物我不分的写作手法",这个教学目标难度比较大,学生要真正掌握这一目标,需要大量的多个种类的教学资源,否则教学目标就难以达成。而该教师仅仅使用了本单元课文中的两个例子来教学,学习强度也不够,不足以实现"情景交融"的教学目标。另外,教学目标与单元提示要求也存在差异。

(2) 语文教学内容局限于语文课程的目标内容,缺乏教学资源视野

语文教学内容包括课程目标内容、既定的教材资源(文本)、活动等。目标内容是整合或潜在于文本中的,或者说是整合潜在于教学资源中的,这是实现教学目标的重要的教学内容,需要特别给予关注;但是,某些教学目标如能力目标、方法目标、情感态度与价值观目标并不是通过一篇课文(教学资源)或一个教学文本(教学资源)就能够实现的,而是需要使用几个文本(教学资源)持续活动才可能实现的。这就要求教师不仅要充分使用教材提供的教学资源,而且还要放眼教材之外,积极开发其他教学资源,以服务于教学目标的有效实现。然而,大多数教师以课文文本作为实现语文教学目标的唯一教学内容(教学资源),限制了其他教学资源的开发与使用,制约了教学目标的有效实现。

(3) 教学内容使用操作不当

一是把课文内容等同了教学内容。课文内容不能等同教学内容,课文是实现教学目标的资源或凭借;教学内容是从教学层面来理解的,是课程内容的具体化呈现。在现实的教学过程中教学内容应该是教学资源,它包括课程内容和实现课程内容的凭借或资源,而实际上教师教学中的教学内容等同了课文内容,即把教学课文等同了教学目标的实现,课文有什么,教师就教学什么。二是教学内容对于教学目标的实现来说,有使用的频率和频次问题,有的教学内容可能多次为同一

目标的实现而重复使用，如培养朗读能力；有的教学内容则只能使用一次服务于同一目标，如阅读理解技能的训练，等等。而教师实际上并没有根据教学目标的性质合理地使用教学内容。这种问题在大多数教师的教案中都或多或少的存在。

3. 主体活动问题

（1）教师活动占主导地位

通过课堂观察发现，语文教师在课堂教学过程中依然占据"霸主"地位，讲授内容的时间占上课时间的一半以上，然后进行训练，学生实际自由支配的时间比较少。课外，学生按照教师课堂讲授的内容进行巩固性复习或预习。学生的学习完全掌握在教师的管控之下，一定程度上制约了学习内容的广度、深度和学习的兴趣。在对教师的访谈时发现，部分教师一直认为班级学生名额太多，无法保证学生自主学习的质量，所以，只能进行精练的语文知识传授和训练。

（2）学生主体活动不充分

语文教学活动基本上是以学习课文为主，而课文学习又基本上是以"解剖麻雀"式的从"字词句篇，语修逻文"全息的角度学习，每篇课文的学习时间一般限制在两课时，再加上定量的语文训练，学生在课文学习中每节课学习的内容太多。正如一位研究者所说，[①] 每节的课课堂教学事件多达 20 多个，每个事件的活动时间不足 2 分钟。每个事件都需要学生了解、活动，往往学生还没有了解、熟悉这一个事件，就匆匆忙忙进入下一个事件的学习。学生根本来不及思考，来不及进行价值判断，只能在教师的指导下"走马观花"。并且，每节课的活动项目、活动内容大致相同，所不同的只是活动的具体对象差异，今天是散文，明天是小说，后天是诗歌，学生活动不足导致他们学习倦怠，学得甚少。

（3）缺乏学习共同体机制

在调查和课堂观察中发现，学生学习基本上是以个体学习、师生

---

① 陈隆生：《语文课堂教学研究》，博士学位论文，华东师范大学，2008 年，第 6—7 页。

对话学习为主。个体学习主要是倾听，或者独自学习或练习，师生对话也仅仅限于课堂中学习比较活跃或学习比较优秀的学生，大多数学生处于"陪读"状态，是学习的"旁观者"。除公开课或其他优质课外，学习活动很少有共同体学习形式；即便有学习共同体形式，教师也没有严格地按照共同体学习形式分组、组建规则，对学习共同体进行指导规范。在对学生的访谈中发现，学生对学习共同体的理解比较肤浅，认为学习共同体仅仅相当于小组之类的临时搭建的学习群体，教师没有对小组学习进行指导。在另一教案阅读中发现，教师在教学《登岳阳楼》一文时确定了目标，"学习着重培养学生的自主探究能力与小组合作学习的能力，教师引导点拨。"但是，在其教案中却没有发现"培养自主探究能力和小组合作学习能力"的活动与指导策略。在教学中也没有发现教师的具体教学指导行为，只是在最后的教学环节中教师让学生以小组的形式进行朗读背诵比赛而已。

4. 评价反馈问题

（1）教师评价反馈意识不足

在调查中发现，教师对于评价反馈几乎都存在问题。并不是说教师在课堂教学中没有评价反馈，而是说在实际的教学操作中教师缺乏基于教学目标实现的、明确的信息传递的评价意识。并且部分教师还把基于教学目标的评价理解为教学任务的完成，上课的结束。尽管语文教学目标不如理科教学目标那样清晰可辨、可判断，但是也依然应该有目标达成与否、达成度、达成导向的评价反馈，以给学生明确的学习定位。

（2）评价反馈清晰度不足

在实际教学过程中，教师对学生的学习过程、学习的表现有评价反馈表现，但是，评价反馈的目的存在问题。评价反馈与学生的实际表现行为的差距过大，如学生回答了一个别人不能回答的问题，教师评价说"你真棒"。这种评价是一种赏识性评价，评价太宏观，而不是针对问题回答的角度、内容、勇气等进行的具体的评价。宏观评价让学生整体感觉良好，但却不知"棒"在哪里？需要向何方努力？其他同学也"雾里看花",不知所以然。在表达方面,评价反馈也不充分,即没有明确表示是对学生自己的评价反馈,甚至不被认为是评价反馈,造成评价反馈信息"冗余",没有发挥反馈的真正功能。更有甚者,教师根本没有评价反馈,最常见的是学生回答问题之后就让其坐下,至于问题对不对,教师没有自己的观点,连续几个学生的回答之后,教师才偶尔评价一下,最后以归纳的形式提出自己的观点和见解。教师如果不对学生的行为进行具体评价,学生就无法收到"做什么?如何做?做到什么程度?做的结果怎样?"的反馈信息,也就无法持续努力学习。

(3) 评价反馈缺乏后续行为支持

评价反馈的目的是对教学目标的有效生成程度、过程表现、需要坚持与改进的地方给予提示,并用以强化后续的学习行为,以使教学目标生成的有效性加强。但是,实际上教学过程中教师的评价往往只是宏观的、结果性的评价,好像技能训练过程结束后,教师和学生都被迫接受已经形成的结果,而没有在对此结果判断的基础上,采取措施,或重复操作,或以新的资源凭借再次学习,从而影响了学习目标达成的有效性。语文教学目标具有沉积性、长期性、融合性等特点,这决定了语文教学目标的有效生成是通过对不同对象的反复操作、循序渐进地逐渐实现的过程,在这一过程中评价反馈发挥着重要的作用。同时,以课文学习为中心的语文教学,也常常使教学目标的有效生成过程缺失目标强化的学习机会。

(二) 原因分析

上述语文教学目标有效生成的诸多问题是由多种原因造成的,根据调查总结归结为三个方面:教师因素、课程因素、教学文化因素。

1. 教师因素

(1) 语文教师对新课程改革难以适应

开始于 21 世纪初的基础教育课程改革是一次从目标理念到课程教学的全面的改革,教师难以快速适应。一方面是教师保持原来的知识授受与技能训练的教学方式,拒绝接受新课程改革;另一方面是教师以"变形"的方式接受课程改革，造成新课程改革"课堂上素质教育轰轰烈烈，课下应试教育扎扎实实"的局面。这两种教学问题都反应了教师对课程改革的不适应，从而影响了教学目标的有效生成。其原因可能众多，但本研究认为主要有两个方面。

首先，教学目标的转变为教师带来了教学困难。新课程改革后，语文教学目标由传统的基础知识、基本技能教学目标转变为三维目标。三维目标包括知识与能力、过程与方法、情感态度与价值观三个维度。与传统的"双基"目标相比，"三维目标"不仅复杂而且难以操作，"双基"目标内容清晰，无论目标内容还是教学训练都有相对比较清晰的操作路径，而"三维目标"包括知识、能力、过程、方法，以及情感态度与价值观，目标项目增加了，操作难度也加大了。

知识目标由传授系统的学科知识转变为传授非系统的学科知识，给教师区别辨认非系统的学科知识增加了难度；"双基"中的"基本技能"在"三维目标"中提升为"能力目标"，增加了教学的困难，能力不等同于技能，技能转化为能力需要大量的实践活动来培养；过程与方法目标，要求教师注重学生学习的过程及学习方法的学习训练，方法的学习并不属于学科的范畴，而是学习主体认知学习对象的方法；情感态度与价值观目标是传统的教学目标"思想教育"目标的细化，细化了的教学目标也增加了教学操作的难度。三维目标共同指向"学生全面的语文素养"的培养，远远比"双基"教育目标更高一层。教学目标内容的改变给教师带来了教学任务和教学操作的困难，所以，很多教师，特别是广大农村、偏远地区的教师在基础教育课程改革开始七八年的时间内，依然以知识技能教学目标指导教学，对新课程改革淡然处之。

其次，从教学方式上看，教师没有找到适合自己的教学方式。对教学而言，新课程改革就是要改变教师过分注重传授知识，死记硬背，机械训练的现状，倡导自主、合作、探究的学习方式。从课程标准理念看，这里还仅仅是要求教师"改变"教学现状，"倡导"转变学习方式，而没有强调教师必须转变教学方式，这给教师教学方式的选择与使用提供了一个弹性空间。也就是说,教师的传统的教学方式,可以改变也可以不改变。但是,随着新课程改革的深入,转变教学方式不是教师变与不变的问题,而是被迫改变的问题。教师的教学方式与学生的学习方式是对应的,教师讲授灌输,学生就得倾听记忆;反之,如果学生自主、合作、探究学习,那么教师就应该组织、引导、促进,也就是说,教师的教学方式应该是"指导"。

然而,教师一方面不放弃自身传统的授受灌输的教的教学方式,另一方面又被迫向学生"自主、合作、探究"的学习方式转型,造成教师的教与学生的学的方式的两难选择,前者放不下,后者又拾不起来。这样,教师或者遵循传统保守的教法,或者盲目追逐教学改革新潮,"轰轰烈烈"地进行教学变革。在教师没有确切理解教学目标、寻找到适宜的教学方式的情况下,教师即便尝试新课程教学变革,也很难取得成功。因此,新课程改革中教师对新的教学目标、新的教学方式的不适应,制约了新课程教学目标的有效生成。

(2) 语文教师缺乏研究意识

课堂教学的关键是教师,教师对教学效率的高低发挥着促进或延缓的作用。调查发现,教师对有效教学有比较浓厚的期待心理,但是教师并不去有意识地研究"有效到底是什么""影响有效的教学因素有哪些""如何有效"。教师要追求有效教学就应该研究有效教学,对有效教学的概念、内涵、影响因素、教学策略等进行研究,才有可能改进教学,提高教学的有效性。而事实上大多教师并不去研究这些内容。

教学反思对有效教学有比较大的促进作用,但通过教师的教案很难发现教师的反思行为,即便有也只是三言两语。大多教师把提升教学效率的愿望寄托在题海战术上,正如中小学教学流行语"教不会,练会"一样,习题训练成为中小学教师提高教学效率的惯常做法。

当然,只有极少数的教师总结了提高教学效率的方法,但反差比较大。一位教师坦言,她在此前10多年的教学中总结出了提高教学效率的经验:课堂教学中让学生统一记录标准答案。另一位教师则相反,她的经验是通过对学生的爱、培养学生的学习兴趣,进而提高教学质量,提高教学效率。但在进一步问及基于教学目标的有效生成是否需要系统考虑教学要素及其要素协同关系时,他们都还没有明确清晰的研究意识。

(3) 教师教学专业素养不足

语文教学目标的有效生成首先要求教师依据课程标准、教科书、教学辅导书、学生等来确定并准确把握教学目标。然后,再根据具体学情对教学目标进行"二度调适",即通过检查学生预习、练习,或者提问等形式来"诊断"预设的教学目标与具体学情之间的适应性,确定适宜的教学目标。最后,指导学生以目标为导向具体学习,从而实现教学目标的有效生成。按照这种程序实施教学的教师只是极少数,他们一般在全国基础教育课程改革比较出名的学校里。如一位教师运用"讲学稿"实施有效教学。首先,学生在课前根据教师提供的师生共用的"讲学稿"进行预习;其次,教师批改学生的"讲学稿",发现问题;最后,师生在课堂中集中解决问题。这种学习方式提高了学习效率,但并未涉及基于目标的有效教学问题。在问及该教师如何培养学生"学会学习"的目标时,即真正让学生以自己的方式确定目标、内容、选择学习方式时,该教师则以这种学习要求太高,农村中学生素质达不到为由,否定了这种教学目标的教学。这个学校也倡导学生学习共同体的学习理念,当问及如何进行基于共同体的学习时,该教师说,围绕教案,联系师生,教与学衔接,学生可以讨论;当深入询问如何进行共同体学习时,则发现该教师对学习共同体的理解与实际操作技能方面都存在专业素养不足的问题。

大多数教师在课堂教学中基本上是以预先设计的教案为蓝本进行"照本宣科"式的教授的,把教学预设等同了学生一定要学习的目标内容。有的教师一上课就完全依据教案讲课,当问及如何来处理教师预设的教学目标内容与学生适应的情况时,该教师说学生已经提前预习了。而根据访谈则发现,学生预习的多是阅读课文,看看课后练习题而已。也就是说,学生预习并没有特定的任务要求、作业要求、更

第一章 语文教学目标的有效生成

没有全面的检查环节,而且在很大程度上与上课教学的目标内容关联不大。

教学目标有效生成需要教师对教学过程中的各因素给予优化,并对其过程进行及时地监督调控,在这方面教师的素养也比较缺乏。有位教师说,班里的学生太多,教师没有办法顾及每个学生,以小组形式学习也只是偶然为之。追问原因,一方面教师不认同学生能够自觉学会教授的目标内容,另一方面教师没有真正理解小组学习、学习共同体的意义价值。因此,教师关于教学目标、教学方式、学习方式等方面的专业素养还有待进一步提升。

(4) 教师职责意识不强

语文教学目标的有效生成是学生的生成,不仅是全面的语文素养的生成,更是每个学生个体的生成。然而,在课堂观察和访谈中发现,教师关注的有效生成基本上都是基础好、学习能力强的学生,而对于成绩居中和偏后的学生,教师基本上没有给予太多的关注时间和机会。有效生成首先是针对个体而言的,如果个体的学习生成无效,那么学生整体的学习有效生成也就毫无理据。况且在当下,无论是语文教学还是其他学科的教学都强调学生的全面发展,每个学生的发展,而仅仅关注一部分学生的发展,不仅显示了学生发展的不公平,也显示了学生发展的不全面问题。这种现象的出现是教师的责任意识在作怪,是教师责任意识不强的表现。

在芬兰,面对学生个体的学习差异,教师除了进行全班教学之外,还要有针对性地帮助学习比较差的学生。在这种情况下教师即使让优秀生等待,也必须帮助差生学习,使他们得到合格的教育,达到国家标准规定的学习要求。芬兰的教师报酬并不高,教师的劳动量并不小,但是却有众多的人愿意去做教师,愿意为学生的全面发展、为每个学生的合格发展尽自己的责任,而且这种责任不是外加的而是教师职业职责范围内的从事教师职业的最基本要求。由此也不难想象,我国语文教学中教学目标有效生成的问题根本所在是教师职责意识不强。

教师对于语文教学目标的有效生成有重要的义不容辞的责任和义

务，这需要教师的理性自觉，需要教师不断地自我修养，改善认知结构，提升自身专业素养。

2. 课程因素

（1）课程标准对语文教学目标有效生成缺乏规范

语文课程标准是语文教学目标有效生成的教学和评价依据。这就要求语文课程标准提供相对比较明确的语文教学目标、课程内容，甚至课程资源，并且提供语文教学目标实现的评价依据，从而形成语文教学目标、教学内容、教学活动与教学评价一体的有效教学框架。但是，我国的语文课程标准却恰恰在这方面存在不足，没有提供这些规范要求。教师在没有相对明确的教学目标（课程目标内容）、教学评价（课程评价）的基础上，一方面自己开发教学目标、教学内容，另一方面根据前人的教学经验"随行就市"，"别人""教什么""怎样教"，"我"就"教什么""怎样教"，这样就一定程度上影响了语文教学目标有效生成的教学与研究。

语文课程标准是评价语文教材编制和教学的重要依据，除内容呈现不足外，课程标准关于语文教学的评价也失之笼统。这既不方便教研人员检测教师教学，也不便于教师在教学过程中检测学生的学习进展。

（2）合适的语文知识缺乏

语文教学目标的有效生成就是语文知识的内化、经验化，语文能力的形成，而语文能力是在知识内化与运用于实践活动的过程中形成的，没有语文知识，语文能力的形成就是空话。从课程的角度看，语文知识是语文课程内容的主体，课程问题就是知识问题，课程改革实际上就是课程内容知识的改革问题。从知识的分类看，知识包括陈述性知识、程序性知识和策略性知识。陈述性知识是关于是什么的知识，是静态的知识。程序性知识是做事的知识，主要体现为做事的步骤或程序。策略性知识是对学习任务的认识、学习方法的选择和学习监控的知识。陈述性知识是基础，程序性知识和策略性知识是关键，但是，纵观我国语文教育的历史发现，不仅过去，而且现在语文课程呈现的

第一章　语文教学目标的有效生成

知识大多都是陈述性知识，程序性知识和策略性知识严重缺乏。程序性知识和策略性知识的缺乏制约了语文教学目标的有效生成，因为语文教学目标在很大程度上属于能力目标，它需要陈述性知识、程序性知识和策略性知识在实践中的整合运用来形成。程序性知识和策略性知识的缺乏使语文能力的培养处于"暗中摸索"的状态，加之中国传统教育重"道"不重"技"的教育思想观念的影响，程序性知识和策略性知识这种以"技"为主的知识更没有了市场。

更为重要的是，程序性知识和策略性知识在我国特别奇缺。王荣生在谈到语文课程与教学目标的知识状况时说："目前，大纲级别的语文课程改革，将'策略'提到语文课程与教学目标的前沿，但是，对听、说、读、写的策略，除教育心理学、语言心理学、阅读心理学有一些以评述国外研究为主的著作和论文之外，关于汉语听、说、读、写策略的研究，只有零散的少量资料，而且是对国外这方面研究的译介，离进入语文课程的视野恐怕尚待时日。"① 章熊对写作的研究表明，我国的写作知识大都将"主旨""主题""思想"等列入"写作要素"（写作能力）的首位，承续着"文以载道"的传统。也就是说，写作知识中关于写作策略的知识还比较匮乏。在这种情况下，语文教学目标的有效生成就比较困难了，因为策略性知识是能力生成的关键，没有策略性知识的学习和指导，能力就无法有效生成。

不仅如此，我国现在的语文学科呈现的陈述性知识也不容乐观，存在大量的死的不用的知识，特别是随着社会的发展，听、说、读、写各方面的知识都不同程度地受到淘洗，因此，需要甄别选择符合时代发展需要的陈述性知识，把陈旧的过时的知识"请进""历史博物馆"。另外，20世纪末21世纪初美国制定了"核心知识课程"、欧盟提出了面向21世纪的"关键能力"的发展战略。这些都提示我们需要对当前我国的语文知识教学以"核心知识""关键能力"为标准进行"清理"，以保障语文知识的简洁性、有效性、经典性。

---

① 王荣生：《简论制约语文课程与教学目标的知识状况》，《学科教育》2002年第10期。

(3) 语文教科书编制问题

语文教科书是语文课程标准的具体化、操作化，是语文教师实施教学的主要媒介。它的目标体系、内容结构、评价要求等都对语文教学目标的有效生成发挥着重要的功能。但与国外的教科书相比，我国的教科书编制还存在不少的缺陷。首先，语文知识与课文内容没有明显的界限。也就是说，语文教科书课文是实现语文知识技能、策略目标的媒介，课文与语文知识技能、策略是媒介与目标的关系，而教科书编制把语文知识镶嵌在课文里，让教师自己辨别、选择、开发语文教学知识（课程知识），这不仅增加了教师教学的难度，而且还常常误导教师把课文当作教学的目标任务，而置真正的语文教学目标于不顾。当然，从学习"经典"或者"定篇"的角度看，课文文本整体都可以作为学习的教学内容（课程内容），但这需要教科书明确标明，因为尽管语文教科书选择的课文是"范文"，甚至是经典，但是并不是所有的课文都应该以"定篇"或"经典"的形式来学习。只有明确的学习说明教师才能准确地确定学习内容，并根据需要使用课文来实现教学目标。

其次，语文教科书在知识技能编制方面只是以陈述的形式陈列语文知识，而没有呈现语文知识形成的过程。这一方面使教师无法得到课程实施的有效的教学资源，另一方面也助长了教师直接教授、讲解课程内容的现象，阉割了过程与方法、情感态度与价值观目标的形成过程。如人民教育出版社《普通高中课程标准实验教科书·语文》（必修一）"表达与交流"部分"口语交际"中的"朗诵"教学，教材内容总体分为"指导与探讨"和"实践与交流"两部分。第一部分主要是讲授朗诵的意义、朗诵要求、朗诵活动的思考问题。第二部分是现代诗歌、古诗文、朗诵会、新闻播报四个部分的练习设计。这种安排依然是传统的"要求+练习"的编制教材方式，并且"朗诵"的"要求"仅仅是"要求"而已，没有实质性的内容。其要求如下：[1]

---

[1] 《普通高中课程标准实验教科书·语文》（必修一），人民教育出版社2007年版，第69页。

"朗诵首先要读准字音,理解作品中词语、句子的含义,不能囫囵吞枣,望文生义。其次,要准确把握作品的背景、主旨,弄懂作品的文化内涵和情感基调。此外,还要运用各种表现手法,准确地表达作品的内容。常用的表现方法有停顿、重音、语速、语调、节奏和体态语等,朗诵时要根据需要恰当地选用这些方法来增强表达效果。"

从传统教学的角度看,教材这样编制没有什么不对。但是从新知识观角度看,要让学生与学习对象进行接触,通过建构获得关于朗诵的知识、技能和策略这个角度来看,教材编制就出现了不足之处。

试问"读准字音"中出现的轻声、多音字如何处理?"理解作品中词语、句子的含义,不能囫囵吞枣,望文生义",那应该如何办?需要开出具体的"药方",而不能"含糊其辞"。"准确把握作品的背景、主旨,弄懂作品的文化内涵和情感基调","背景""主旨""文化内涵""情感基调"其内涵各分别是什么?有什么类别?甚至,如何把握的策略,也都需要呈现出来。"要运用各种表现手法,准确地表达作品的内容",这些常用的"表现手法""停顿、重音、语速、语调、节奏和体态语等"其各自的内涵是什么?有没有类别划分?如何使用等。这些知识是学生学习朗诵,教师指导朗诵必需的知识技能策略,而教材却语焉不详。

更为重要的是,这些关于"朗诵"的知识集中安排在那么小的时空中,而没有按知识产生的过程安排学习设计。这种教材编制实际上把知识建构的过程给取消了。这样,教学的过程就不难想象,肯定是教师讲授、学生记录记忆,而不是学生建构关于朗诵的知识、技能、意义的过程中学习朗诵的知识技能。

最后,语文教科书文选型编制结构,把教学目标置于课文的限制之下,而不是把课文置于教学目标的限制之下,导致了语文课程与教学资源不能充分地为实现语文教学目标服务的问题,限制了教学资源的开发与利用,造成了语文教师不想"教教材",却不得不"教教材"，而必须"教教材"的局面。教科书编制对于语文知识的遴选、安排以及其与课文的关系的处理限制了语文教学目标的有效生成。

总之，语文课程在课程标准内容、课程与教学规范、教科书编制等方面存在的不足，影响了语文教学目标的制定、教学内容（教学资源）的选择、教学评价的自觉形成，限制了语文教学目标的有效生成。

3. 教学文化因素

语文教学受教学文化的重要影响，可以说，正是教学文化严重制约着语文教学的有效性。

（1）过分注重应试考试

考试是学校教学的重要手段，追求应试是学校教育的重要目标之一。教育需要一定的评价标准，其中考试就是其中重要的一个方面，但是，我国有"学而优则仕"的教育传统，导致了教学现在还一直强调升学教育，并且"走火入魔"。许多名校之所以有名，其中就是因为升学率高，在调查中名校的两名教师表示，由于学生受升学压力的影响，学校不得不硬性强调教学目标的落实，而由于过分强调记忆性知识的学习，学生自主活动，自由选择、确定教学目标、内容和活动的问题都受到严格限制，并且教师确定的教学目标也在很大程度上以中考或高考考试说明的必考的知识内容考点为依据。这样，就造成了语文教学过分注重知识技能目标，而忽视情感态度与价值观目标和能力目标的现象，影响了学生全面的语文素养的培养。

（2）学校不注重教研

从教学目标的有效生成来看，对于教学目标的确定、教学内容和活动的选择，在预设阶段教师就应该精心预备，而预备的最重要策略就是教师之间的协商备课，即教研。但是访谈发现，名校比较强调教师教研，而且还落实得相当好。有位教师说，他们学校基本上是教师协商制作教案，上课时师生共用"讲学稿"。这不仅能够提高教学目标、内容、活动等预设的准确性、针对性，而且还可以增加教师教学的信心和勇气。顺而推演，就是教学艺术不怎么好的教师，只要教学目标、内容和活动确定得比较恰当，其最终的教学结果肯定也偏颇不了多少。而关键的问题是，多数学校的教师都是各自备课。教师根据自身的教学经验、认知结构、学情等的理解来确定教学目标、内容和活动，与集体备课相比，一定程度上其准确性、针对性则大大降低了。有位教师说，他们学校正在学习杜郎口中学的教学模式，但是却最终没有学成，其原因就是教师控制不了课堂教学，教学目标不能有效地落实，教学效率不仅没有提高反而大大降低了。教学效率不高、教学改革问题频出有很多原因，但其中学校不善于抓教研、认识不到教学研究的意义价值是其主要原因之一。

（3）学生主体不受重视

学生是学习的主体，是教学目标的有效生成者，然而，受传统教育文化的影响，学生在学习中的主体地位依然没有真正确立。一方面，学生在课堂学习中被教师牵着走，按教师制定的教学目标、教学内容、教学活动来学习，并且以师生对话的形式进行。对话有师生对话、生生对话、自我对话，课堂教学中的对话基本上是师生对话。真正能够与老师对话的仅仅是有限的几个学生，多数学生处于旁观状态。学生之间的对话、自我对话活动很少，而且教师给予的对话机会与时间都不充分。多数教师的课堂教学对话基本上是师生机械对话。在一位教师的课堂教学中，可能该教师要给实习学生上示范课的原因，也可能是出于对《霞》这篇课文有独特的见解，整个教学中都是教师问问题学生回答问题，而没有学生提问题、解决问题充分发挥学生主体性的教学活动。有的课堂教学中也有少量的学生对话，而在让学生对话时教师给予的对话时间较少，学生对话活动不充分，也影响了教学效果。如一位教师在课堂上要求学生对话，"请大家思考一下""想一想"，然而，教师给学生的思考时间还没超过30秒，学生没有思考和行动的充分时间，教师就进入下一个教学环节了，学生的自我对话也就流于形式了。在对教师的课堂教学访谈中发现，有的教师几乎每次课堂教学都有小组学习，但从观察来看，教师给予小组学习的时间也不充足，可能是教学内容太多，节节课都很紧张，教师无法给予学生太多的自主学习时间。

另一方面，学生自己在学习中的主体意识也不强。从学生课堂讨论的表现看，学生比较喜欢讨论这种学习方式，但在访谈中发现，大量学生认为，学生之间的讨论远没有教师讲解信息量大，收益大，并且还表示，教师上课语言表达流畅自然、生动幽默，比较轻松，又很受启发。在我国的语文课堂教学中教师把教授作为一种教学艺术，并不懈追求，这也是对教师专业素养某方面的要求，但是，语文课堂毕竟不是仅仅给学生制造一种享受的氛围，而应该是制造学生积极参与、主动思维、自我建构的学习氛围。可以说，我国近年来开展的公开课、比赛课等基本上都是以教学"艺术"为重点评判教师教学的"效果"的，而不是依据教学目标的处理过程与学生的生成过程来评判的。其实，对学生来说，当把语文课上成了享受课、艺术课时，实际上也就助长了学生等待、接受的学习思想，造成了学生拒绝自己探索、拒绝自己思考和研究的学习兴趣，进而丧失了自主、合作、探究的学习主体性。而这种教学观念也就逐渐形成了一种教育文化，制约着语文课堂教学的效率与新课程改革。

语文教学目标生成的教学存在的问题，其实都可以归结为语文教学目标有效生成的问题。只有以教学目标为主线，弄清有效生成的内涵、特点，生成的理论，才可能促进语文教学目标的生成和教学效率的提高。

三 语文教学目标有效生成的内涵与特点

（一）语文教学目标有效生成的内涵

1. 生成

生成是长成、形成、养育的意思。在实际生活应用中，根据不同的语境，有不同的理解。如唐代杜甫："桑麻深雨露，燕雀半生成。"宋代范仲淹《水车赋》："假一穀汲引之利，为万顷生成之惠。"明代唐顺之《重修瓜州镇龙祠记》："夫生成百谷以粒民，孰非天地之功。"其中的"生成"都指生物成长、长成的意思。《水浒传》第一百零五回："那山四面，都是生成的石室，如房屋一般，因此叫做房山。"
《红楼梦》第二九回："原来宝玉自幼生成来的有一种下流痴病。"邹
韬奋《经历》十三："只是好像生成了一副这样的性格，遇着当前的
实际环境，常得就应该这样做。"其中的"生成"就是形成的意思。
《晋书·应詹传》："〔韦泓〕既受詹生成之惠，詹卒，遂制朋友之服，
哭止宿草。"金代元好问《太夫人五七青词》："恩重托身，生成之义
等；礼名犹子，嗣续之道存。"明代李东阳《求退录·奏为陈情乞恩
休致事》："伏望陛下垂天地生成之仁，推家人父子之爱，特降俞音，
许令退休。"其中"生成"就是养育的意思。"长成"强调的是主体自
身的内部力量，"形成"既包括内部力量也包括外部力量的推动作用，
"养育"则侧重外部力量对"生成"的主导作用。

在教育学语境里，生成是一个外来术语。它源于建构主义对教学的理解。最早提出生成概念的是维特罗克（Wittrock），他认为，就学生而言教学是生成性学习，是在教师弹性预设的前提下，在教学展开过程中教师和学生根据不同的教学情境自主构建教学活动的过程。[①]"生成"具有生长和建构的意思，强调根据课堂教学本身的行进状态而产生的动态形成的活动过程，具有丰富性和生成性。生成性教学并没有强调区别教师和学生各自在生成过程中的作用，但就教育的目的来说，学生是教育的目的，是教学目标的载体，因此，学生应该成为"生成"的主体，那么教师主体就应该是为学生主体的"生成"服务的。

生成可分为两种，一是有预设的生成，二是非预设的生成。从教育的角度看，教育是有目的有计划有组织地培养人的活动，那么，教学中的生成必定指向有预设的生成。否则，生成性教学既不是教育也不是教学，即便是一种教育或教学，也只能称为极端的自然主义教育或教学。因此，生成是预设性生成。预设既包括目标、内容、过程、方法的预设，还有活动情境、主体表现等的预设，但预设的关键主要

---

① 郑金洲、蔡楠荣编著：《生成教学》，福建教育出版社 2005 年版。

是生成目标或方向的预设。即便这样，预设与实际生成也不能简单地等同。经过教学活动，教学结果既可能完全等同预设，也可能超越预设，也可能与预设完全相悖，也可能各种状态兼而有之。也就是说，预设与实际活动结果存在四种对应状态。第一种状态是最理想的，正如工厂产品加工一样，给予什么性质的原料就加工出什么性质的产品；第二种状态是超理想的，给予少量的原料，能加工出多元性质的新产品；第三种状态是最不愿看到的，但教学中实际却可能大量存在而大多数情况下又难以看到的，这种情况是特别需要教学予以改变的；第四种状态应该说是教学的常态，是需要大力加以改进的。这样看来，有预设的生成过程中也可能存在没有预设的生成现象。

有预设的生成之"预设"还要进一步分析澄清。预设包括明确的生成性目标预设和导向性的生成性目标预设。前者强调生成目标的具体、明确，可检测、可评价、可操作特性；后者强调生成目标的复杂性、多维性、模糊性。当然，无论是明确的生成性目标预设还是导向性的生成性目标预设都会产生没有预设的生成，尤其后者以此为优。布卢姆从目标制定模式的角度区别了这两种教学目标。他在《教育评价》一书中提出教学目标制定的两种模式：[1] 一是任务模式。即先确定教学单元结束时在行为结果上要求达到的总体要求……。一是探索模式。即先制定出某些预期要实现的目标，另一些目标则在教学情境中再加以考虑确定，经过教学循环使教学目标逐步完善。探索模式的教学目标基本上等同导向性的生成性目标预设。生成教学发端以来，有极端教学主义者比较强调导向性的生成性目标预设，这是一种幻想性的教学目标预设，实施操作难度大，因此，生成教学主要是以明确的生成性目标预设为主的。

2. 有效

在教育学范畴内，有效主要是指教学的有效。有两种经典解释，[2]

---

[1] 顾明远主编：《教育大辞典》（增订合编本）（上），上海教育出版社1998年版。
[2] 刘桂秋：《有效教学概念新探——综合有效教学观之下的有效教学》，《课程·教材·教法》2008年第8期。

一是从教学投入（或教学消耗）与教学产出（教学收益）的对比关系来理解教学的有效，即从教学效果、效率、效益三方面综合把握教学的有效性。这是经济学角度理解的教学的有效，如果没有投入与产出的对比，也就无法衡量有效与否及其有效的程度，但是教学中的有效毕竟不同于经济学上的有效概念，教学中的有效除了可测的、看得见的、短期的有效之外，还有不可测的、看不见的、长远的有效，因此，经济学角度的有效强调了教学对于学生的经济方面的价值意义。但是，这种对有效的内涵的理解却没有突出教学价值的终极主体——学生，导致了教学为了追求经济上的有效而忽视了学生主体的问题。二是从学生的学习出发来理解有效，即学生有效地学习和发展。这种理解把学生的学习和发展作为有效与否的判断标准，为追求有效就需要教师激发和调动学生学习的主动性、积极性和自觉性，并要求教师创造条件促进学生有效学习。这种理解符合教育的终极目的是学生这一教育真谛，教育就是为学生服务的，学生就是教育的最终目标，学生的发展是有效与否的判断依据。

其实，有效既要从经济学角度来理解，又要抓住学生这一教育的终极主体，如果只抓住了学生学习主体而没有注重投入与产出的衡量，或者只注重了投入与产出的衡量而忽视了学生主体，教学的有效也就失之偏颇。因此，有效既包括教师和学生的投入与产出对比，又要指向学生这一学习主体。

3. 语文教学目标有效生成

其实，当把有效与教学联系起来时，有效实际指向教学有效，或有效教学。有效教学有多种理解。[①] 有的把有效教学理解为能够产生有效学习的教学，如美国的默塞尔（Mursell）认为，有效教学应以学生为中心，以教学结果为判断依据，认为教学结果能持久、学生能自由、有伸缩性与自信、能在生活中运用的教学才是有效的教学。这种有效教学强调教学结果的有效而忽视教学过程因素。有的把有效教学

---

① 刘桂秋：《有效教学概念新探——综合有效教学观之下的有效教学》，《课程·教材·教法》2008年第8期。

理解为教学流程的有效性，主要是注重教学有效性的各个环节及它们之间的关系，从背景、过程、产出的角度来考虑教学的有效性。这种观点把教学的有效性看作是由背景变量、过程变量、产出变量构成的教学流程。背景包括教师、学生、班级、学科、学校、时机等变量。过程包括对教与学的观念、目标及教学理论的看法等变量。产出变量主要包括长期的或短期的教学结果。以教学流程的有效性来判断教学有效的想法充分考虑了教学有效性的制约因素，但是当把所有的制约有效教学的变量都陈列彰显出来的时候，也意味着对制约有效教学的主要变量和次要变量的混淆等同，以及主要变量次要化和次要变量主要化的错误。

其实，无论把有效的教学理解为有效的学习还是教学过程的有效性都还是偏颇的，因为教育是有目的有计划有组织地培养人的活动，当把教育的目的悬置而空谈学生的学习的有效或教学流程的有效都是没有意义的。有效或有效的教学还要与教学目标联系起来，以此来衡量教学过程中客体主体化、主体客体化的程度，才算比较符合逻辑。因此，就具体的教学活动而言，有效教学基本上是基于学科教学目标为基础的有效教学。从这个意义上看，有效是基于教学目标而进行的有效教学；从目标角度看，可以理解为教学目标生成（或实现）的有效教学。

因此，语文教学目标有效生成就是在教师的指导下，学生通过自主、能动、创造性地参与教学活动，有效实现语文教学目标的过程。

（二）语文教学目标有效生成的特点

语文教学目标有效生成，既遵循一般教学目标实现的规律特点，同时又具有自身的学科特点。

1. 强调教学目标是有效的，即教学目标适应学生需要

根据最近发展区理论，教学目标应该在学生发展区范围内。[①] 维果斯基认为，学生的发展有两种水平：一种是学生的现有水平，指学

---

① 王光荣：《维果茨基的认知发展理论及其对教育的影响》，《西北师范大学学报》（社会科学版）2004年第6期。

生独立活动时能达到的解决问题的水平；另一种是学生可能的发展水平，也就是说，通过教学学生能够发展的潜在能力。两者之间的差异就是学生的最近发展区，那么，教学目标就应该着眼于学生的最近发展区，为学生提供适当难度的内容，调动学生的积极性，发挥其潜能，进而超越其现状水平达到最近发展区水平，而后在此基础上再进行下一发展区的发展。也就是说，只有教学目标在学生的最近发展区范围内才有可能促进学生的发展，这样的教学目标才能算是有效的，否则，即便是制定的教学目标符合课程标准要求，符合教学目标实现的逻辑，也不能有效地促进学生的发展。

2. 强调教学目标有效生成的主体是学生

根据师生关系原理，教学中师生关系一般是教师是主导学生是主体。教师的主导作用应该是组织、引导、促进的作用，教师在教学中针对学生学习遇到的困难有可能进行重点、难点讲授，但是，重点、难点的讲授不应该妨碍学生的主体性的发挥。也就是说，从教学或学习的时间支配来看，整个学段的教学过程中教师讲授的总时间不能超过学生自主学习的总时间；从教法上看，教师使用的教学方法，除讲授外，还要大量使用组织、引导、促进的教学方式，教师在教学中发挥的是指导作用，而非讲授灌输的作用；从活动上看，教学活动应该多以学生自主、合作、探究学习的活动为主，充分体现学生在学习过程中的自主性、能动性和创造性。强调教学目标有效生成的主体是学生，其目的是要求教师转变自己以"教"为主的教学观，形成以指导学生"学"为主的教学观，适应当代培养学生核心素养教育理念的时代诉求。

3. 强调教学目标的导向性

教学目标是有效生成的教学预期结果或导向，没有教学目标，有效教学就成为无源之水，无本之木。教学目标要充分发挥其导向作用，就需要注意以下几点：一是教学目标要明确、清晰，适应学生的需要；二是教学目标要能够发挥贯穿、凝聚教学内容（教学资源）、教学活动的作用；三是教学目标要可操作、可检测、可评价，为教师和学生的教与学提供抓手。特别是在教学目标由过去注重基础知识、基本技能的"双基"教学目标，向注重"知识与能力""过程与方法""情感态度与价值观"三维教学目标转型，再向以核心素养为导向的教学目标转型的情况下，教学目标的可操作、可检测、可评价特性越来越难以把握和操作，这就需要教师教育者、教师特别注意研究反思，如何有效发挥教学目标的导向功能，从而促进教学目标的有效实现。

杜威一向反对教学目标的外在性，他说："教育的过程，在它自身以外没有目的；它就是它自己的目的。"也就是说，教学目标应该是内存于学习者的。就学习者而言，"教育就是生长"，不过这种生长不是生理的生长，而是素质的生长，即教育的生长，它强调了学习者自身的生长。这种生长是学习主体自身主动建构的结果。对此，皮亚杰的认知发生学理论也充分地给予了说明。个体的生长就是个体不断地与外界进行同化、顺应与平衡的循环过程。并且根据普利高津的自组织理论，个体在同化过程中，其内部各因素会产生不平衡与平衡的矛盾，促进个体自觉地无意识地或者被迫地进行着调整，从而使个体与外界成功地进行信息交换，实现个体内自组织的平衡。这种理论强调了个体的自觉能动性，自己是自己的发展目的。但是，如果没有预期目标的引导，个体的自我发展也就是盲目的自我发展。

4. 强调语文教学目标的学科性

语文教学目标包括知识与能力、过程与方法、情感态度与价值观目标三个维度，但是根据语文课程的性质，语文教学目标并不是学习语言的内容，而是学习语言的形式，即认知语言形式，运用语言表达见解，交流沟通，实现发展。所以教学目标在很大程度上是在了解、把握语言知识的符号、规则的前提下，对语言文字的运用，即实践的过程。这样，语文教学除了知识目标外，能力目标的形成就必然要通过一系列的实践活动来实现。而在实践活动过程中，能力却又无法以可检测的度量来把握，只能依靠对教学目标、教学内容、教学活动各因素的准备实施过程和评价间接地把握。因此，认识语文教学目标，把握教学目标实现的过程，正确评价语文教学目标的实现就成为语文教学目标有效生成的关键。

如果仅仅把视点聚集于知识的储备和灌输，学生依然获得的仅仅是知识；如果强调学生能力的形成，则必然要对能力进行细致的研究区分，并且操作化实践化，而这种能力的训练又不仅仅是依附于课文文本培养的，几乎所有的可接触到的材料（教学资源），无论是哪个学科的，只要体现了一定的意义，对人的发展有可能的一切材料都可以作为语文能力目标训练的凭借。这样，语文教学目标的实际生成就必然要强化过程，而不是材料学习本身，强调教学过程中学生的实践性特征、主体性特色，以及对能力生成过程的判断。那么，如何设置教学目标、选择教学内容、安排教学活动、评价教学过程等就成为语文教学目标的生成不同于其他学科教学目标的特殊之处了，尽管语文学科教学目标与其他学科教学目标有着相同的实现因素和过程环节。

语文教学目标的这种特点，使其有效生成的教学注重实践的过程，而不是实践的内容。

四 语文教学目标有效生成的协同效应理论

教学是一个系统。根据系统论原理，教学效果的优劣取决于教学过程中各个因素及其相互间共同发挥的作用关系。20世纪五六十年代，美国学者把系统论引入教学领域，认为"人们对教学过程分散、割裂地研究被有机地整合到一个过程论的框架中，构成了一个新的知识体系——对教学进行设计的系统过程理论。"20世纪七八十年代，美国教育领域形成了比较成熟的教学系统设计理论。教学研究比较注重教学过程各个因素的最优化，以及发挥教学各因素的协同作用，共同促进教学目标的实现。因此，从系统协同学角度研究教学，对于促进语文教学目标的有效生成具有重要的意义。

（一）协同效应理论综述

协同论（synergetic）也称"协同学"，或"协和学"，是20世纪70年代联邦德国斯图加特大学教授、著名物理学家哈肯（Hermann Haken）在综合研究现代科学系统论、信息论、控制论、突变论等最新成果的基础上提出来的,并逐渐形成和发展为一门新兴学科,是系统科学的重要分支理论。

协同论主要包括协同效应、伺服原理、自组织原理三个方面。协同效应是指复杂开放的大系统包含了大量的子系统,子系统相互协同作用而产生整体效应或集体效应。[①] 协同作用是系统有序结构形成的内驱力,任何复杂系统,在外来能量的作用下或物质的聚集态达到某种临界值时,其子系统之间就会产生相互的协同作用。这种协同作用能使子系统、系统在临界点发生质变,产生协同效应,使系统从无序变为有序,从混沌中产生某种稳定结构。从实质上看,协同效应实际上阐明的是系统的自组织原理。协同论揭示了千差万别的自然系统或社会系统均存在着的协同作用的原理,同时强调系统的正常运行需要系统各要素相互协同的重要性。

伺服原理,概括地说就是快变量服从慢变量,序参量支配子系统行为的理论。该理论认为,系统内部存在着稳定因素和不稳定因素,它们之间的相互作用使系统不断地处于不平衡、平衡、不平衡的系统自组织循环过程中。在系统自组织循环过程中发挥实质作用的是关键序参量。关键序参量是系统发生变化,甚至质变的重要参量,是由系统的要素构成的,具体哪些要素是系统的关键序参量,取决于系统自身的运动变化。当系统运动接近不稳定点或临界点时,系统变化或质变就取决于系统的某一或某些序参量发出的动力,从而造成整个系统的性质或功能发生变化。系统虽然是由各要素构成的,但是系统运动达到一定临界点或不稳定点时,能够发挥作用的序参量通常只有少数几个或者一个变量,而系统中的其他变量则受这些关键序参量的支配或规定,正如哈肯所说,序参量以"雪崩"之势席卷整个系统,掌握全局,主宰系统演化的整个过程。伺服原理强调的是系统运动到临界点状态,影响系统变化或质变的关键序参量的重要作用,同时也说明只有准确地判断系统运动的临界状态或发展方向,发挥关键序参量的

---

① [德] 哈肯:《协同学》,黄荣祥译,上海译文出版社 1988 年版。

伺服功能，才能改变系统的功能。

自组织原理是相对于他组织原理而言的。他组织原理是指组织指令和组织能力来自系统外部，从而促进组织系统运行的理论。他组织原理强调系统外部对于系统运行的功用。而自组织原理则是指系统在没有外部指令的条件下，其内部子系统之间能够按照某种规则在一定的外部能量流、信息流和物质流输入的条件下，系统自动地通过大量的子系统之间的协同作用而形成新的时间、空间或功能的有序结构的理论。自组织原理强调系统内部要素对于系统的运行发挥的主要作用，突显系统各要素在系统运行的方向或功能确定而各要素或子系统之间的关系还不协调的状态下，系统要素或子系统之间的自主协调能力和关系，强调系统的结构或功能的内在性和自生性特点。

协同论不仅揭示了自然界的一般运行规律，而且还为无生命的自然界与有生命的自然界之间架起一座桥梁，试图把无生命的自然界和有生命的自然界统一起来，揭示它们普遍共存的本质，为研究自然现象、生命起源、生物进化、人体功能，乃至社会的政治、经济、文化变革等复杂现象的演化发展规律提供了新的视角和方法论。协同理论具有普遍性，把它引入语文教学研究，能够为语文教学目标有效生成的研究提供新的思维模式和理论视角。

（二）语文教学目标有效生成的协同效应分析

根据协同理论，语文教学目标的有效生成主要涉及协同原则、序参量关注、自组织理论。

1. 语文教学目标有效生成的协同原则

语文教学目标的有效生成实际上是一个教学系统中各要素相互作用的过程，教学目标有效生成的价值就蕴含在过程中。过程是由无数的环节或节点组成的，语文教学目标有效生成的价值就分别寄附在这些环节或节点上，也就是说，语文教学目标有效生成的价值是由这些环节或节点组成的。波特（1988）从企业生产的视角，提出了"价值系统"理论。他认为，价值是一连串的过程，它被一个组织用来设计、生产、营销、交付和支持的产品和服务的各种活动所集合。"一个企业的价值链蕴藏于范围更广阔的一连串活动之中。"价值链蕴藏于一个企业的组织体系之中,价值链上的每个节点或每项活动都增加或减少价值,而且每个节点或每项活动都影响以前或以后的活动的价值。产业链或业务链的实质是流程,即每一节点活动的连接,而价值链的实质是节点之间的"联系"效果或相关影响,即一个节点的活动能为相邻或非相邻的其他业务环节带来增值或节省。或者从企业经营的角度说,经过系统思考之后回答这样一个问题:"企业其他各处有哪些其他活动或可能对进行这种活动的成本有影响。"① 语文教学目标的有效生成就如同企业生产一样,它寄寓在教师准备、教学过程和教学评价,尤其是教学过程的各个环节或节点上,它们共同为教学目标的有效生成发挥着协同效应功能。

学生是语文教学目标有效生成的载体。语文教学目标有效生成的过程,实质上就是他们自觉地内化教学内容,生成教学目标的过程,语文教学目标有效生成的价值就蕴藏在学生与教学内容接触、活动的整个过程中的每个环节或节点上。学生对教师预设的教学目标和内容的认知和接受程度、教学活动过程中的积极或消极、教学活动中与活动对象、与师生同伴分享交流、教学活动结果的自我意识和评价归因等,都反映着语文教学目标有效生成的过程中学生自身的学习系统各要素之间的协同功能。

从语文教学目标有效生成的结构要素看,构成语文教学目标有效生成的各因素之间的协同效应也是非常明显的。从教师和学生的角度来看,教师和学生是教学活动中的两类主体,他们对于教学目标的共识、教学活动展开过程的和谐关系、教学活动结果的满意程度(评价)等,都决定着教学目标达成的效果,只有师生达成共识,才能保证语文教学目标的有效生成。从学生与学生的角度看,语文教学目标的有效生成还包括学生之间的合作、分享与交流。在这一互动过程中,体现的不仅是合作、共识,还有通过合作活动媒介达成的语文教学目

---

① 邱国栋、白景坤:《价值生成分析:一个协同效应的理论框架》,《中国工业经济》2007年第6期。

标的共识、理解与分享。从更广泛的角度看，教学目标、教学内容、教学活动策略、教学评价等因素在一个横断面上也要相互协同，以取得理想的效果。从学生学习的素质与现状水平看，学生的内部智力结构与非智力结构、经验水平与认知结构等也都要形成协同效应才行。

协同效应充分体现在语文教学目标有效生成过程中的各个方面，通过协同以实现"1+1>2"的效果。对于学校教育来说，语文教学目标有效生成的协同战略还有助于弥补教学系统中其他构成要素的不足。总之，这需要教师关注、学生注意，才可能保障教学目标的有效生成。

2. 语文教学目标有效生成的序参量

"序参量是描述系统宏观有序度或宏观模式的参量。它的目的在于描述系统在时间的进程中会处于什么样的有序状态，具有什么样的有序结构和性能，运行于什么样的模式之中，以什么模式存在和变化，等等。"序参量有宏观序参量与微观序参量，二者的功能是不同的。宏观序参量即上述所分析的课程教学过程的诸因素都属于所谓"序参量"。"序参量是一种完全不同的微观概念，它是为了描述系统整体的有序性或宏观模式而被引入的，微观变量则是为了分析系统的组成要素和行为而被引入的。"[①] 参量是系统演化过程中起主导作用的参数,[②] 实际上，序参量是系统中影响系统因素协同效应的重要因素。这取决于协同效应系统运行时影响系统协同的因素的功能本质及其临时功能的发挥。有两种情况，一是协同因素在综合因素中本来就发挥主导作用。一般情况下，主要因素在系统中形成的序参量机率和程度都比较大，对系统运行的影响也比较强烈。二是协同因素在系统运行时发挥临时功能。在系统中，主要因素发挥主要功能，而次要因素在一般情况下虽然对系统的运行发挥作用不大，但是，在特定时刻有时却能够发挥"杠杆效应"。

[①] 王贵友编著：《从混沌到有序——协同学简介》，湖北人民出版社1987年版，第72页。
[②] 廖红、蔡心红：《协同学理论建立过程对人们研究自然事物的启示》，《贵州教育学院学报》（社会科学版）2000年第3期。

语文教学目标有效生成的过程中序参量的协同是关键的。H. 哈肯指出："毫无疑问，在解决复杂问题时，必须先加探索如何着手更有意义。"① 他说："正如我们借助杠杆的原理，可用较小的力量举起来较大的重量一样，我们可以用协同学的规律，以较小的支出获得较大的利益。"② 辩证唯物主义认为，复杂的事物在发展的过程中存在许多矛盾，其中必有一种矛盾起着领导和决定作用，它的存在和发展规定或影响着其他矛盾的存在和发展。在研究有多个矛盾同时存在的复杂的事物的过程中，要全力抓住主要矛盾，解决复杂问题。

从辩证的角度看，这是十分中肯的，就教学来说，这恐怕需要细细地思量。因为教学系统中影响教学效果的协同因素众多，表面上看似乎对教学系统作用不大的序参量因素，却可能偶尔能够发挥意想不到的效果。例如，课堂教学中的偶然事件是最难处理的，也是教师最不愿意遇到的，但是，当课堂沉闷、教学问题解决僵持不下时，偶发事件可能成为课堂教学优化发展的重要序参量。序参量研究认为，在解决问题时"首要问题就是要在各种微观变量或宏观变量中进行选择，找到描述系统宏观状态、结构和行为的最主要、最有效、最有决定性的参量③"。同时，解决问题也不要忽视其他的次要的、看似无效的参量，注重在特定时间、特定地点，寻找判断发挥重要作用的参量以促进系统功能的最大化。从这个角度看，协同效应理论与辩证唯物主义关于主要矛盾与次要矛盾的原理有相通之处。

因此，教学中教师要尽量关注与语文教学目标有效生成相关的各个因素，既注重常规的重要因素，又要警示非常规的次要因素，争取抓住教学系统中某一触发协同效应效果的序参量，提高语文教学效果。

3. 语文教学目标有效生成的自组织理论

自组织就是系统本身具有的从不平衡状态恢复到平衡状态的能力。当控制参量超过临界值时，一种自组织被破坏了，从而进入新一轮的

---

① ［德］哈肯：《协同学》，黄荣祥译，上海译文出版社1988年版，第202页。
② 同上书，第221页。
③ 同上。

第一章 语文教学目标的有效生成

自组织环节。[①] 自组织是自然界和社会深化选择进程中形成的自我优化的进化方式。自然界在各个子系统的演化过程中，已经形成了一套有效利用自然资源、物质和能量的效率较高的循环方法和道路。学习掌握自组织方法就是向大自然学习，把大自然演化形成的经验学到手。自组织是一种复杂的系统，每个系统又都是其上位系统的子系统，又是其下位系统的母系统，并且在平衡间的自组织系统之间、母子系统之间都进行着物质和能量的交换。

语文教学目标有效生成就是教育自组织系统下的语文教学系统中的一个子系统。它包括教师、学生、语文教学目标、语文教学内容、教学活动、教学情境、教学评价等因素，这些因素组成了一个实现语文教学目标的自组织系统。这个系统之上和之下都分别还有母系统和子系统，它们处于不断地信息能量交换过程中。在教学中，语文教学目标有效生成的自组织系统各因素之间也在不断地进行着，由不平衡到平衡，再到不平衡的优化发展过程，从而实现着教学目标的循序递升，特别是学生身心素质的不断提升。语文教学目标有效生成中的自组织系统的各要素对于本系统功能的"涨落"都发挥着极其重要的作用，因此，要从整体系统的角度促进这一系统的优化。

在语文教学目标有效生成的自组织系统中，各构成要素虽然对系统的整体功能发挥着不可或缺的作用，但是，各要素在系统中的功能发挥的重要程度是不同的，有些要素经常发挥着重要的功能，而有一些要素则只是偶尔可能发挥重要的功能，因此，在从整体系统的角度关注系统各要素促进语文教学目标有效生成的自组织系统优化的同时，还要重点兼顾自组织系统中的某些重要构成要素。从教学过程的角度看，语文教学目标是系统的关键，它规定并预示着自组织系统的方向和结果。从教学目标生成的主体看，学生因素是系统的核心，因为语文教学目标的有效生成实际上就是以教学目标为主线的学生内化、生成教学目标或以教学目标为导向展开学习活动的过程，学生自身因素

[①] 李湘洲：《协同学的产生与现状》，《科技导报》1997年第4期。

制约着这个系统的优化质量与运行效果。

同时，就学生个体而言，学习是学生的学习，外部因素对于学生而言就是系统外因素，学生自身的非智力因素、智力因素、现有水平等构成了学习者学习的又一自组织系统。非智力因素是动机因素，对智力因素的有效发挥起着支持或抑制的功能。在学习中，智力因素对学习发挥着决定作用，但是非智力因素却能够加速或延缓学习的进程、质量和效果。因此，要注重分析学习者学习系统中的各要素及其关系。语文教学目标的有效生成实际上就是学生个体语文教学目标的有效生成，个体的有效生成最终汇合成学生整体的语文教学目标有效生成，对学生个体的语文教学目标有效生成的关注实际上就是对宏观系统的语文教学目标有效生成的关注。前者是基于学生整体形成的语文教学目标有效生成的自组织系统，后者是基于学生个体形成的语文教学目标有效生成的自组织系统。

但是，在语文教学实践中教师常常关注学生整体的语文教学目标有效生成的自组织系统，而忽视学生个体的语文教学目标有效生成的自组织系统，因而，常常由于学生个体学习效果不良而最终导致整体语文教学目标有效生成效率低下的问题。因此，教师只有同时关注以学生个体为中心的学习自组织系统和以全体学生为中心的学习自组织系统，才可能实现语文教学目标有效生成的自组织系统的优化运行。

（三）语文教学目标有效生成的协同效应意蕴

协同效应理论视野下，语文教学目标的有效生成，不仅能够实现语文教学培养学生的言语智慧、创新意识和实践能力、学会学习的教学目标，而且更为重要的是，通过语文教学目标生成的研究，能强化教师的引导功能的发挥，强调学生的主体地位，促进学生的主体性建构，提升教师的教学效率意识，提高教学质量。

1. 强化教学目标有效生成的协同效应

自新中国成立以来，提高语文教学质量一直都是语文教育界人士矢志不渝的理想诉求，也是国家教育政策屡次强调需要解决的教学问题，然而，语文教学质量却始终如"犹抱琵琶半遮面"一样，迟迟未能随人所愿。

1978年3月，吕叔湘在《人民日报》发表《当前语文教学中两个迫切问题》的重要文章，指出，中小学语文教学中存在严重的问题，效果很差，大家都很清楚，但是对于语文教育"少、慢、差、费的严重程度，恐怕还认识不足"，并严肃地指出，"是不是应该研究研究如何提高语文教学效率，用较少的时间取得较好的成绩？"[①] 同年，叶圣陶也指出："以往少慢差费的办法不能不放弃，怎么样变到多快好省必须赶紧研究，总要在不太长的时期内得到切实有效的改进。"[②] 这里，"少慢差费"一般都被笼统地指称整个语文教学问题，但无论确切与否，语文教育都存在着教学质量不高、教学效率低下这个事实。20年后，语文教育质量不高的现状依然没有改观。1997年，《北京文学》杂志第11期"世纪观察"栏目连续发表三篇"忧思中国语文教育"的文章，对语文教学再次进行了"口诛笔伐"，原因固然很多，但其中问题之一就是质量问题。不仅如此，21世纪初新课程改革十年之后，语文教学也同样遭遇了教育界的"批评"，这依然与教学质量问题有着千丝万缕的联系。

中国语文教学过去是什么样，现在基本上也是什么样，变化不太大。过去是凭着经验"跟着感觉走"，现在也大体如此。而实际上，语文教学问题已经超出了传统的追求教学效率的阶段，发展到追求以个性发展为主的教学效率阶段，尽管如此，语文教学质量依然是一块没有得到彻底解决的"心病"，尤其在中国教育追求考试升学之风盛行的背景下，提高教学效率已经成为不得不解决的问题。

语文教学效率的提高有多种途径，但仅仅从一个方面修修补补来"拯救"已经不行了。从宏观上看，提高教学效率首先需要教育理念的变革；从实践上看，提高教学效率则需要全面关注教学过程中各因素的协同效应，共同提高语文教学的有效性。语文教学观念不仅是对教育目的教育目标观念的转变，也是对教学思维方式观念的转变，由

---

① 吕叔湘：《当前语文教学中两个迫切问题》，《人民日报》1978年3月16日。
② 叶圣陶：《大力研究语言教学，尽快改进语文教学》，《中国语文》1978年第2期。

原来的客观思维方式转化为生成性思维方式，以生成的观念来看待教学，使教学目标、教学内容、教学方法、教学环境、教学评价、教师和学生等各要素处于系统协同的运行中，通过各要素的优化及其要素间的协调，提升系统的运行效率和功能，进而提高教学效率。语文教学要紧紧抓住教学目标这一主导教学系统、主导自组织系统的重要序参量，和谐处理与其他序参量的关系，使语文教学能够最大程度地体现效率、效果和效益。

2. 强化教学目标有效生成的学生主体，促进主体建构

教学目标有效生成的协同效应理论实际上就是针对学生这一主体而言的，因为语文教学目标的有效生成确切所指的就是学生内化预期教学活动结果的过程，或者是按教学预期目标导向进行的学习活动，有效促进学生自身发展的过程。这是因为语文教学目标的有效生成对学生而言，就是满足学生的某种发展需要，这种需要既可能与学生的价值观、动机、兴趣、爱好等非智力因素相关，也可能与学生的记忆、思维、观察、想象、问题解决等智力因素相关，用现在的话说，就是与学生适应个体发展和社会发展需要的必备品格和关键能力之核心素养相关，正是这种需要决定着学生的选择取舍、活动实践，以及实践成效的大小。

然而，自古以来我国形成的教学传统和现代教育国情并没有把学生切实作为语文教学目标有效生成的主体和载体，而把学生视为"灌装""接受""客观知识"的"有脚书橱"，教师依然是课堂上的"主人"，以"讲"而不是"引"的教学思想教学方式"霸占"着课堂，以"控制"而不是以"尊重"的教学思想教学方式规约着学生语文学习的目标、内容、过程、方法等，使学生这一本来应该是教学活动中最活跃的系统因素变成了最没生机和活力的被动被控制的因素，严重影响着语文教学质量的提高，制约着学生主体性的有效生成。

语文教学目标的有效生成实际上就是以促进学生的言语智慧、创新意识、学会学习的目标为契机，引领学生发展成为"社会人"的过程。不仅包括知识、技能、情感态度与价值观，更包括以人格为核心

的"人"的生成。从哲学上看，就是人的自觉性、能动性和创造性的人的素养的生成。

语文教学目标有效生成的协同效应原理不仅从宏观层面揭示了教学自组织系统中教学目标、教学内容、教学方法、教学环境、教学评价、教师和学生等构成因素，强调关注教学目标和学生这些发挥重要作用的关键的序参量因素，而且还从自组织系统的角度看待学生，分析学生的实际需要，关注激发学生的主体性等微观序参量，以期真正促进学生在语文教学中实现自身成长的教育目标。

从建构主义的角度看，知识不是对现实的准确表征，不是问题的最终答案，只是一种解释、假设。它会随着人类社会的进步而不断地被"革命"掉，并出现新的解释、假设。在这种情况下，学生学习特别需要以自己的经验和认知结构对外界信息进行建构，获得关于知识的信息与意义。静态的知识只是一种符号，只有在使用语境中才会产生理解和意义，而这种基于语境生成的知识意义才是学生最需要和最需要理解的，并用以指导自己的言行。知与行是两回事，"知易行难"，关键是把知化为行，指导实践，也就是说，学生主体必须在特定语境中通过参与而不是旁观去学习。所以，协同效应原理和建构主义知识观启示语文教学目标的有效生成必须重构学生的学习主体性。

3. 强化教学目标有效生成的教师引导作用，促进教师素养提高

教师是教学活动的重要参与者，并且对教学活动发挥着规范、引导和促进的作用。没有教师的参与，语文教学就失去了"教"的本质意义。但是，受传统语文教学思维方式、教学观念、教学方法、教学模式的影响，教师往往把预期教学目标、教学内容、教学过程、教学方法等视为客观的、标准的、严格执行的产物，教学过程中任何偶然的、非预期的教学目标、教学内容、教学方法、教学过程的调整都被教师"拒绝"了。而语文教学目标有效生成的命题蕴含着的生成的哲学思维方式，对于改变教师的实体思维方式有着重要的启发意义。

因此，在这种情况下，教师如何改变自己的思维方式、教学观念，确定教学目标、选择教学过程和方法，进行教学评价，就成为制约教

学目标有效生成的重要因素。教师除积极地参与教师培训、校本研修外，还需要教师自觉地根据教学需要学习相关的教育教学理论，并不断地进行实践反思，提高教学能力，才可能实现教学观念和教学思维方式的彻底转变，从而提高教师素养。所以，语文教学目标有效生成研究对于促进教师素质的提高有重要的价值。

小　结

　　语文教学目标的价值包括言语智慧价值、创新意识和实践能力价值以及学会学习价值。语文教学目标有效生成强调教学目标要适应学生的主体需要、强调学生的主体性、强调教学目标的导向性和语文的学科性特点。语文教学目标的有效生成需要优化构成教学过程的相关系统诸因素，并在过程中发挥各因素的最佳协同效应，最终实现有效教学。语文教学存在诸多教学问题，影响了教学目标的有效生成。因此，针对语文教学目标生成教学存在的问题，需要对构成教学过程的诸要素进行考察，发现问题，解决问题，进而提高教学效率。

第二章　语文教学目标有效生成的构成要素

制约语文教学的因素众多，从不同的角度看，教学构成要素有各种各样的分类。从语文教学目标有效生成的过程看，教学涉及的因素主要有教学目标、教学内容（教学资源）、教学活动、教学情境、教学评价等，教师和学生是教学过程中的两类主体，但他们都统一于教学目标、教学内容、教学活动、教学情境、教学评价等各因素的展开过程中。因此，这里主要考察教学目标、教学内容（教学资源）、教学活动、教学情境、教学评价等教学过程构成要素，以为教学目标的有效生成提供优化策略。

一　适宜的目标：语文教学目标有效生成的前提

（一）语文教学目标与有效生成

适宜的预期教学目标是语文教学的灵魂，是语文教学实施和评价的依据，是语文教学目标有效生成的前提。但是，语文教学目标研究不足，给教学目标的制定带来了诸多问题。从对语文教学目标研究的文献搜集看，研究成果大多是直接译介、沿用布卢姆的教学目标分类理论，可以说，语文教学目标的研究就是布卢姆的教学目标的研究，而布卢姆的教学目标研究是超学科的具有普适性的教学目标分类研究，因此，语文教学目标研究应该在语文学科特性的前提下来研究，以保障制定适宜的语文教学目标，并促进其有效生成。

1. 语文教学目标应该从哪个层面制定

语文教学目标是属于教学层面的问题，但是，由于语文教学目标与课程目标、教学目标还存在混用的问题，语文教学目标的制定在很大程度上超越了其制定的层面问题。

从课程的角度看，语文教学目标分为国家宏观层面、课程中观层面、教学微观层面。国家宏观层面的语文教学目标，是指语文教育目标以国家政策文件的形式规定语文学科的总目标，如培养学生"全面的语文素养""健全的人格"等，也可以等同语文教育目的。它有时也出现在课程标准中，以理念的形式存在。课程层面的语文教学目标是以课程标准和语文教科书形式呈现的语文教学目标。语文课程标准是教育目的的具体化，即规定具体学段的教学目标，是指导教科书编写和教学实施的重要依据。语文教科书是语文课程标准目标内容的课程层面的操作化，它包括语文教学目标和达到语文教学目标所使用的教学资源，但教学资源还没有到达具体实施的教学层面，只是以课程的形式存在。课程层面的教学目标包括两个方面：一是由语文课程专家和教学专家制定的教学目标，体现为课程标准目标内容；二是由课程专家、教学专家、教科书编制者等制定的教学目标，体现为教科书、教学辅助内容资源。语文课程标准关于语文教学的目标内容与教科书、教学辅助参考资源中的教学目标内容是概括与具体、抽象与操作化的关系。教科书教学目标内容是对课程标准中的目标内容的具体阐释、分解、丰富与操作化，但在教学实践中这部分内容一般被视为教学内容。教科书中的语文教学目标在目前情况下一般是教材出版单位组织人员编制的，而语文课程标准中的教学目标是课程与教学专家根据课程政策和相关文件制定的，两个层面的教学目标只是制定的主体不同，但二者在本质上是一致的，都是等待实施的教学目标。微观层面的语文教学目标是教师根据课程标准、教科书、学情等制定的具体的教学目标，如学年教学目标、学期教学目标、单元教学目标、课时教学目标等。

不同层面的教学目标应该由不同层面的主体来制定，这是制度和体制的必然要求，也符合课程目标实现的规律。但是，实然的语文教学目标制定者却是教师。因为语文课程标准、语文教科书并没有提供相对比较具体的教学目标，或许课程标准关于具体的语文教学目标制定在目前还很困难，只能以比较笼统的形式或者以总目标、阶段目标的形式出现。但对教师而言，语文课程的总目标和阶段目标必须转化为课时的具体目标才能实施教学，没有具体的教学目标的课堂教学是不可想象的。课程总目标和阶段目标的转化，理想的做法是课程专家、教学专家和教材编制者把课程总目标和阶段目标转化为具体的教材、教辅资源，教师再把教科书呈现的教学目标与具体的学情相结合，制定适宜的课堂教学目标，以适应学习需求。但是，在课程标准和教材之于教学目标的呈现不具体的情况下，教师只能根据自己对教材文本的研读、教学经验和学情确定课文教学目标、课时教学目标。这实际上是割断了课程目标转化为教材目标，教材目标转化为教学目标的逻辑。也就是说，课程目标、教材目标并没有实现转化，教学目标是教师自己根据经验制定的。

教学实践中，教师制定教学目标的状况也是值得思考的。教师制定教学目标，基本上不参照语文课程标准的内容要求，甚至也不参照语文教科书的内容提示，而是直接沿用已经形成的语文教学辅助资料或某些所谓的优秀教师教案编制的教学目标。教师之所以如此，其根本原因是以范文编制体例的教材没有具体呈现语文教学的目标和内容，给教师制定教学目标带来了一定的困难和随意性，因此，语文教学就出现了教师使用同一版本的教材对同一课文的教学，其教学目标和内容各不相同，甚至差异极大的现象。基于同一课程的教学目标应该是相同的，但由于课程目标内容教材化、教学化出现了问题，就必然导致课程目标难以实现的问题，语文教学目标的有效生成更无从谈起。

2. 语文教学目标应该从哪个角度制定

在教学层面，教学目标的制定有教师制定、学生制定、师生共同制定三种情况。一般情况下，语文教学目标是由语文教师制定的。理论上，教师制定教学目标的依据是课程标准、教材要求和学情。课程标准、教材要求是课程层面对教学什么的要求，也是教师在课堂教学中必须落实的教学要求。但是，由于学生的个体差异，课程层面的教学要求对于学生来说需要作难易的调整、学习内容多少的调整，以适应个体的学习需要，这样才可能最大限度地促进教学目标的有效实现。

但是，从教师使用的教案看，教学目标的制定并没有考虑具体学情。因为教师的教案是针对全班所有同学的，是同质性教案，无论是学习优秀的，还是非优秀的学生，他们都在同一时空学习相同的内容，务必达成相同的结果。这显然无视了学生个体的差异，显露出了教学目标的制定所依据的学情是虚构的"学情"，是抽象的学情，而不是具体的学情。当教学目标不适应学习者的个体需要时，它的有效实现也就没有什么意义了。

3. 应该制定语文核心教学目标

从学科性质的角度看，语文课程是"学习语言文字运用"的课程，那么"学习语言文字运用"就是语文学科的本质目标，情感态度与价值观目标学习就是语文学科的非本质目标。语文教学应该把学习"语言文字运用"作为核心教学目标，而把情感态度与价值观目标作为非核心教学目标。但在实际的语文教学中却存在着许多把非学科本质目标当作学科本质目标进行重点学习的现象。当然，并不是说要把情感态度与价值观目标排除在语文学习之外，而是说，情感态度与价值观目标是语文学科的次要的教学目标，是在"学习语言文字运用"这一主目标的过程中实现的。

另一方面，"学习语言文字运用"这一目标纵然体现了语文学科的目标本质特征，但也并不是所有的"语言文字运用"的知识技能目标都需要系统学习，而应该从学科基本基础和非基本基础的角度来规定，哪些需要重点学习，哪些需要选择性自主学习，同时也应该有不同的学段不同的学习重点的规定，以保障有效学习。21世纪初，"欧洲经济合作与发展组织"（OECD）为欧盟各国制定了教育培养学生关键能力目标的战略，并把这种目标与"国际学生评估项目"（Program for International Student Assessment，PISA）相结合，修订课程，实施教学；美国在20世纪末也提出并制定了"核心知识"学习课程。这显然已经传递出了语文教学务必传授核心知识、培养关键能力的核心教学目标信号。

然而，本研究观察，我国对于语文教学目标的认知还仅仅停留于学科本质目标与非学科本质目标区分的混沌阶段，《义务教育语文课程标准（2011年）》虽然从性质上规定了语文课程是"学习运用语言文字的综合性、实践性课程"，但还没有对"语言文字运用"这一本质性目标进行具体化分解。2016年《中国学生发展核心素养》框架又从核心素养的角度提出培养学生的关键能力和必备品格的目标总要求，为语文教学目标的制定指出了方向。因此，区分语文教学核心目标与非核心目标，制定核心目标，培养学生的必备品格、关键能力和核心价值观，提高教学效率，对于当前语文教学适应学生的个体的和社会的发展需要都有重要的意义。

语文教学目标是在课程标准规定、核心素养培养理念、教材提示及学情等多种因素的制约下制定的，但是，教学目标的载体和实现者是学生，因此教学目标要适应学生的学习需要。

（二）语文教学目标要适宜学习者需要

学习者需要是语文教学目标有效生成的关键。需要是一种满足自身的价值属性，它体现了学习者对学习的认知。学习者要学习什么、学习到什么程度、使用什么方法学习等都由他自己选择确定，教师、教科书以及其他资源对学习者来说仅仅是外在原因，发挥不了决定性的作用。语文教学目标的价值是由满足需要的主体决定的，正如日本学者细谷恒夫所说："教育价值始终应该是由教育者自身内存的价值观所左右，从这个意义上说，教育价值必须是教育者本身自己的东西。"[①] 所以，对学习者的认知及其需要就成为语文教学目标制定的关键。

1. 学习者的自我定位

布朗和杜贵德从身份定位的角度来研究儿童的学习，他们区分了"关于……的学习"（learning about）和"成为……的学习"（learning to be），认为学习不只是获得某些知识，而是通过学习发展个体的社

---

① ［日］大河内一男、海后宗臣等：《教育学的理论问题》，教育科学出版社1984年版，第171页。

会文化身份，实现个体的社会性意向。在"成为……的学习"过程中，学习者通过学习共同体获得社会身份，并在身份认同的过程中判断自己的需要，以及如何获得需要。因此，一个人要学习什么是通过他对自己的认知，以及他在成为什么人的认识过程中确定的，即与学什么、怎么学和你是谁或期待成为什么样的人的想法等相关。①

学习者自我定位会产生学习的需要，正是需要推动着学习者个体的学习活动。根据马斯洛的需要层次理论，人的动机是由多种不同层次与性质的需要组成的，不同层次的需要与满足程度决定个体的人格及其发展境界。人的需要是由生理需要、安全需要、社交需要、尊重需要、自我实现需要五个层次组成的。在现在生活比较富足的社会中，中小学生的生理需要、安全需要已经不是很重要的生活需要了，而社交需要、尊重需要和自我实现需要则成为他们生活中的主要需要，这种需要往往成为学生个体学习的动机。因此，教师在语文教学目标的确定时，要考虑学生的需要与认同，确保教学目标的适切性。

2. 学习者的认知水平

学习者的自我定位仅仅是其学习的动力因素，而学习活动的开展还需要学习者相应的智能因素，即认知水平。认知水平一方面表现为学习者自身认知素质的高低，体现为记忆、思维、想象、观察等能力，这是其先天素质在后天修养的结果。学习者自身的认知素养决定了学习的效果，一般情况是素质优秀的学生学习速度快、效果好。当学习者认定自己的学习素养较好时，他们的学习效果会比较明显地优秀于认为自己的素质不好的学生。另一方面，表现为学习者对学习的认知与理解。学习者对学习的不同的认知和理解影响其学习的效果。

据研究，从学习方法的角度看学习者对学习存在两种不同的认知类别。② 一是"深层法"（a deep approach）。即学习者把学习看作是理

---

① 盛晓明、李恒威：《情境认知》，《科学学研究》2007 年第 5 期。
② [美] 迈克尔·普洛瑟、基思·特里格维尔：《理解教与学——高效教学策略》，潘江、陈锵明译，北京大学出版社 2007 年版，第 19 页；转自田良臣《适切性：学习策略教学有效性的前提保证》，《教育科学研究》2010 年第 5 期。

解事物的本质和寻找意义的活动，在学习过程中具有内在的兴趣，并希望通过学习获得更大的兴趣，所以他们受好奇心的驱使，能够自觉、主动、持续地开展学习。二是"表层法"（a surface approach）。即学习者把学习当作完成家长或教师布置的一种任务或自身能力的一种训练，在学习中总是为了完成任务或训练而学习，而不去探索事物的本质和意义，总是希望以简易的方法、最快的速度完成任务。前者是以获得兴趣为主的学习，后者是以完成任务为主的学习，对学习的理解和认知的不同必然影响学习的广度、深度和学习效果。因此，学习者的认知水平、认知素养将对语文教学目标有效生成的活动产生重要的影响，需要教师有针对性地分析把握。

3. 学习者的经验

受建构主义学习观的影响，现代教学由原来注重书本内容开始转向同时注重与学生经验密切相关的生活内容，以激发学生的学习兴趣，降低学习的难度，从而促进教学目标的建构性生成。这是准备教学的一方面。另一方面，现代教学也关注学生的学习经验、学习体验。因为学习者积累的学习经验、学习体验不仅对他们的知识面，而且对他们的后续学习都会产生重要的影响。在教学中，如果教师准备的学习内容与学习者学过的内容有一定的距离，那么他们就会对学习内容产生陌生化的感觉。这种陌生化的感觉对学习者来说既可能提升学习的效果，也可能降低学习的效果。如果学习内容与学习者的生活经验，或者学习经验、学习体验有关系，那么这种学习内容就可能激发起学习者求知的期待视野，进而提升学习的效果；反之，学习者则会对学习感到无所适从、无计可施，从而影响了学习的效果

此外，对于一般的学习者来说，学习并不是一件快乐的事，学习往往成为他们的畏途。这与学习者的学习体验有关，在多数学习者的经历中，学习过程中获得成功体验的机会实在是太少了，即使是获得了成功的体验，但也可能由于学习群体中的成功者实在太多了，个体的成功在群体中并不出类拔萃，往往得不到教师、同伴和自己的肯定，从而使本来能够提升学习动力与兴趣的学习变得枯燥乏味。如此循环

往复，就造成了学习者学习体验正效应不足的问题，进而影响了后续语文教学目标的有效生成。

这些因素是所有学习者都可能存在的，但是，至于具体的学习者学习情况如何需要教师具体情况具体分析，真正做到以学习者个体对语文教学目标的适应为根本，或者语文教学目标与学习者的需要进行某种形式的调适，使之合辙。

这里还需要特别说明的是，语文教学目标不是只顾学生而置国家的最低的语文教育要求于不顾，而是在保证或以国家的最低的教育要求为基点的前提下，对语文教学目标进行适应学生需要的调整，使之尽量符合学生的需求。

（三）适宜的语文教学目标制定策略

语文课程满足学生的需要，最关键的就是教学目标要与学生的发展需要相适应。也就是说，国家课程标准关于语文教学的目标要求要与学生的实际需要相调适，既保障课程标准的基本要求得到有效落实，又兼顾学生的发展需要。根据课程实施的取向研究，[①] 语文教学目标与学生需要之间的适应关系有三种情况：一是强迫性适应，即国家课程标准的忠实性实施。也就是说，依照课程标准和教材使用规定的目标内容要求实施教学，只考虑普适性的教学目标的有效达成，而不考虑具体学生的学情。二是相互调适，即国家课程标准的目标内容要求与具体地方的学情需要相互调适，再实施课程。课程调适的目标是有效达成国家课程标准的目标要求与个人发展需要的统一。调适取向的课程实施最理想的做法就是国家课程标准的目标要求要尽量具体详尽地呈现，为学习者提供尽可能"学会"的课程设计方案，保障国家课程标准目标的有效实施；同时，要求教师参与国家课程标准的制定和国家课程方案的实施设计，不仅了解国家课程标准的目标要求和实施方案，而且便于教师根据学生的具体需要调适国家课程标准的目标要求和实施方案，最大限度地落实国家课程标准要求，并满足学生的发

---

① 钟启泉主编：《课程论》，教育科学出版社2010年版，第203—206页。

第二章 语文教学目标有效生成的构成要素

展需要。三是创生取向,即在国家课程标准的宏观指导下,教师根据具体的学情制定语文教学目标和内容,实施教学。

研究认为,语文教学目标实施的三种取向之间既是一种并列关系,又可以是一种递进关系。所谓并列关系就是根据国家课程标准的目标要求,教师选择适合自己和具体学情的课程实施取向,或忠实取向,或调适取向,或创生取向。所谓递进关系就是把上述三种课程实施取向看作是由某些客观的或主观的因素的限制,课程实施必然由忠实取向最终发展为创生取向的一种必然的历史演进进程。其中,教师是影响这种演进进程的最关键的因素,因为国家课程毕竟是宏观的普适性的课程,与地域辽阔的具体学情有较大的差异,它的有效实施必然需要教师根据具体情况自觉地调适和创生,而在教师的素质还达不到这种理想状态的情况下,课程实施首先需要的是教师忠实的实施国家课程,然后在教师的素质条件允许的情况下,再对国家课程实施进行调适性实施,最后在教师的素质条件充分允许的条件下,再实现创生性的课程实施。目前情况下,我国教师的素质虽然普遍提高了,但是受传统教学观念、应试教育等因素的影响,课程实施基本上还处于忠实实施的水平。

在这种情况下,要提高教学目标有效实施的成效就需要教师不断地调适课程标准的目标要求和学生的语文学习的目标需要之间的差异,使教学目标适应学生的学习需要。

1. 基于学情"二度预设"教学目标

"二度预设"教学目标是教师在教学设计中预设的教学目标的基础上,在教学实施现场根据具体学情对预期教学活动结果目标的再次预期。[①] 正常情况下,教师备课进行教学设计,都是远离学生现场的。教学目标一般都是教师根据语文课程标准、教科书、教学参考资料、教学经验等确定的。这是教学对教师的基本要求,熟悉教学目标,把握教学内容;教学设计要充分地体现教学的目的性、计划性、组织性

---

① 刘义民、董小玉:《个性化阅读反思与建构》,《中国教育学刊》2013年第11期。

特征。但是，教师备课进行教学设计尽管有众多的参照依据，但毕竟是远离学习者"在场"的"猜测性"预设，学习者的经验、认知、学习定向是不断发展的、变易的，"计划不如变化快"。因此，在师生教学现场很有必要对预期的教学目标进行再次预设。

首次预设教学目标应该在宏观把握学情的情况下，以课程标准或教科书提出的目标为依据，以保证国家课程目标的基本实现。同时，要有意识地兼顾学情，以突显学生的实际需要和国家课程目标要求之间的个体差异。国家课程目标与学情教学目标不能笼统地等同，实际上，根据不同地区的教育差异二者之间有较大的差距，这需要教师进行调适，既保障国家课程目标要求的基本落实，又要尽量适应具体的学情需要。

首先，教师要以预习或检测的形式周知所有学生首次制定的语文教学目标及其实施方案，做到目标清晰、内容具体、活动策略适当，以便学生理解把握。其次，在教学现场或预习检测阶段搜集学生对首次预期的语文教学目标及其实施方案的感知信息，调适并确定现场教学实施的具体语文教学目标。最后，语文教学目标个性化。所谓个性化，是指学生个体认同语文教学目标、内容、活动，或者学生能够根据教师预期的语文教学目标自主调适、选择学习内容、开展学习活动。语文教学目标认同是学生认可并接受这个目标，且同意以此为主导，开展学习活动的倾向。这里主要是从学生学习的动机和兴趣的角度来说的。另外，由于教师制定的教学目标是针对全体学生的，因而对于个别学生而言，教学目标可能太难或太容易，在这种情况下，学生能够根据自己的学习需要和素养现状调适学习目标，选择教学内容和教学活动，开展语文学习。这里主要是侧重学生学习的自主性、能动性和创造性来说的。也就是说，无论教师如何制定教学目标，如何适应学生的学习需要，如果学生主体没有兴趣，没有自主学习的能力，教学目标的实现也就很难说有效。

"二度预设"语文教学目标主要是在教师指导下进行的，体现了教师对国家课程的目标内容要求和具体学情的把握与调控，同时也体现了学生对教学目标制定的参与权、教学活动的自主权。目前，国际流行的"翻转课堂式教学模式"就充分体现了教学目标的这种"二度预设"的特征。

2. 基于教学过程的学习者预设教学目标

"儿童中心论"认为,通过给孩子强加教育目的进行教育的想法是错误的,如果想让儿童得到全面发展,就必须允许儿童自己去发现并尽力实现自己的目的。[①] 就语文教学来说,教师如果根据课程标准、教材自己确定教学目标,再通过讲授来传递教学内容,强制学生达成教学目标,这无疑是一种"强加教育目的"的做法。从学习目标到学习内容再到学习活动,学生的学习一直被教师牵着走,这不仅制约了学生的学习动机、认知能力,而且还一定程度上影响了学生的自主学习能力的培养。既然语文学科是学生必然学习的一门课程,语文学习的目标内容和要求都已经教材化了,那么,根据本学科学习(或教学)的过程特征,让学习者自己"发现""目的",并"尽力实现自己的目的",无疑是语文有效教学的一种重要手段。即让学习者自己预设教学目标,自己尽力实现教学目标。

教学过程是教学事件组成的教学流程。不同学科的教学流程看似相同,其实是不同的。就语文教学流程看,它是多个目标综合实现的教学流程。从学习领域看,语文教学事件包括识字与写字、阅读、写作、口语交际和综合性学习五个领域。这五个领域的学习表面上看似乎各不相关,实际上,它们常常是整合在某一教学(或学习)过程中的。如阅读教学,常常把识字与写字、阅读、口语交际整合在一起;写作也常常与阅读整合在一起;语文综合性学习常常把阅读、写作整合在一起。也就是说,这五个学习领域的学习事件可能整合在某一教学过程中,每类事件各有各自的目标,识字与写字是关于识字与写字的知识、技能和情感态度与价值观目标,阅读是关于阅读的知识、技能和情感态度与价值观目标,写作是关于写作的知识、技能和情感态度与价值观目标,综合性学习是关于综合性学习的知识、技能和情感

[①] [美]安德森等编著:《学习、教学和评估的分类学——布卢姆教育目标分类学》(修订版),皮连生主译,华东师范大学出版社 2008 年版,第 9—10 页。

态度与价值观目标，这些不同性质的教学目标共同整合在同一教学过程中，通过各具特点的教学事件来实现，这是语文教学的突出特点。

教学事件是教学流程的重要构成元素，是教学活动的对象。严格地说，教学事件不能等同教学目标，教学事件主要是做什么，而教学目标则是通过做什么，学生能够做什么。但由于语文学科的特殊性，语文教学常常以做什么的教学事件的表述替代了教学目标的表述。王荣生曾说，我国的语文教学教（或学）什么的教学内容表述就是教学目标的表述，一定程度上可以说，教学事件就是代表了教学目标，教学事件的执行就是实现教学目标的对象性活动。

语文学科每个学习领域的具体的学习目标项目基本上都是相对固定的，在同一领域教学目标的展开基本上都是沿着目标指引的方向向广度和深度拓展的，前次教学目标与后续教学目标在具体的教学内容、方法上可能不同，而其目标指向却可能是相同的。这样，根据同一领域的具体的教学目标的这种特点，以任务、内容的形式确定教学事件，让学生通过对教学任务、教学内容的选择、实施，间接地达成语文教学目标，无疑是有效教学的一种方式。如学习生字是语文教学目标的重要内容之一，整个义务教育阶段的生字学习目标基本上都是把握字音、字义、字形和书写使用的问题。每篇课文的学习其目标之一就是学习生字，通过确立让学生"诵读课文找出并学会自己感觉陌生或不熟悉的生字，数量不限或限制在5—10个之间"这样的教学事件，并对学习生字这种教学事件做具体的要求和评价规范。这样，学生每次学习新课文都会根据要求学习这一语文教学目标。又如阅读理解，从小学到高中，"概括段意、理解关键词句"都是培养阅读能力的一项重要目标，通过安排"阅读课文，概括文章中心，找出自己认为是关键词句的地方，并尝试理解"这样的教学事件，实际上就是训练学生的"概括能力和理解关键词句的能力"教学目标。

识字与写字、阅读、写作、口语交际和综合性学习五个领域的学习内容应该是有限的，并且不同的学习阶段其学习的重点是不同的，需要从课程标准的高度来规定学段、学年学生具体学习的内容。

同时，也需要教师有意识地加以区别不同学段、学年学生语文学习的目标内容差异，给学生明确某一学段或学年语文学习的主要内容，让学生根据要求自己确定具体的学习内容，形成学习事件，从而提高学习效果。

这种基于教学过程的学习者预设语文教学目标的活动，看似规定的是语文教学或学习的任务和内容，实际上则是为了通过任务和内容的学习实现语文学科的某种教学目标。目前，语文教学很大程度上就是通过任务和内容的教学方式间接地实现语文教学目标的。只不过，这里的教学任务和内容不是学习者规定的，而是教师规定的。就特定的语文学习阶段和课文文类而言，指导并让学生自己确定学习的任务和内容，不仅能够使教学内容适应学生的需要，而且还能激发起学生学习的自主性、能动性和创造性，从而能提高学习效率。杜郎口中学等一些倡导学生自主合作学习理念的学校，其课堂语文教学的目标很大程度上就是学生制定的。这种教学目标制定的方式，既反应了语文教学目标的复杂性、模糊性、沉积性等学科特征，又一定程度上培养了学生的学习积极性，能获得良好的教学效果。因此，教师需要深入研究阅读、写作、识字与写字、口语交际、综合性学习每一领域的具体教学目标，以为学生自主确定教学目标，提高教学效率提供借鉴。

二　恰切的内容：语文教学目标有效生成的基础

语文教学目标是语文教学的灵魂，没有目标，语文教学将无所适从。但是，有了教学目标而没有恰切的教学内容，语文教学目标的有效生成就失去了凭借。长期以来，语文教学改革历来为人们所关注，尽管改革在各个方面、从不同的角度进行过不懈地探索，但是效果并不太明显。21世纪初，第八次全国基础教育课程改革依然出现了诸多为人诟病的教学问题。究其原因可能很多，但语文教学内容无疑是其中相当重要的原因之一。

有研究者认为，教学内容一般包括在教学目标中。我国比较早的教学目标体系研究就认为，教学目标包括教学内容，"具体目标包括两个方面：一是内容；二是过程。内容是指教师教的知识部分；过程是指学生的学习过程，亦即学生在学习教学内容过程中所形成的智力、能力、态度、兴趣等。并认为，缺乏过程的教学目标往往只注重教学内容，造成学生误认为教学内容是教学核心，因而死记硬背教学内容，忽视智力、能力、态度、兴趣等的成长"。① 其实，过程是要以一定的活动对象来支撑的，把目标与内容，甚至与过程合一，则完全消灭了内容与过程。实际上，教学的目标是目标、内容是内容、过程是过程，不能杂糅在一起，只有明确澄清教学内容，才能有利于语文教学。语文课程与教学研究正是忽视了语文教学内容这一实现目标、开展过程的凭借的研究而导致了教学问题重重，教学效率低下的。

（一）语文教学内容与教学目标的有效生成

在 20 世纪末，有研究者呼吁关注语文教学内容研究，但没有引起足够的重视。21 世纪初新课程改革过程中，王荣生教授认识到语文教学内容问题的严重性，继而引领了语文教学内容的研究探讨。胡林根对此进行了总结。② 王尚文《语言·言语·言语形式》一文，从课程角度区分了语文课程与其他课程的不同，指出其他课程学习的是言语内容，即教材"说了什么"，而语文课程学的则是言语形式，即教材"怎么说"，其中隐含着教学内容是"言语形式"的意思。这是从课程的本质上来说的。夏中华（执笔）等认为，"语文学科的性质和任务决定了语文教学必须以语用能力培养为主体"，语文教学内容就是培养语用能力。③ 这是从课程的目标功能角度谈语文教学内容的。朱绍禹则从教材与教学内容的关系的角度区别了教学内容，认为教学内容是教给学生的一切价值观念、知识、经验和能力的整体，是向学生灌输思想、传授知识、培养能力的总和；而教材则是语文教学内容的一种媒体，是反映教学内容的一种规定的客体。同一教材可以有不同的

---

① 宋秋前：《教学目标体系的理论与实践》，河北教育出版社 1992 年版，第 9—10 页。
② 胡根林：《新时期语文教学内容研究述评》，《语文教学通讯》2009 年第 4 期 B。
③ 锦州师范学院语言应用研究所：《关于重新建构语文教学内容和模式的设想》，《语言文字应用》1991 年第 3 期。

第二章 语文教学目标有效生成的构成要素

内容，相同的内容可以从不同的教材中获得。① 张宇田则从教学内容与课文的关系中分析了教学内容，认为教学内容包括汉语言，听说读写知识和技能，相当的知识水平、人生阅历和思想水平；而课文则只是体现教学内容的阅读材料。② 李山林从整体上对语文教学内容作了区分，认为语文教学内容由两部分构成：一是与语文教学内容目标相应的语文知识，包括3500个常用汉字，语言、文章写作知识，文学文化常识，经典作品及其权威阐释和评价观点等；一是与语文教学能力目标相应的语文活动，包括各种与达成具体能力目标相关的阅读活动、写作活动、口语交际活动以及研究性语文学习活动等。③ 这是从课程内容的角度来谈教学内容的。

王荣生则从课程、教材和教学三个层面对语文教学内容进行了分析。课程内容是课程层面的概念，回答的是语文课程"教什么"的问题，一般称"课程要素"，包括学生需要学习的事实、概念、原理、技能、策略、态度等；教材内容是教材层面的概念，回答的是语文课程"用什么去教"的问题，是为有效地传递显现课程内容诸要素而组织的文字与非文字材料，是教学中的交际对象，而不是学习对象，包括"例文""样本""用件"等；教学内容是教学层面的概念，回答的是语文课程"实际上需要教什么的问题"，是教师为达到教学目标而在教学实践中呈现的种种材料。既包括在教学中对现成教材内容的沿用，又包括对课程内容的执行，也包括在课程实施中教师对课程内容（正面或负面）的创生。④ 这种分析与实际存在的课程层次一致，便于人们的理解接受。但是，依然还需要理顺课程层面的课程内容与教学层面的教学内容的关系。

语文课程"教什么"的问题，是属于课程文件和语文课程标准关于课程内容的规定；教材层面"用什么去教"的问题也是属于课程层

---

① 朱绍禹主编：《中学语文教材概观》，人民教育出版社1997年版。
② 张宇田：《推翻一个理论命题，重新构建语文教学》，《南平师范学院学报》2003年第1期。
③ 李山林：《语文教学内容辨正》，《语文建设》2006年第2期。
④ 王荣生：《语文科课程论基础》，上海教育出版社2003年版。

面的问题，不过此时的教学内容已经与"用什么去教"的种种材料整合起来，即教材内容，它包括教学内容与实现教学内容的资源（通常是课文）。教材中的教学内容是对课程文件和语文课程标准中的课程目标内容的具体化，包括阐释、扩展、细化。教学层面"实际上需要教什么"的问题就是教学内容问题，严格地说是教师根据教科书、学情、自身经验、语文课程标准等确定的具体教学什么的问题，它是课程内容的学情化、操作化。这个层面的教学内容是对教科书关于教学内容的再度选择、阐释、细化、扩展、连接。教学内容从课程层面到教学层面是一个不断地阐释、扩展、细化的过程，不断地由宏观、抽象、普适化到不断地微观、具体、个体化的过程。它既体现了课程与教学的一致性，又为教学实践保留了巨大的弹性空间。如果教材编制者或教师随意更换教学内容（课程内容）那就违背了课程与教学的逻辑。

此外，从课程层面到教学层面，教学内容还有一个课程资源不断的与教学内容衔接、拓展、整合的过程。在课程文件和语文课程标准中教学内容（课程内容）与课程资源（原生的素材）是二分的，即二者还没有衔接；到教材层面，教学内容（课程内容）与课程资源（已经转化为文本或课文）是整合的，课程资源已经具有了明确的目标方向（教学内容）；到教学层面，教学内容和课程资源（文本或课文）都不断调整，而且教学内容的实现要求课程资源丰富、恰切，所以，课程资源除教材中的课程资源（文本或课文）外，还需要教师或学生补充大量的具有教学价值的资源。因此，在很大程度上教师和学生开发的、补充的材料多是课程资源（教学资源）。

这是学理上的语文课程内容与教学内容之间的逻辑关系，是课程内容（教学内容）与课程资源（教学资源或者课文文本）之间的逻辑关系。但是，由于语文课程的学习是语言文字运用的学习，课程内容（或教学内容）中的许多目标没有直接呈现出来，而是以课文这一资源或凭借的形式呈现的，所以，教学内容与实现教学内容的资源（课文）整合在一起了。教学内容常常被实现教学内容的资源（课文）所替代。这既与母语学科课程的性质特点有关，也与具体的母语教育文化、教育思维有关。因此，不能用一般母语教育的规律来推衍特定母语教育的必然规律，更不能用其他一国，甚至多国的母语教育研究的标准来衡量本国母语教育的事实和现象，更不能简单地以之指导本国的母语研究与教学。

尽管如此，在学理上语文教学内容（课程内容）与实现教学内容的资源或凭借（课文）相比较，应该有比较明确的界线，为课程资源的开发与使用保留足够的空间，但在实践上，或者发展趋势上语文教学内容依然面临着资源化的趋势。

首先，是语文教学内容重构。语文教学内容重构并不仅仅是把传统的语文教学内容进行清理，把从语言运用中已经形成的语文教学内容归类，除旧布新，更需要深入语言文字运用中去切身体验，到底学习语言文字运用需要学习哪些知识，正如要想知道游泳需要哪些知识一样，不能站在岸上或者家里"猜想"，而必须在"游泳"中总结需要哪些游泳的知识。语文教学内容的清理也是一样，需要从运用语言文字的实践与资源中探究需要学习的教学内容。这样，才可能使语文教学内容的重构符合本民族、本地域的实际需要，而不被牵着鼻子走。教育百年是"西学东进"的百年，但百年之后依然是"西学东进"，走在别人的屁股后面，永远是后面，如果反身向前，还可能会走到别人的前面。因此，基于本土本民族的特色语文课程的基础上进行语文教学内容的重构是关键。然而，文选型语文教材呈现的依然可能还是语言文字运用的材料，即课文文本，因此至于应该教学什么，需要教师，甚至专家一起来协商。

其次，是学习者知识建构。语文知识源于语言文字的运用，源于对语言文字运用成果的探究、概括与总结。要真正学习到这些知识，需要学习者重新走知识产生的路子，即回到语言文字运用，回到对语言文字运用成果的资源中去探究，需要学习哪些语文知识，这不仅仅是需要教师、专家来共同协商，也需要学习者自己去探究，获得适宜自己需要的知识，而不是仅仅记忆储存现存的对自己没有意义的死知识。从建构主义知识观角度看，学习不再是对客观的、中立的、确定的知识的灌装，而是学习者与学习对象在情境中接触、对话、交流，进行建构的过程。知识的学习需要学习者自己的行动，具体学习什么，如何学，都需要学习者自己来确定。真正的知识学习是任何其他人都无法替代的。而学习的这一情境要素之一就是语言文字运用的资源，即课文文本及其使用的各种材料。因此，语文教材文本提供的不仅仅是课文文本，还有其他非文字文本，只要能够发挥语言文字运用教育价值的东西都可以拿来当作实现语文教学目标的凭借。

因此，语文课程（教学）资源要超越言语作品这一传统的教学内容载体，扩展为文字文本与非文字文本所有可能的载体，既可以"是教、学双方共同的操作信息资源，因此它应该是一种物质性的存在"，同时，也可以是一种建议、命令式的非物质性存在。从而"是实现课程教学目标和要求的工作中介、活动对象和教学凭借，它要回答的不是课程教学要达到什么目的，有什么要求，而是为能达此目的和要求而确定的'学什么'的问题"，[①]"是教师为达到教学目标而在教学的实践中呈现的种种材料"。[②] 教学内容已经大大超越了传统的课文文本的限制，向多元化、资源化趋势迈进。然而，我国在语文教学内容研究方面还存在诸多问题，以至于教学中语言学习的内容还仅仅局限于狭隘的课文文本教学资源层面。

教学内容是实现教学目标的凭借。对教学内容内涵的分析，为区分、澄清教学内容与教学目标之间的关系奠定了基础，避免了教学目标的教学资源化，但是，语文教学目标的有效生成还需要恰切的教学内容（教学资源），以符合教学目标实现的需要和学习者学情的需要。这是语文教学目标实现的基础，否则，语文教学就流于仅仅为目标的实现而进行的强制性的灌输和训练了，必然导致教学效率的低下。

（二）语文教学内容要恰切

王荣生说："'教学内容'，是所有学科的立身之本；合宜的教学

[①] 李海林：《言语教学论》（第2版），上海教育出版社2005年版，第328页。
[②] 王荣生：《语文科课程论基础》，上海教育出版社2003年版。

内容，是有效课堂的首要特质。""合宜的教学内容，必须是正确的教学内容；正确的教学内容，建立在教学内容确定性基础上。"① 叶澜教授也指出，"教学目标要通过具体的内容得到反映"。② 这是适合我国语文课程与教学国情的一种说法。但由于语文教学内容潜在于语文课程（教学）资源中，语文教学内容的恰切很大程度上涉及的是教学资源选择的适宜性。本研究认为，语文教学内容的恰切性主要体现在三个方面：一是正确；二是适合；三是丰富。

1. 语文教学内容正确

语文教学内容正确是语文教学目标有效生成的基础，传统教材是"一纲一本"教材，教师想当然地就把教学内容都理解为没有问题、也不值得怀疑正确与否的"经典"教材。其实，即使是"一纲一本"教材，也应该审视语文教学内容的正确与否。因为它不仅是内容正确与否的问题，而且还关系到内容与教学目标是否一致的问题。

首先，语文教学内容与预期教学目标相符合，具有可评估性，即凭借教学内容可透视教学结果。语文教学目标既然是教学活动预期的结果，那么，语文教学内容则是教学目标预期生成活动的凭借或对象。正如"条条大路通罗马"一样，只要预期了到达"罗马"的各条线路，无论行走者怎样行动，都能最终到达"罗马"。只要教学活动的预期结果与达到预期结果的教学内容与活动方式相符合，并且通过对达到教学预期结果的教学内容的质、量、活动方式的评估，就能预期语文教学内容活动的结果，即能否实现或接近预期的教学目标。传统的教学没有根据教学目标选择教学内容，而是根据课文特征把课文内容学习一遍。当然，学习课文是必然的，因为对课文内容的把握是借用这一课文实现其教学目标的基础，但是，由于对课文整体与局部都作了全息式的处理，基于预期教学目标实现的教学内容被"平淡化"了，甚至被"删掉"了。这在大多数教师的教案和教学过程中都表现的异常突出。王荣生从教材文本功能的角度区分了课文应该发挥的不

---

① 王荣生：《关于"语文教学内容"问题的思考》，《中学语文》2010年第9期。
② 叶澜：《课程改革与课程评价》，教育科学出版社2002年版，第174页。

同功能，但是，课文到底应该发挥什么功能，需要教师通过对教科书和语文课程标准研究得到的语文教学目标要求来判断。正是教师对这一预期教学目标与教学内容的一致性的无视，影响了语文教学目标的有效生成。因此，语文教学内容预期结果的可评估性是判断语文教学内容正确与否的重要理据。

其次，语文教学内容要为"二度预设"的教学目标保留空间，具有调适性。语文教师备课预期的语文教学目标是远离学生的一种"猜测"，学生到底对教师预设的教学目标是否真正适宜并接受，还需要学生对教学目标进行现场检验。由于学生主体具有自主性、能动性与创造性的特征，学生对教师预设的教学目标可能在难易适中方面不对称的情况比较多，这就为教师"二度预设"教学目标的可能性奠定了基础。因此，教师准备的语文教学内容要为"二度预设"的教学目标的实现提供可选择性空间。从这个角度看，文选式教材对于"二度预设"的教学目标的有效生成具有重要的弹性功能，这需要语文教师明确教学目标与教学内容之间的一致性关系，积极应对，根据教学目标的变化情况适当调整教学内容的使用。

最后，语文教学内容要符合主流文化价值观。语文教学内容是实现语文教学目标的资源，但是，语文教学内容是言语表达的结果，体现着言语主体的情感态度与价值观。由于言语作品并不是专门为语文教学内容定制的，语文教学内容的选择就必然不仅是表达内容的选择，而且也是表达形式的选择。传统语文教材选文讲究"文""道"统一，"文质兼美"，是有道理的。当然，语文教学主张接触、认识多元文化、多元价值观，也是必要的，但是，并不是所有的多元文化、多元价值观都可以充当语文教学内容。"一纲一本"教材对语文教学内容的选择进行了自发"控制"，而"一纲多本""多纲多本"教材，尤其是新课程标准提出"建设开放而有活力的语文课程"的理念，使得语文教学内容的选择具有了各种可能性。因此，从一个国家一个民族的存在和发展的角度看，以主流价值观为标准选择确定教学内容对于语文教学目标的有效实现具有重要的意义。

2. 语文教学内容要恰切

学生的发展不仅是外显的知识技能、情感态度与价值观的发展，同时也是学生内部智力因素与非智力因素的发展。这就要求语文教学内容要适合学生的发展需要。根据最近发展区理论，语文教学内容的学习难易度要在学生现有发展水平和最大可能发展水平之间，学生既不会感到太简单，也不会感到太容易，而又能经过努力可以学会的。这一定程度上体现了赞科夫所提倡的"高难度、高速度"的教学原则。另外，语文教学内容要符合学生的发展需要，即内在需要。根据马斯洛的需要分层理论，人的需要有生理需要、安全需要、社交需要、尊重需要、自我实现需要五个层次。学生在不同的发展阶段、不同的具体情况下其需要是不同的，也正是需要促进了人的发展，也正是需要造成了不同的人的不同的发展，但需要对人来说却是"须臾"离不开的。如果能够把社会对学生的发展要求与学生自身的内在需要结合起来，发挥需要的"合力"作用，语文教学目标就能更加有效，并且有效达成。

教学内容是为国家总体教育目标的实现服务的，有理论的、有实践的，有具体的、有抽象的，有离学生较远的、也有较近的。相比较而言，实践的、具体的、离学生经验较近的语文教学内容对教学目标的达成就容易一些。因为它便于学生接近，减少了因陌生感而需要熟悉的时间、精力和情绪投放。因此，语文教学内容要注意从学生的生活经验出发，选择接近学生生活经验的，或者注重语文教学内容的生活化，降低难度，形成梯度，提高学习的兴趣，激发学习的动力，保障语文教学目标的有效实现。

3. 语文教学内容要丰富

语文教学内容恰切也意味着教学内容对教学目标的有效生成从质和量两方面都要足够。从量上看，语文教学内容要足够保障语文教学目标的有效生成，足够保障语文教学活动的持续开展。任何教学目标，即使像"学习生字"这样最初的、简单的内容也不是简单地通过一个事件、一个环节所能够完成的，而是需要多个事件、多个环节形成持续的活动过程，甚至重复的过程，才能最终实现。语文技能、能力、认知策略目标就更不用说了。然而，语文教学内容无论是教材编制，还是教学设计都在这方面缺乏足够的重视，造成语文教学目标的有效生成的过程不完整，教学目标的强化度不足，加之教学重点不突出，语文教学目标有效生成实施的很多情况都是刚刚开头就结束了，如蜻蜓点水一般，轻轻地触摸教学目标的实施活动，缺乏"一指功夫"，形成了"一英寸深，一英里宽"的教学思维观念，而不是"一英寸宽，一英里深"的教学思维观念。这样教学，语文教学效率焉能不低？语文教学焉能高效？造成这种问题的根本原因就是教学内容在量上准备不足，即使在质上准备如何"高、精、尖"也是不行的，因为语文教学目标的实现既要有质的要求，又要有量的要求。这既是教材编制的原因，也是教师使用教材不当的原因，更是课程与教学理论研究的不足造成的。

从质的方面看，语文教学内容要在质上保证"名副其实"。也就是说，在语言形式和表达内容上要过关。这一点是我国历来语文教材和教学特别关注的，但是，本研究认为受文学界"文学艺术"意识观念的严重影响，语文教学内容选择在语言形式上超越了一般化、规律化、普适化、规范化的范围，走向了"文学艺术化"的思维怪圈。"文学艺术化"思维注重的是语言表达的意，而语文教学则注重的是表达意的语言形式。二者虽然不可分，但是二者的指向却"南辕北辙"。因此，语文教学内容在服务于语文教学目标有效生成上要保证质优与量丰。

（三）语文教学内容恰切的策略

"'语文教学内容'的选择与确定，是有理据可依的。合宜的教学内容，来源于可靠的理据。不问理据，不讲理据的'人要教这些'，往往不对头、不正确。""合宜的'语文教学内容'是改善语文课堂教学的关键。""选择合宜的教学内容，要利用靠得住的课程资源。"[①] 这里的"理据"首先就是语文课程与教学目标，而不是其他的。语文教

---

① 王荣生：《该如何面对"语文教学内容"问题》，《中学语文教学》2010年第10期。

学内容就是由语文课程与教学目标具体化而来的,然而,在探索语文教学内容选择与确定的依据时却浪费了不少口舌与精力。语文教学内容的选择与确定的探讨很大程度上落在"形而上"的探讨上,而王荣生教授团队探讨的"语文教学内容重构"[①]研究成果却具有重要的实践价值,但可惜的是探讨的主要是一些案例性的教学内容,一定程度上还缺乏相对明确的理论思路,对于语文课程(教科书)的编制和语文教学还缺乏普遍的指导与借鉴价值。

由于语文教学内容是依据语文课程与教学的目标具体化而来的,教学内容的选择与确定都要具有明确的目标指向,以目标为中心。而目前编制的选文型教材其教学目标的确定很大程度上是根据课文本身的特征来确定的,一篇课文的教学目标不止一个,而是3—5个,甚至更多;目标的实现受"课文中心"思想范式的制约,各个目标的实现不能影响对课文整体的理解。这实际上是一种以"义理"控制语文课程与教学目标的教学思想。由于语文课程本身具有情感态度与价值观教育的目标功能,几乎所有国家的语文教材都存在以完整的课文进行课程编制与教学实现多个教学目标的现象,而国外多数国家的语文课程与教学中使用的课文所发挥的功能是不同的,王荣生把这种以完整的课文进行课程编制与教学实现多个教学目标的文本称为"定篇",而把以完整或非完整的课文进行课程与教学编制实现单个教学目标的文本称为"样本""用件""例文"。

国外语文课程(教科书)"文本"的编撰与使用目的有两个:一是以文本表达思想为中心实现多个语文教学目标;二是以多个文本的局部使用实现单独的语文教学目标。课文的这种使用就使语文教学目标的实现有了点与面的配合,有了以知识技能为主强化知识技能训练的课程编撰与教学模式和以文化或情感态度与价值观为主的实现多个语文教学目标的课程编撰与教学模式的区别,二者相互配合,基本上能够实现语文教学目标。而我国则只有以文化或情感态度与价值观为

---

① 王荣生主编:《语文教学内容重构》,上海教育出版社2007年版。

主实现多个语文教学目标的课程编制与教学模式。

在这种情况下,我国的语文教学内容要达到适切性的要求,就必须在开发与使用方面下功夫:一是跳出现行的语文课程编制与教学模式,形成以专题或专项目标引领语文教学内容的开发与使用模式。专题或专项目标是学习的要点。为此,知识的呈现、文本的选择与确定、过程的安排等都是为这个目标服务的。如俄罗斯的小学语文教材为让学生了解"寓言"的概念与特点这个专题或专项目标,选择了三到四篇寓言文本,文本依次安排几课时的时间学习,但其目标都是通过文本学习指向理解"寓言"的概念与特点这一教学目标。(具体案例略)再如美国的中学语文教材为让学生"学会描写"这个专题或项目而不惜加进大量的描写知识、文本材料、技能策略,并按步骤从认知到写作评价形成了一个内容丰富,过程完备,目标强化训练到位的教学内容开发与使用的课程编制与教学模式。(具体案例略)

二是在现有语文课程与教学范式下,选择核心教学目标,并以此为中心形成适当进行课程和教学两个层面的语文教学内容开发与使用的模式。在课程方面,选择配套的文本,加强配套文本与课文教学目标的实施衔接,强调配套文本与课文教学目标、教学内容之目的的一致性,教学环节操作的连续性,有效强化目标的实施落实。在教学层面提升教师和学生的教学内容开发与使用能力。这一层面王荣生主编的《语文教学内容重构》一书有多种文体的教学内容开发与使用案例,可供借鉴。

语文教学内容开发与使用的类型从目标的角度看有三个方面:以知识掌握为主、以技能训练为主、以情感态度与价值观教育为主。以知识掌握为主的教学内容开发与使用,主要是通过教学内容的开发与使用使学生快速有效地掌握、记忆、理解与使用知识。如日本小学语文教材中的"开商店活动"。以技能训练为主的教学内容开发与使用,主要是通过教学内容的开发与使用,使知识技能得到有效的训练,这里又有程序性知识技能训练和认知策略性知识技能训练。这是课程与教学的核心目标,也是需要大量的精力开发的领域。以情感态度与价值观教育为主的教学内容开发与使用，主要是通过教学内容的开发与使用使学生加深对课文的理解，掌握其表达的意义，进行情感陶冶、思想教育和价值观澄清。

语文教学内容开发与使用应该紧扣语文课程与教学目标，在语文课程与教学目标没有得到清晰之前，语文教师应该确定以知识技能，即言语技能、语用能力目标培养为主的教学内容开发与使用，并有相对清晰的目标意识，避免语文教学内容的开发与使用沦落为"自主性""随意性"的泥淖，如"孔已己写告状书"，它的教学目标到底是什么，恐怕很多人一时无法回答，即使是为了写作，也应该明确训练写作哪方面的具体目标。

三 权责分明的师生活动：语文教学目标有效生成的手段

教学内容是教学目标实现的凭借，教学内容的开发和使用仅仅为教学目标的实现提供了可能，但是教学目标到底能否有效实现、实现的情况如何，还取决于教学中师生双方的活动状况。在教学活动中，教师是学生学习活动的组织者、引导者和促进者，发挥着促进教学目标实现的辅助作用；学生是教学目标的实践者、生成者，是教学目标的实际载体，在教学活动中发挥着主体的作用。教师和学生只有在教学活动中分别充分发挥了其自身的角色作用，教学目标才有可能实现。然而，在实际的语文教学目标实现过程中，教师和学生两类主体的功能发挥却存在模糊性问题，一定程度上制约了教学目标的有效实现。因此，有必要考察教师主体、学生主体各自在教学活动过程中的角色发挥，以发现问题、解决问题，最终实现语文教学目标的有效生成。

（一）活动与教学目标有效生成

从哲学的角度看，活动"是人——个体或群体出于一定的目的改造环境和改造自身以满足某种需要的过程"。[①] 在西方，最早提出"活动"（poiein）概念的是古希腊哲学家亚里士多德，他在《范畴篇》中

---

① 姚新中：《道德活动论》，中国人民大学出版社1990年版，第17页。

把活动划分为理论活动、制作活动和实践活动。之后，一直到马克思出现之前，西方哲学对"活动"的理解仅限于抽象思辨和机械直观两个极端。马克思把"活动"理解为人的存在和发展方式，认为"活动"是"人对于外部世界的一种特殊的对待方式"，是个体生存的基础和发展的特定方式，因为人类个体的活动首先是生存发展的基本活动，即衣食住行。这是直观的、感性的活动，而且这种活动也是其他动物所具有的活动。不过，其他动物的活动是本能性的，而人的活动则是有目的的、有意识的主体活动，能够在活动中发挥作为主体的自主性、能动性和创造性。人在这种初始的、感性的、直观的活动中，逐渐产生高级的、抽象的、理性的活动，如意识活动、思维活动、社会文化和艺术活动等。马克思从实践的角度揭示了活动的本质，活动是一种生存和发展方式，是一种中介。

在中国哲学史上，"活动"这一概念是由"行"来替代的。"行"与"知"是一对哲学概念，并形成了"行"与"知"的辩证关系。对于"行"与"知"的关系有不同的理解，如"论先后，当以致知为先；论轻重，当以力行为重""知是行之始，行是知之成""知行兼举"等。毛泽东发展了"知""行"理论，把它们概括为"认识和实践的关系""主观见之于客观的东西"，实现了"知行"关系的辩证统一。

20世纪20年代，在马克思主义哲学的指导下苏俄的心理学家鲁宾斯坦、维果茨基、列昂捷夫等对"活动"进行了更深入的研究，形成了"活动理论"。[①] 维果茨基（L. Vygotsky）认为，活动主要是指人的实践活动。它与动物的直接的、非中介的、对外部刺激与信号的反应不同，是有机体通过间接的、中介的对外部刺激的反应，活动具有中介特质。列昂捷夫（A. Leontyev）认为，人的内部思维活动是由外部的实践活动转化而来的，内部思维活动与外部实践活动具有相同的结构。因此，可以通过对外部实践活动的研究和考察来实现对内部思维活动的研究和考察。恩格斯托姆（Y. Engestrom）认为，人不可能是

---

① 于璐:《列昂捷夫的活动理论及其生态学诠释》，博士学位论文，吉林大学，2011年，第2页。

个体的单独的存在，而是存在于纷繁复杂的社会关系中，人的活动也不可能是个体的单独的活动，而是发生于个体与周围其他社会成员之间的相互交往、交流的活动过程中。因而人的活动涉及与他人的分工、分配、交换、合作等社会性活动。皮亚杰（J. Piaget）认为，人的认识既不是发生于个体内部，也不是来源于环境的刺激，而是产生于个体与环境的相互作用的过程中，而这种个体与环境的相互作用，就是活动。皮亚杰的这一"活动"思想超越了活动的中介性、社会性特征，突出了活动的主体性及其活动环境的适应性特征。

在国内，对活动理论的研究从20世纪80年代才开始起步，而且研究层次仅仅处于引介阶段；90年代，对活动理论的研究也比较少；21世纪初，随着西方心理学理论对活动研究的关注与扩展，我国重新开始关注活动理论的研究。[①]

总之，活动由单纯的实践活动逐渐形成了一种活动理论。它强调活动的内部思维与外部实践的辩证统一，是人的基本的生存与发展形式；强调活动主体的环境特性，主体活动必然发生于特定环境之中；人的活动具有完整的结构。活动既包括主体成分，又包括客体成分、中介要素。活动理论的研究成果为研究人的具体的实践活动提供了指导与借鉴。

活动无论是作为一种实践活动，还是作为一种理论，都是伴随着教育教学研究的发展兴起的，并逐渐形成为一种教学方式、教学理念。教育本身就是一种活动，真正把教育当作活动，并以活动的方式进行教学的思想主要体现在西方的教育思想中。中世纪欧洲文艺复兴时期的代表人物维多利诺、拉伯雷、蒙田等，近现代的代表人物卢梭、洛克等，都主张以活动的方式教学。20世纪二三十年代，美国形成了"设计教学法""道尔顿制"教学法等。60—80年代，苏联进行教育改革实验，赞可夫的"教学与发展"改革实验、苏霍姆林斯基的和谐发展教育改革实验等，都注重学生的活动，体现了活动的教学方式、

[①] 于璐:《列昂捷夫的活动理论及其生态学诠释》，博士学位论文，吉林大学，2011年，第2页。

教学思想。

　　近年来，活动理论发展成为一种心理学研究方法论，即通过对个体的活动组织要素的系统分析来考察人的各种心理的和行为的活动。活动理论被大量地运用于教学领域，用以指导现代教育，以至于在许多国家的教育领域形成了一股"活动热"；将活动理论与建构主义理论相结合，形成建构主义学习环境模型；将活动理论作为小组合作学习的理论指导；将活动理论用于网络学习，建构网络学习小组等。

　　20世纪三四十年代，我国引进杜威的实用主义教育思想，开展活动教学；80年代后期，把活动作为第二课堂的一种学习方式；21世纪初，新课程改革强调改变过于强调接受学习、死记硬背、机械训练的现状，倡导学生参与、乐于探究、勤于动手，培养学生收集和处理信息的能力、获取新知识的能力、分析和解决问题的能力以及交流与合作的能力，"注重培养学生独立性和自主性，引导学生质疑、调查、探究，在实践中学习"。[①] 于是，新课程改革调整课程结构，设置了活动课程、综合实践活动课，把活动作为一种重要的教学与学习方式。

　　但是，我国的教学，尤其是语文教学在应用活动理论指导实践方面存在严重不足。首先，教师没有真正理解教学活动中的主体特质；其次，教师没有把活动作为一种教学理论、教育理念指导教学实践。正如恩格斯在《自然辩证法》(1984) 中批判对自然科学的研究一样，他说："自然科学和哲学一样，直到今天还完全忽视人的活动对他的思维的影响；他们一方面只知道自然界，另一方面又只知道思想。但是，人的思维的本质和最切近的基础，正是人们引起的自然界的变化，而不单独是作为自然界的自然界；而人的努力是比例于人学会改变自然界的状况而发展的。"[②] 也就是说，活动对人的思维将产生重要的影响，人们不应该仅仅停留于对活动的认识层面，而应该努力将活动践行于实践。个人"是什么样的，这同他们的生产是一致的——既和他

---

　　① 教育部：《基础教育课程改革纲要》（试行），2001年6月8日。
　　② 恩格斯：《自然辩证法》，人民教育出版社1984年版，第99页。

第二章 语文教学目标有效生成的构成要素

们生产什么一致,又和他们怎样生产一致。"[1] 在活动过程中,人不仅是认知和改造客观世界的主体,同时也是认知和改造自身的主体。

同样,对教育来说,教学就是要使学生亲自参与实践,实际地从事认识、探索和改造事物的活动,"凡是应当学习的都必须从实践中去学习",在学校里,应该让学生从写字去学写字,从谈话去学谈话,从唱歌去学唱歌,从推理去学推理。[2] 然而,教学中学生并没有通过应然的活动方式去学习,学习活动处于教师的强烈限制状态,学生学习的主体性也没有凸显出来。20世纪90年代,教育界关于主体的讨论也仅仅限于主体关系的讨论,如双主体、主体间性、教师主导学生主体等"形而上"的论争,而没有深入到主体活动的结构:主体、客体、活动中介、主体活动等方面的研究,影响了教师课堂教学活动的开展。

活动是人的存在和发展的一种方式,它指引着人们的生活、学习和工作。在教学实践中如果仅仅把活动理解为一种课程,一种教学方式,那就太过于狭隘了。马克思主义的活动理论要求不仅把活动理解为一种课程、一种学习方式,而且还需要把活动拓展到整个教学生活领域,使学生真正成为活动的主体。语文教学目标的有效生成主体是学生,那么,学生就应该而且必然成为教学活动的主体。由于教学是由师生双方互动共同完成的,教师和学生虽然都被认为是教学活动的主体,但是,他们各自的活动目标、职责权力是不同的。因此,只有澄清师生双方各自在教学活动中的职责权限,才有可能促进语文教学目标的有效生成。

(二) 师生活动要权责分明

1. 权责

权责是一个政治学、行政学术语。"权"有衡量审度和制约别人能力的意思。在传统文化意义上,权不是一种简单地对法理规章教条的执行,而是通过权衡、权度以对时务进行应变处理,是处于特定位置的人通过自己的权度、权量、权衡来获得权力,并且实现其权威的

---

[1] 恩斯特·卡西尔:《人论》,上海译文出版社1985年版,第87页。
[2] 钟启泉、张华主编:《课程与教学论》,广东高等教育出版社1999年版,第27页。

过程。① 从政治学的角度看，权力概念并没有形成共识。但是，正如政治学家达尔所说，"权力概念是政治分析的中心。"② 权力的重要特征就是形成权力主体、对权力对象的支配力以及获得权力对象的服从。③ 支配性是权力的重要属性，与服从权力构成一对基本矛盾，当权力体现为一种绝对支配与服从的关系时，"作为支配的权力是那种限制他人选择的能力，它通过阻止他人以他们自己的本性和判断所指示的方式生活来强制他们或者获得他们的服从"。④ 权力主体对权力对象不劳而获的这种控制关系是以强制力，甚至是以暴力为基础的。

当然，权力的这种支配关系并非恒常不变地体现为绝对支配与无条件地服从的关系。也就是说，权力之绝对支配与无条件地服从之间也在不断地调和，以使权力得以执行，实现理想的效果。同时，权力的内涵也会随着时代的发展而发生变化，尽管从本质上说权力不可能排除其强制力的特质，但权力会变得越来越温和，权力的支配关系也越来越建立在获得自愿服从者对权力支配的同意的基础上，特别是当权力以"公共权力"赋权的身份出现时，权力的支配性和扩张性就加剧了，服从者的权力严重遭到侵犯，付出代价，甚至还以蒙羞的形式。权力的这种"温柔"而又强制执行的支配性特征，虽然是政治学术语，但对任何处于关系之中的双方来说都具有重要的启发意义。

责是责任的意思。一是指分内应该做的事，二是指没有做好分内应该做的事。从政治学、行政学角度看，对"责"的理解依然没有共识。培根将责任理解为维护整体利益的善。⑤ 柏格森理解为人们之间的约束。⑥ 马克思理解为一种使命和任务。⑦ 综合看来，责任包括义务和承担追究义务的责任。就本研究看，把"责任"理解为"义务"比

---

① 郭蕊：《权责关系的行政学分析》，博士学位论文，吉林大学，2009年，第15页。
② [美]罗伯特·达尔：《现代政治分析》，上海译文出版社1987年版，第31页。
③ 郭蕊：《权责关系的行政学分析》，博士学位论文，吉林大学，2009年，第15页。
④ [美]史蒂文·卢克斯：《权力：一种激进的观点》，江苏人民出版社2008年版，第79页。
⑤ 周辅成：《西方伦理学名著选辑》，商务印书馆1964年版，第55页。
⑥ 同上书，第706页。
⑦ 郭蕊：《权责关系的行政学分析》，博士学位论文，吉林大学，2009年，第15页。

较合适。

权责是权力和义务的合体,二者具有一致性,共同作用于一定的对象,与之形成一种社会关系,并体现为一种利益取向。也就是说,权力、义务和利益三者是一致的。

2. 语文教学目标有效生成活动中师生的权责

就语文教学目标的有效生成而言,教师和学生都有不可推卸的权责,但归根到底,学生是语文教学目标有效生成的权责主体,教师是辅助性权责主体。因为学生是语文教学目标的实现者和载体,语文教学目标的实现就是学生自身在知识、技能、情感态度与价值观方面的整体素养的获得与提高,是学生的知识经验、认知结构、非智力因素的重组或改造。正如杜威所说,教育之外没有目的,教育目的在教育过程中,而学生恰恰就是这一过程的实践者,是过程与结果的载体,教学目标的有效生成就是学生个体的知识、技能、情感态度与价值观的生成,是学生个体的综合素养的发展过程。

学生的这种发展是依靠学生自身的活动来实现的。19世纪,德国著名教育家第斯多惠在论及人的发展问题时就明确指出:"发展与培养不能给予人或传播给人。谁要享有发展与培养,必须用自己内部的活动和努力来获得。"[1] 皮亚杰在充分论证了个体的认知源自活动这一著名命题的基础上,进一步指出:"个体的发展实际上就是练习、经验、对环境的作用等意义上的大量活动的产物。"[2] 列昂捷夫则在研究人的意识、智慧与活动的关系的同时,对人的个性这一更为复杂的心理构成物的形成发展机制进行了研究,指出:"个性在任何方面都不是先于人的活动而存在的;个性也和人的意识一样,产生于活动。"[3] 活动在"主体—客体"之间发挥中介作用,"在活动中发生着从客体向它的主观形态、向映像的转变,同时,在活动中也实现着活动向它

---

[1] [德] 斯多惠:《德国教师培养指南》,袁安译,人民教育出版社1990年版,第78页。

[2] [美] 皮亚杰:《心理学与认识论——一种关于知识的理论》,袁晖等译,求知出版社1988年版,第44页。

[3] [苏联] 列昂捷夫:《活动·意识·个性》,上海译文出版社1980年版,第125页。

的客观结果，向它的产品的转变""活动是以心理反应为中介的生活单位，而心理反应的现实机能则是，它使主体在对象世界中辨识方向""活动不是反应，也不是反应的总和，而是具有自己的结构、自己的内部转变和转化、自己的发展的系统"。强调活动是一种外部活动。叶圣陶先生也指出："语言文字的学习、出发点在'知识'，而终极点在'行'。"关于语文教学发展学生言语能力的理论认为，言语能力的实质是对言语交际活动的进行起直接的稳定的调节和控制作用的一种个体经验。它包括语音、字词、语法、章法等语言知识要素和言语领会（听话和阅读）与言语表达（说话与写作）等言语技能要素。①学生掌握了知识，如果不进行运用知识的实践活动，言语能力也就无法形成。

这说明学习者个体的活动是促进其自身发展的关键，同时，也说明学生在教学过程中要充分承担主体活动的权责功能。

在教学活动过程中，除了学生主体外，还有教师主体。就学生的发展、语文教学目标的有效生成而言，教师首先就是帮助学生确定语文教学目标（学习目标），然后，创设条件帮助学生达到教学目标，即预期的教学活动结果。当然，教师也有在促进学生发展的同时也促进自身发展的可能，但是这只是促进学生发展的附带性的教学结果。因此，教师在教学活动过程中发挥的是促进学生发展的辅助性权责主体功能。这就需要教师处理好教学过程中学生权责主体与教师权责主体各自的权力与义务关系。

师生教学活动中的权责关系判断。在传统的教学中教师的权责主要就是传授知识、训练技能，学生的权责主要就是记录记忆知识、接受训练。师生之间形成了传授与被传授，灌输与被灌输，强制与被强制的教与学的关系。这其中的根源就是知识观、教学观。知识是客观的、中性的、确定的，知识的占有就是力量的象征，传授知识就是培养美德。这种认识主要是由这一时期知识发展比较缓慢、

---

① 伍新春：《关于言语能力的实质与结构的探讨》，《北京师范大学学报》（社会科学版）1998年第1期。

第二章 语文教学目标有效生成的构成要素

知识积累也不多，学习主要是传承前人积累的知识经验，为未来做准备的传统知识观造成的。但随着社会的发展，网络传媒技术的普及，知识信息爆炸式增长，选择、整理、传输知识信息的能力成为学习者的必备能力。更为重要的是，传统的知识观开始发生转变，代之以建构主义知识观，即知识不再是客观的、中立的、确定的，而是主观的、价值的、非确定性的，学习主体要根据自身的生活经验、具体认知语境自主建构、生成知识和意义。这就需要重新理解教学关系中师生各自的权责内涵，教师不能再以传授知识、训练技能的权责为主，而转向以组织、引导、创设认知活动语境的权责为重点，把学生置于课堂教学的关键位置，使之自觉、能动、积极地活动。学生也应该转变传统的学习观念，改变被动地接受记录训练的学习方式，代之以积极、主动、自觉地以自主、合作、探究为主的新的学习方式，使自己在学习活动过程中成为真实的主体。

教学关系中师生权责关系的调整是一种观念变革。正如叶澜、吴亚萍所说，课程改革是一种文化的改动、一种制度的改动。[1] 对于教学中的教师和学生各自的权责关系的重新理解也无疑是一种"文化的改动""制度的改动"。因此，教师要把自己的注意力调整到关注学生的活动上，为学生的活动而发挥组织、引导、创设情境、呈现资源的服务性教学功能。对此，杜威曾指出，"当教师从事直接的教学活动时，他需要精通教材；他的注意力应该集中在学生的态度和学生的反应上"，"教师不应该注意教材本身，而应注意教材和学生当前的需要和能力之间的相互作用"。[2] 世纪之交，国际上新出现的"翻转课堂式教学模式"（Flipped Class Model）就是把学生作为活动的权责主体的表现。它借助"互联网+"这种先进的信息媒介技术平台让学生在任何时空都能够使独立学习的需要成为可能，把课堂变成了教师与学生、学生与学生之间的互动场所，即答疑解惑的互动场所，从而把学生置

---

[1] 叶澜、吴亚萍：《改革课堂教学与课堂教学评价改革——"新基础教育"课堂教学改革的理论与实践探索之三》，《教育研究》2003 年第 8 期。
[2] [美] 约翰·杜威：《民主主义与教育》，王承绪译，人民教育出版社 2001 年版。

于教学活动的主要地位，明确了教师和学生在教学中各自的权责，教师是教学活动的制定、组织、实施的组织者、引导者、教学目标评价的主要判断者，学生则是学习活动的实践者、问题发现与解决者、言语实践的参与者。

事实上，许多教师已经明确了教师与学生各自在教学活动中的权责及其相互关系，但是，"知道"并不意味着"行动"，把"知道"化为"行动"还需要采取一定的措施保障教师和学生把各自的权责贯彻于教学活动中。

（三）师生活动权责分明的策略

在教学活动中教师常常以"霸权""权威"的形象存在。其原因，首先是教师有知识，能评判，能评价，是"文化权威"，是"裁判"。其次是教师有管理权，能够根据自我意识"规范"教学与学习的行为和意向，是"权力权威"。所谓"闻道有先后，术业有专攻，如是而已"，"师不必贤于弟子，弟子不必不如师"，只是自谦的佳话。在实际的教学中教师和学生的平等关系在社会上就不被认可。因为谁拥有了知识，谁就拥有了权力，这是一种共识。因此，在具体的教学中尽可能地平衡师生之间的关系，保障学生的自主学习权，突出强化教师的引领责任，就必须采取一定的措施。

1. 尽可能全面呈现教学内容与进程

教学内容是根据教学目标选择和确定的。依据课程目标内容教材化的原理，教材应该相对比较明确地规范着实现目标的教学内容，并且以清晰的操作步骤和要求呈现教学内容和学习过程，至于教师根据课程标准、教科书、教学参考书、具体学情等进行的教学化预期的教学目标、教学内容，以及在学情现场师生"二度预设"的教学目标、教学内容等，不仅不应该有太大的改变，而且也应该以遵循教科书规范的教学目标、教学内容、教学操作步骤和要求开展教学为主。这是因为教科书之教学目标、教学内容、教学操作步骤和要求是课程目标教材化的结果，隐喻着教科书之教学目标、教学内容、教学操作步骤和要求的贯彻执行就是课程目标与内容实现预期

第二章　语文教学目标有效生成的构成要素

结果的可能。

纵观国外某些语文教科书，教学内容以教学任务的形式依次按教与学的操作步骤安排，教学就一定程度上减弱了教师作为文化知识权威的"神圣性""权威性"，降低了教师对学习过程的过多干预与控制。德国新编小学德语教材《我的小画册》第三册第八单元。①选择了七个小文本，设计了九个自学性的语言练习，练习形式有动词练习、课文填空、小制作（利用空易拉罐做潜望镜，要求用文字表述制作步骤）、反义词连接、给短文填上正确的标点符号、练习正确发音等。课文呈现在练习活动中，课文的学习重点是练习。文本内容简短，通俗易懂，对于三年级水平的学生来说，可能不需要教师对课文进行过多的讲解。这样，师生基本上就可以根据教科书内容设置及步骤来安排教学与学习了，不需要打乱教材既定的教学安排。

日本小学《国语》一年级下册"朋友篇"（东京光村出版社 2003 年版）中"模仿开商店"的学习设计，其目标是通过"模仿开商店"的活动让学生记忆单词，但它并不是简单的提示，而是对"模仿开商店"的活动提出了比较详细的程序上的要求。"首先，他们把要在商店里出售的水果的名称一个一个地写在卡片上。之后，又把准备出售的商品画成图片，价格也定好。最后，他们还制作了进行宣传的广告单，用来招徕顾客。"②这种教材编制虽然只是对学生的小组活动过程进行了描述，但实际上给学生提供了制作的具体步骤。如果教材不做具体详细地编制安排而只是简单地说一说活动要求，把具体的活动安排留给教师处理，那么，教师的权威性、控制性就大大增加了，学生的活动的随意性也就更大了；不仅如此，教师对于学生的活动安排的表述也未必清晰、合理、规范。因此，教材对于教学活动的具体的安排与要求不仅对于教师的教学，而且对于学生的学习都比较客观。

我国的语文教材在教学活动方面的编制远没有国外的语文教材呈

---

①　洪宗礼等主编：《母语教材研究：外国语文教材译介》第 7 卷，江苏教育出版社 2007 年版，第 203—210 页。

②　同上书，第 265 页。

现的具体详细、过程化。教材大量地省略应该呈现的传授给学生的知识，而把这个任务留给教师开发，这虽然能够激发教师的教学内容和教学资源开发的主体意识，但却无形之中增加了教师教学内容开发的随意性，又助长了教师文化知识的权威性；教师把课文教学的重点定位在理解课文而非言语知识技能的传授训练方面，为使学生理解课文，教师不得不花费大量的时间讲解、疏通课文，这一过程无形之中助长了教师解读课文意义的权威；教材编制的教学活动设计（复杂的综合性的活动）没有明确清晰的程序化操作步骤，课堂教学中教师对活动步骤随机性的描述和安排既缺乏规范意识，又无意中通过教师对活动步骤的干预，强化了其对学生学习过程的控制。

目前，在我国的教学中，语文教学内容一般都是以教师选择与确定为主，而且在课前并没有事先呈现给学生，达成学习共识。在课堂教学中，一方面是教师支配学生做什么，形成对学生的控制；另一方面学生又不知道到底要学什么，只好服从教师的强制安排，从而影响了学生作为学习主体的学习主动性。因此，教材要相对比较全面地呈现教学内容、学习步骤和要求。此外，教师对教学内容的确定、选择和具体安排也应该以文本的形式提前向学生呈现，使学生做到学习目标、学习内容、学习要求心中有数，避免被教师牵着走。

江苏南京××中学的"讲学稿"教案（附录二），以"讲学稿"的形式呈现教师准备好的教学内容、学生需要学习的内容，以及教与学的进程。不仅避免了学生过多地被教师牵制的问题，而且还能够让学生明确学习的目标、内容、活动、评价（要求）等，从而产生学习的积极性、主动性。在电话访谈中教师明确了其教学的理念：促进学生主动的学，教师积极的教，构建学习共同体。在学生学习方面，教师把"讲学稿"发给学生，使学生明确"学什么""重点难点是什么""学习的过程是什么样的"等，从而使学生做好学习的心理准备。"讲学稿"一定程度上标明了教师和学生各自在教学过程中的权责，也就可能避免了课堂教学中教师对学生过多地控制，为教学目标的有效生成提供了条件。

2. 保障学生自主学习权

学生是学习的主体，但是作为主体他们的学习自主权却得不到保障。这里所说的学习自主权，主要是学生在一定的课堂时空内不受教师过多地干预，能主动的以个体或群体的形式进行学习的自主支配权限。教学内容的准备，学习程序的设计，只是为学习活动的展开提供了客观条件，但课堂教学中如何开展学习还要受教师和学生两个主体的制约。教师和学生是教学中两类不同的主体。教师主体不仅通晓学习什么、怎么学、学习到什么程度，而且对学习者有裁判权，天然地具有规范、控制，甚至强行干预学生学习的倾向；学生由于生理心理素养、知识文化水平、学习技能等方面因素的影响，学习水平不高，天然地对教师存在着依赖信任的倾向。这样，教师就有可能通过知识灌输剥夺学生的自主学习权，学生被迫倾听记忆再现知识，就可能放弃自主学习权，尽管学生作为主体有学习的自觉性、能动性和创造性。

因此，以一定的形式保障学生的学习自主权就成为教学的必要了。学习自主权包括学习的人格尊严和学习的行动自由两个方面。学生学习的行动自由不是绝对的，而是相对的，是在语文课程与教学目标规定的范围内的行动自由。既包括选择的自由，又包括行动的自由，但最终体现为"学习时间"的充分保障。从20世纪90年代以来，研究发现那些取得较好的教学成果的教学模式、教学方法几乎无一例外地把"学习时间"还给了学生。魏书生说他常年在外，学生的学习在时间上很多都是学生自己支配的，至于学习什么，如何学，则是一定规范好了的，这由魏书生的教学法为证。其他许多优秀教师如钱梦龙等也是如此。21世纪初的新课程改革过程中，出现的几所教学改革比较成功的学校，如山东杜郎口中学，以及由其带动而教学改革成功的其他一些兄弟学校，其课堂教学标志性的特征就是把"学习时间"还给了学生。杜郎口中学的教学改革其实并没有多少先进的理论与手段，而是用了最普遍、最简单的法子，即保障学生的学习时间，让学生充满自信的自主学习。因此，从一定意义上说，保障一定的学习时间就是学生学习自主权的象征。

保障学生的自主学习权问题并不是难于理解，而是难于执行。不是"知难行易"，而是"知易行难"。这其中的缘由就是教师对学生的不信任，而实质上是教师对于语文到底"教什么"不清晰，对于"学什么"也便无从放手。其实，对于到底应该"教什么"这一不应该成为问题的问题却成了问题的语文来说，让学生自己以主体自主的形式进行学习，未尝不是一种探索"教什么"的好方法。因为语文教学的实质就是言语实践，培养言语能力，学生的自主学习就是以言语实践为基础的学习。因此，应该强制课堂教学中教师必须给予学生充足的学习时间的形式来保障学生的学习自主权。

3. 强化教师组织引领功能

从教师的角色来看，教师在教学中充当多种角色，这使教师的功能得到全息式发挥。但正是这众多的角色使教师产生了角色混乱，主次不分、轻重不别。其实，教师的主要任务就是教学，就教学方式而言，教师发挥的主要不是讲授而是组织、引领、促进的角色功能。教师通过与学生协商确定教学目标、选择相应的教学内容、安排恰当的教学步骤，让学生以个体或群体的形式开展"自主、合作、探究"学习活动。

目标分类学者安德森说，"教育必须不断地关注青少年最充分的发展，而寻求促使个体学习达到可能的最高程度的学习条件是学校的职责"，"教师必须帮助学生，使他们学会把自己所学的知识运用于自己亲身经历的难题，产生有效地处理那些较生疏的问题。这种强调是对那种按部就班、死记硬背方法的有力冲击"。[①] 也就是说，学生通过学习所能够达到的，通过行动实践所能够形成的是运用知识技能解决问题的能力，而不是所谓记忆性质的死知识。这就需要强调学生在教师指导下开展以"学"为中心的活动，而实际上教学中很大程度上都是以教师"教"为中心的活动，严重忽视了学生"学"的实践行为。

---

① ［美］L. W. 安德森、L. A. 索斯尼克主编：《布卢姆教育目标分类学——40 年回顾》，谭晓玉、袁文辉等译，华东师范大学出版社 1998 年版，第 7 页。

我国的语文教学正如布卢姆所言，教育"盛行的观点是，教育只有选拔的功能；而教育的目的也就是决定哪些学生在教育过程中的哪个阶段上应被淘汰，哪些学生应该受惩罚；哪些学生天生就适合（或经过培养）可接受更严格的高深教育"。[①] 而当代教育已经从关注知识、关注教师的"教"，开始转向关注学生的能力、关注学生"学"的活动。能力既不是永远不变的，也不是停滞不动的，相反，当提供了合适的刺激和经验时，能力就会发生很大的变化。对于培养学生智力的教学而言，也不能仅仅限定于学习优异者，对其他非优异者教师也应该有一种"公平"的精神，即给所有学生提供活动的舞台和均等的机会，从而促进所有学生的能力发展。

教师的组织功能主要表现在教学内容（预设教学内容）、教学（学习）活动、教学过程等方面，实际上主要是就一定的学习内容、学习活动给予特定的程序性管理和时间分配；引领功能主要表现在方法策略、情感态度与价值观、教学（学习）评价等方面的引导。教师组织引领的目的就是保证学生的学习活动在目标、内容、方法策略、解决问题的过程等方面不受过多的强制性干扰。

四　生活化的情境：语文教学目标有效生成的条件

语文教学环境是语文教学目标有效生成的条件，这里的语文教学环境是指狭义的语文课堂教学环境。有研究者对教学环境进行了研究，认为教学环境对教学活动发挥着助长或削弱的作用，制约着教学方法的选择与使用。同样，语文教学目标的有效生成也受教学环境的制约，因此，教学环境的认知和创设对于语文教学目标的有效生成有重要的意义。

（一）教学环境与教学目标有效生成

语文教学并不是在真空中进行的，而是在具体的情境中进行的。正是情境促进了知识技能的形成、学习者经验和认知结构的建构、意

[①] ［美］L. W. 安德森、L. A. 索斯尼克主编：《布卢姆教育目标分类学——40年回顾》，谭晓玉、袁文辉等译，华东师范大学出版社1998年版，第8页。

义的生成。情境在教学中最早意指教学环境。语文教学环境的研究一般都是广义的教学环境研究,然而,对于教学环境的认知却经历了漫长的过程。

在20世纪三四十年代,国外对教学环境进行了研究。代表人物是勒温、弗雷泽等,研究的内容主要是外在于人的物理环境,包括家庭环境、学校环境、社会环境,尤其是课堂教学环境。学者们对课堂教学环境进行了深入细致的理论与实证研究,如教学的时空、声音、温度、光线、排座等,提出了比较深刻的见解,取得了大量的成果,但也存在很多问题:[1] 一是研究局限于物理环境,忽视了教育环境对人的影响要比这些研究所认识的环境复杂得多,如学生的内部心理环境对教学产生的影响远远大于外部环境;二是缺乏对测量教学环境的手段和方法的研究。

20世纪70年代以后,教学环境的研究开始转向社会心理环境的研究。受认知心理学的影响,教学环境比较侧重认知情境。但这时期的认知情境受知识观的影响,对教学环境认知比较僵化。认知主义者认为,心智是"自然之镜",是对知识的表征(representation),智能体的认知过程只是对表征的计算操作(记忆、存储和加工);心智是抽象的机器,只是以计算机的方式通过计算操作符号;认知活动仅仅出现在个体的头脑中,是抽象的理性使然;思想是抽象的符号、非具体、非情境化的机械操作,身体和环境对理性认知过程没有本质意义;意义是客观的,它来自符号,与外在世界中的事物相对应,是外在于身体(知觉系统、运动系统和神经系统)的环境。[2] 在这种认知观下形成了关于认知的学习理论,认为学习是为了形成认知能力,认知能力是个体适应环境的关键要素。[3] 认知学习理论有助于学习者扩展知识的数量,促进认知结构的合理组织建构。无论是一般的认知技能,

---

[1] 田慧生:《略论教学环境研究的历史、现状及其发展趋势》,《外国教育研究》1996年第6期。

[2] 盛晓明、李恒威:《情境认知》,《科学学研究》2007年第10期。

[3] 姚梅林:《从认知情境到情境——学习范式的变革》,《教育研究》2003年第2期。

还是不同学科课程中的一些具体的认知技能策略,如识字策略、阅读策略、写作策略,或者发挥计划、监督、调控功能的元认知策略等,都直接决定着认知能力的高低。① 认知能力常常通过问题解决表现出来,所以,优化问题解决的过程、掌握问题解决的方法无疑是提高认知能力的有效途径。②

此外,认知能力的形成还受动机因素的影响。自我效能、期望、价值、归因、学习目标等都对认知能力的形成产生重要作用。③ 因此,有效培养学生的认知能力,要从概念的理解、技能与策略的掌握、问题解决的认知过程、激发动机等方面着手。

认知主义对学习的认知与理解虽然为学生的学习、为教师的教学提供了有效的策略引导,但是,认知主义把世界置于学习个体之外,认为学习是学习者个体掌握一定的方法、技巧,形成认知策略的过程。学习者以旁观者而非参与者的姿态进行学习,从而割裂了认知主体与外部环境之间的关系,使个体的认知始终受制于客观世界的万千变化之中,而人作为主体的自觉性、能动性和创造性也都没有得到充分地尊重与发挥。实际上,根据当代对脑科学、建构主义、学习理论、活动理论等的研究进展,学习已经不仅仅是个体对认知对象的认知,而且也是个体与对象相互作用、与同伴相互协商,建构知识、重组认知结构,获得意义和社会身份的过程。在这种情况下,基于建构的学习环境创设就成为必要的了,而这也正是国外关于教学环境研究的新进展。

我国对于教学环境的研究,开始于 20 世纪 80 年代,但教学环境的研究从一开始就以外在于学习主体的客观角度来研究的,正如田慧生所说,国外的教学环境比较侧重于心理方面,即对人的心理事件实

---

① VanLehn, K. Problem Solving and Cognitive Skill Acquisition. M. Posner (Ed.), *Foundations of Cognitive Science*, Cambridge, MA: MIT Press/Bradford, 1989, pp. 527 – 580.
② Schoenfeld, A. H., *Mathematical Problem Solving*, Orlando, FL: Academic Press, 1985.
③ Bandura, A., Self-efficacy Mechanism in Human Agency, *American Psychologist*, Vol. 37, No. 2, 1982, pp. 122 – 147.

际发生影响的环境,与我国侧重于客观的教学环境的研究不同。[①] 这种客观的教学环境研究不仅把人与环境之间的关系一分为二了,而且还造成了环境对人的制约,忽视了人对环境的自觉能动性。21世纪初,受国外关于教学环境研究的影响,我国开始转向以建构主义视角来研究教学环境。但是,由于受新课程改革观念转变和客观主义知识观的影响,教学环境的研究不仅滞后,而且也没有从建构主义角度真正展开研究。

不仅如此,由于教学环境的研究没有与教学目标的有效生成联系起来,教学环境研究的意义也有待重新评估。因为,构建基于情境认知的教学环境,不仅为语文教学创设学习氛围,而且一定意义上还要为教学目标的实现提供教学资源,丰富教学目标实现的资源,提高效率,促进语文教学目标的有效生成。

(二) 语文教学情境生活化

1. 语文教学目标的有效生成对教学环境提出挑战

语文教学目标是预期的教学活动结果,但是这种预期的教学活动结果不是行为主义的刺激—反应式的简单的知识技能目标,也不是认知主义所主张的发挥主体的认知能力学习的客观的知识技能目标,而是对学习活动的一种方向性指导目标。因为语文课程是学习语言文字运用的综合性实践性课程,这就决定了语文教学的目标是培养学生的言语能力,因此,创设环境培养学生的言语能力就成为语文教学面临的挑战。

首先,新知识观对语文教学目标的实现提出了新要求。传统知识观认为知识是客观的、确定的、价值中立的,知识的学习就是学习者对知识进行灌装、记录、再现的过程,能力的形成就是学习者对这些知识进行习惯性使用的过程。所以,教学环境一般侧重于物质的教学环境创设,如教室布置、桌椅放置、媒介设备等,为教学目标的生成创造一个良好的外围环境。而新的知识观则认为知识不是客观的、确定的、价值中立的,而是个体的、主观的、非确定的,知识的学习是

[①] 田慧生:《略论教学环境的历史、现状及其发展趋势》,《外国教育研究》1995年第6期。

学习者根据自身经验和认知结构选择建构的结果，这种建构并不仅仅包括知识技能、情感态度与价值观知识的建构，而且还包括认知结构、意义和身份的建构。因此，传统的简单的那种教学环境创设观念需要重新建构，以为新型知识观背景下学生的知识建构创造条件。

其次，建构主义学习观认为，知识技能、认知结构、意义和身份的建构虽然是主体的内部机制运作的结果，但是一个个体到底建构什么，如何建构，受其自身的价值取向选择、实践活动计划、策略安排等的影响。人的本质是社会关系的总和，人类个体建构的知识、意义和身份也不是完全由个体能够决定的。个体建构知识一方面要遵循社会规范，与社会普遍适用的知识、意义与身份相适应，在社会规范的范围之内；另一方面这种个体的知识建构不是独立完成的，而是在与社会其他成员分享协商的过程中完成的，从而使个体建构的知识、获得的意义、期望的身份得到一定范围内的成员的认可，而不是仅仅储存知识、复制意义、强迫认可身份地位。

最后，语文学科学习的新价值取向要求转变对传统的语文教学环境的认识。传统的语文教学是学习语文知识，语文学习的价值取向是掌握学科知识，进行知识储存。"知识就是力量""知识就是美德"的警训使得社会把掌握知识量的多少作为衡量人才质量高低的标准，因而为掌握知识而创设的教学环境也大多限于物质环境。现代社会随着信息网络技术、第三次工业革命的到来，个体仅仅掌握学科规定的有限的知识已经不能够满足社会发展和自身生存的需要了，发展能力、学会学习已经成为个体生存发展的必备素养。那么，语文教学如何创新教学环境，无论是物质的还是心理的教学环境就成为语文教学必须考虑的问题了，因为不仅语言文字运用能力而且学会学习能力的培养都特别强调学习者的主动性、自觉性和创造性，没有调动学习者的内部心理动机的环境创设，新的语文教学目标就很难达成。因此，创设"语言文字运用"的环境，除外部环境创设外，内部环境的创设也更为重要，特别是针对不同的学生创设适于个体的教学环境，使我们不得不重新认识教学环境的内涵、意义和价值。

2. 情境学习理论为教学环境的创设提供了理论基础

20世纪90年代以来，受认知科学、生态心理学、人类学、社会学等学科的影响，关于学习的研究已经由认知学习理论转向情境学习理论的研究，由关注学习中学习者个体的认知特征转向关注学习过程中物质的和非物质的情境与个体的相互作用的研究。该理论认为，学习不可能脱离具体的情境而产生，情境是整个学习中重要而有意义的组成部分，情境不同所产生的学习也不同，学习受具体的情境特征的影响。

在学习的本质上，情境理论认为学习是个体参与实践，与他人、与环境等相互作用的过程，是形成参与实践活动的能力，提高社会化水平的过程。[1] 在这个过程中个体与环境相互作用，共同构成了动态的整体系统，个体、个体的心理活动、环境等都是整个系统的构成部分。学习结果既不是个体或环境某一个方面单独决定的，也不是个体对外部客观世界的被动反映，而是学习主体主动参与实践，与他人交流、讨论、协商、寻求帮助等，利用环境资源学习或解决问题的过程；是个体用语言表达探究结果，协调和适应社会实践活动的过程；是个体与其他个体或群体之间相互协调、转变社会角色或身份，不断社会化的过程。

在学习目标上，情境理论认为，认知能力固然比较重要，但如果脱离具体的实践环境，不仅能力无法真正形成，而且即使形成也没有用武之地。就个体而言，学习就是个体增强实践能力、不断社会化的过程。个体在不同的情境中可能会以不同的方式进行互动，表现出巨大的差异，但是，个体间的互动所需要的基本要素却是相似的，即需要一般的认知能力与态度、协作、讨论、分享等。个体就是在与环境长期而真实地互动过程中，不仅掌握了实践活动所需要的知识技能，并使之运用于真实的情境中，而且也通过其与所在团体成员之间的价值观与社会规范的协商共享，加速个体社会化的进程。因此，培养学习者的实践能力，加速其社会化的进程是情境学习理论的核心目标。

---

[1] Lave. J. & Wenger, E., *Situated Learning: Legitimate Peripheral Participation*, Cambridge: Cambridge University Press, 1991.

第二章 语文教学目标有效生成的构成要素

在学习方式上，情境理论强调个体的"合法的边缘参与"。情境理论强调个体与特定的社会团体之间的相互作用。特定的社会团体不是为要完成特定任务或活动而临时聚集的松散结构，而是由具有共同的文化与历史背景、共同的目标、共同的信念系统和实践活动的成员组成的。新成员在团体实践活动参与中需要从老成员那里传承一些共同的经验与规范，从比较边缘的、外围的参与者身份逐渐发展到核心的实质的参与者身份，并在团体中逐渐确定自己的身份地位和自我价值感。[①] 新成员的参与和成长又促进了团体的发展壮大，使团体具有再生循环性与可持续发展性。在参与性学习过程中，学生的知识技能、情感态度与价值观体验都有相当程度的发展。一方面参与者不断地提高自身的实践能力，提高其在团体中的地位，增强自我价值感；另一方面又通过完成任务帮助他人或未来者不断地为团体的发展做出贡献。个体与团体就是在这种不断的互动过程中促进个体和团体的发展与进步的。

情境理论关于学习的本质、目标、方式的观点决定了教学环境的创设必须为学生提供参与社会实践、参与探究性学习的真实环境，并支持其确立积极的身份，为其实现知识的建构、能力的增长、社会实践能力的生成创造条件。同时，也意味着教学环境向教学情境的转变。

3. 生活化的情境能促进教学目标有效生成

情境认知与学习理论为语文教学目标的有效生成提供了指导，但是，由于学习者是由来自不同地域、不同家庭、不同个性和文化水平差异的个体组成的，学习情境的创设要尽量符合学生个体的生活经验、知识积累、认知结构、学习兴趣等，使之能够通过对教学内容的学习达成其学习目标（教学目标）。也就是说，教学目标的有效实现要求教学情境生活化。

所谓生活化，并不是说要回归当下的生活，教学情境中的生活化是对现实生活的超越，而不是简单地等同或者复制现实生活，否则，

---

① Bereiter, C. Situated Cognition and How to Overcome it, D. Kirshner & J. A. Whitson (Eds.), *Situated cognition: Social, Semiotic, and Psychological Perspectives*, NJ: Lawrence Erlbaum Associates, 1997, pp. 281–300.

就混淆了教学与生活的差异。教学情境的生活化是从教学内容、教学活动、教学组织、教学氛围、学习心态等方面接近学习者的知识经验、认知结构、学习兴趣来说的。包括教学内容的生活化、教学活动的生活化、教学组织的生活化、教学氛围的生活化、学习心态的生活化等。

教学内容的生活化是就教学内容难易转换而言的。它包括两个方面，一是理论化、抽象化的教学内容通俗化、简易化，或者实践化、事实化，便于学习者接受；二是教学内容接近学习者的生活、经验、能力、认知水平现状，便于学习者学习。教学活动的生活化是就教学形式来说的，主要是采用学生能够接受的活动方式开展教学活动。理论的、抽象的教学内容可以通过生活化的活动形式间接地降低学习内容的难度，提高学生的参与度。教学组织形式生活化是就学习的组织形式而言的。学习有正规的学校学习、非正规的其他社会学习。有个体的、团体的、师徒式的、人机结合的等多种学习形式。多种学习方式、多种性质的学习要求学校的正规教学组织形式采用接近学生生活实际的活动形式，降低教学内容的难度。

教学氛围生活化，传统的教学氛围受"师道尊严"的影响，师生关系俨然是权威与服从的关系，而实际上教学中的师生关系可以有多种，而最有效、最能够消除师生心理隔膜的是朋友关系、伙伴关系、合作关系等，这种关系拉近了师生之间的心理距离，有利于教师指导、辅助学生学习。学习心态也是教学情境生活化的重要内容。积极的学习心态是非常重要的，但是以生活化的正常心态学习却是很关键的，正如生活一样，学习也是师生之间、朋友之间、父母子女之间指导与被指导、教育与被教育的关系，学习心态生活化对于消除教师对学生的心理隔膜，学生对教师的心理畏惧都具有重要的意义。教学情境的生活化旨在形成教学活动过程中师生之间的和谐关系，调适学习目标内容之于学习者现有学习水平之间的难度，促进教学目标的顺利实现。

（三）教学情境生活化的创设策略

生活化的教学情境创设包括多个方面，有物理、精神、心理方面的，也有教学内容、教学过程、教学组织、教学活动、教学氛围、学习心态方面的。这里仅仅从建立实践共同体、培养合法的边缘参与者、提供平等机会三个方面简要分析。

1. 组建实践共同体

实践共同体是 1991 年莱夫和温格（Lave & Wenger）在其著作《情境学习：合法的边缘性》中提出来的，是情境认知与学习理论研究的重要内容。它强调个体在参与共同体学习活动中的重要性，以及共同体对于合法的个体参与实践的价值意义。实践共同体理论认为，在一个系统活动中的参与者们必须能够共享理解参与的意义，知道他们在做什么，他们的所作所为在他们的生活中意味着什么，以及对于共同体所有成员的意义等。温格认为，"一个实践共同体包括了一系列个体共享的、相互明确的实践和信念以及对长时间追求共同利益的理解"。[①] 也就是说，共同体不是简单地把人组织起来完成同一任务，拓展任务的长度和扩大成员的规模，而是要在与社会联系中通过共同体让参与者以合法身份参与真实任务，承担真实角色。这就区分了传统的教学中形成的"实践场"概念。"实践场"是为了达成学习目标而设置创设的功能性学习情境或环境，即背景，这种背景与真实的生活情境相分离，活动也并不真正关注个体的实践性参与。

实践共同体在语文教学中常常以小组的形式出现。这是教学中最基本、最常见的学习形式之一，但是却是最容易被忽视的被误解为最没有成效的学习形式。因为小组常常是为了管理的方便而不是为了学习的有效促进而设置的，更不是为形成语文学习能力，促进个体的社会化服务而设置的。小组也没有真正成为课堂教学中的主要学习实体，通常只是教师教学的点缀，不能发挥实践共同体促进个体有效学习的作用。因此，建立真正的实践共同体，使之成为教学中的学习实体，有利于语文教学目标的有效生成。

2. 培养"合法的边缘性参与"者

"合法的边缘性参与"（legitimate peripheral participation）是情境学

---

① 王文静：《情境认知与学习理论研究述评》，《全球教育展望》2002 年第 1 期。

习的核心要素之一。它源于"学习是实践共同体中合法的边缘性参与"这一著名论断，强调个人作为学习者从个体学习转移到个体作为社会实践参与者进行学习的重要性。"合法"是指学习者以实践的形式掌握和控制共同体使用的一切资源。如果一个个体还不是合法的参与者，那么，他就不可能接触到共同体的实践资源。一个新手要在实践共同体中完全掌握和使用共同体的资源，要付出时间和经历的代价。"边缘性"这一概念的引入是为了把实践共同体中的新手和老手区别开来。老手是指那些有资格能够"完全参与"的人，而新手只是"边缘性参与"的人。"边缘性"意味着多元化、多样性，或多或少的参与活动，在实践共同体的活动中处于可有可无的参与地位。老手是实践共同体中的老成员，对新手有示范、引领功能；新手是实践共同体中的新成员，在成员集体活动中他们一般都有由旁观到参与，再到成为老手的发展过程。老手与新手的问题在跨年级学习或者在学校范围的实践共同体中才可能存在，实践共同体中的老手和新手与我国传统理解的老手和新手概念略有不同。

在我国现行学校教育体制下，课堂教学中一般难有新手和老手的区别，而只有学习能力、知识经验、认知等优劣强弱的区别。强者在实践共同体中发挥示范、引领功能，弱者发挥边缘性参与功能，最后强者与弱者都发展成强者。从这个角度看，语文教学中的小组活动、实践共同体活动都需要教师正视活动成员之间的优势和不足，关注成员参与活动中出现的边缘性参与现象，同时，还需要关注那些没有真正参与活动的参与者，使之真正参与小组或实践共同体的活动，实现由旁观者到边缘性参与者，再发展为熟练参与者的转变，从而实现参与者对共同体资源的充分掌握与控制，发展自己，促进实践能力提高，加速社会化，同时促进小组或实践共同体的发展。

3. 提供平等参与机会

所谓平等参与机会是就实践共同体或小组成员在学习过程中为促进自身发展而需要给予并保障的参与权力。由于实践共同体成员一般都是异质成员分组组建的，成员之间的知识、能力、认知、经验等都

第二章　语文教学目标有效生成的构成要素

存在差别，甚至有时还比较大，因此，在活动中整体素质较强的成员可能就成为实践共同体的主导者，甚至领导者，而整体素质较弱的成员可能就成为实践共同体中的被领导者，甚至成为学习的"旁观者"，并且，随着实践活动的持续开展强者和弱者就有可能在共同体中的地位和作用的差异越来越大，进而导致弱者成为真正的"合法的边缘参与者"，甚至脱离"参与"，最终丧失对实践共同体的参与兴趣。

根据对"合法的边缘性参与"的研究，合法的边缘性参与会产生下列几种现象，即处于边缘轨迹的参与、确定方向的参与、边界的参与和脱离共同体的参与。处于边缘轨迹上的参与是指学习者被逐渐排除在参与之外，即将脱离参与，或即将进一步参与；确定方向的参与是指学习者，一般指新手在该共同体中，并朝着完全参与的方向努力迈进；边界的参与是学习者保留自己的参与成员身份，但只参与相关的实践共同体中，而始终不能全面处于参与或成为参与核心成员的参与状态；脱离共同体的参与是指处于脱离轨迹的学习者，他们可能正处于逐渐脱离共同体的参与过程中。

因此，以一定的形式或规范形塑实践共同体成员的目标、信念、组织和行为，使之参与"合法化""合理化"，保障成员的参与权、参与机会，从而使实践共同体真正成为基于真实实践情境的"共同体"，实践共同体成员都能够得到充分自由的发展的共同体。

这种基于人类活动而形成的实践共同体打破了传统的客观知识学习的被动局面，打破了认知主义仅仅强化个体认知为主的学习理念，恢复了学习的真实情境，通过实践共同体建构学习。正如社会建构论的主要代表杰根所说，"我们陈述的一切——我们所提出的每一样东西的表征，包括从物理到心理、地理到政府——之所以能获得合法性，并不是因为它们有反映和描绘世界的能力"，而是因为"通过社会的交换过程"能够获得合法性。[1] 而这种合法性就是学习的真正实质。

---

[1] [美] 莱斯特·P. 斯特弗、杰坐·盖尔主编：《教育中的建构主义》，高文、徐斌艳、程可拉等译，华东师范大学出版社2002年版，第19页。

五　及时评价反馈：语文教学目标有效生成的保障

教学评价是依据教育方针、教学目标、教学规范、教学标准，运用评价策略和技术对教学效果和教学目标实施作出价值判断的过程。教学评价是整个教学工作的重要组成部分，涉及的内容也很广泛。它不仅包括对教师与学生的评价，也包括对具体的教学设计、教学内容、课堂教学过程、教学手段、教学方法等的评价，而且还涉及与教学活动和教学效果紧密相关的教学管理、教研建设、办学水平等情况的评价。[1] 这里的教学评价主要指课堂教学评价。就语文教学目标的有效生成而言，不仅要考察语文教学预期目标与实际教学达成目标的达成度、对学生的实际发展产生的积极影响，而且还要考察教学的效率。没有教学评价，教学目标的有效生成就缺乏必要的监控，教学活动就可能成为只有起点而没有终点的"旅程"。更为重要的是，教学评价并不只是教学活动过程终点的一把"筛子"，对达标与不达标进行筛选，对累积性目标进行综合性价值判断，而且也是教学活动过程的一把"梳子"，从起点到终点贯穿着对教学目标实施的价值判断——评价，以保证教学过程的整体效应。因此，考察教学评价研究，对于制定恰当的评价策略，及时评价反馈，保障语文教学目标的有效生成具有重要的意义。

（一）评价反馈与教学目标有效生成

语文教学评价是伴随教学评价发展起来的。国外，教学评价发展比较成熟。19世纪末到20世纪30年代，教学评价以"测量测验"为中心。主要是成绩测量，形成了诸多学科量表。就语文成绩测量量表而言，教学评价机械呆板，忽视了语文学科的特点和儿童复杂的学习心理特征。20世纪三四十年代，泰勒的"八年研究"使语文教学评价由"测量测验"转向"评价本位"，形成了基于教学活动预期结果的描述性目标评价。六七十年代，出于对泰勒目标评价的质疑，艾斯纳

---

[1] 优化课堂教学方法丛书：《教学评价技能》（内部资料），第3页。

第二章 语文教学目标有效生成的构成要素

认为教学评价是对教育目标、内容、活动及其进程的价值评价活动，摆脱了"唯预定目标是尊"的评价限制，将预定目标的设置过程也纳入了教学评价的范畴，为"形成性评价""目标游离评价""内在评价"等现代评价的产生奠定了基础。20世纪80年代至今，教学评价获得了长足的进展，不仅涌现出了发展性评价、多元智力评价、建构性评价等新的评价理论，还出版了评价刊物，成立了评价机构，教学评价呈现出多元丰富的态势，而且正在走向教学目标、教学策略、教学评估三要素相匹配的有效教学评价研究。[①]

我国的语文教学评价研究起步晚，而且不成熟。有研究者认为，以教学大纲为线索教学评价可分为四个时期。[②] 1949—1985年，教学评价为无名无实期。1986—1991年，教学评价为初步形成期，中小学语文教学大纲开列了评价的基本要求，较简单地规定了教学评价几方面的内容。1992—2000年，教学评价为曲折发展期。1992年《义务教育全日制小学、初级中学课程计划》第三章专列"考试考查"，并分五条分别说明了义务教育阶段课程考试考查的性质、规定考试考查的学科、时间与次数、方式以及依据等。2000年3月，《九年义务教育全日制初级中学语文教学大纲》（试用修订版）开辟专章从评价要求、评价对象、评价方法、考试题型与范围、评价分析五方面较为具体地阐述了"教学评估"的内容，纠正了义务教育忽视教学评价的倾向，语文教学评价开始走上正轨。

2001年至今，教学评价为规范发展期。2001年7月，新《义务教育语文课程标准》（实验稿）第三部分"实施建议"专列第四项"评价建议"，从识字与写字、阅读、写作、口语交际、综合性学习五方面分别加以说明语文教学评价，不再用"教学评估"概念。语文课程评价明确地提出了遵循语文课"重情感体验和感悟的特点"，重视定性评价，加强形成性评价，尊重学生的个体差异，采用多种评价方式

[①] 盛群力、马兰、褚献华：《界定三维教学目标之探讨》，《课程·教材·教法》2010年第2期。

[②] 王雅萍、司亚飞：《建国后基础教育语文教学评价》，《现代中小学教育》2005年第1期。

等先进的教育评价理念；评价目标由以往注重大纲对语文知识体系和语文能力训练效果的评价，转向新课标注重从"知识与能力、过程与方法、情感态度与价值观"三维教学目标的评价，突出语文课程评价的整体性和综合性；评价由以往只注重教师对学生的单向评价转向教师评价、自我评价、他人评价（学生间评价、家长评价）相结合的多元评价，强调学生的自我评价和相互评价，评价角色重心由教师转向学生，突出了学生的评价主体地位；评价打破了大纲只简单地提出评价建议的传统，提出"抓住关键，突出重点，全面、综合评价"的策略，并从识字与写字、阅读、写作、口语交际、综合性学习五方面详尽地罗列了各学段目标达成的评价要求。评价要求具体，评价范围全面广泛。

国内外的语文教学评价相比较而言，国外的教学评价研究比较成熟，国内的教学评价研究才刚刚起步，并且主要是对国外的教学评价理论的转译，没有形成本土化的、符合国情的教学评价，教学评价也仅仅处于理念状态，没有落实到具体的教学实践中，这严重制约着语文教学质量的提高和语文教学目标的有效落实。

更为重要的是，我国学者在对国外的教学评价的研究中发现，国外的教学评价也存在严重不足，教学评价仅仅是基于教学结果的评价。泰勒（R. W. Tyler）提出，"评价过程在本质上是确定课程和教学大纲在实际上实现教育目标的过程。但是，鉴于教育目标实质上是指人们发生的变化"，所以"所要达到的目标，是指在学生行为模式中产生某种所期望的变化，因此，评价是一种确定行为发展实际变化的程度的过程"。[①] 即以结果进行价值判断的教学评价。1967年，美国评价研究专家斯克里文（M. Seriven）区分了"总结性评价"和"形成性评价"，认为，"在形成性评价与总结性评价之间没有基本逻辑和方法上的差别。两者都是为了检验某个实体的价值。只有按不同时机、评价听取人，以及使用评价结果的方法，才能区别在什么情况下的评价是

[①] 胡森：《简明国际教育百科全书·教育测量与评价》，教育科学出版社1992年版，第50页。

第二章 语文教学目标有效生成的构成要素

形成性的,或是总结性的评价"。① 也即两种评价都可能是结果性评价或形成性评价。后来出现的"发展性评价""启发性评价"等许多不同于泰勒评价模式的新的评价理论和评价模式,也仅仅是在评价自身的价值取向、评价指标参照系、评价效果或需要采集的信息、服务对象的具体指向和分类方面不同而已,其具体评价内容还是指向结果而不是指向教学过程本身。② 因此,国外的教学评价尽管比较成熟,比较先进,但是也依然是基于教学结果的评价,所以,适应本国国情的基于教学目标实现过程的、导向教学目标有效落实的、既注重结果又注重过程的评价还需要深入探索。

由此看,我国的语文教学评价面临着探索既注重结果又要注重过程,既促进学生发展又促进教师研究、发展、反思,建构研究者、实践者、评价者三位一体的教学目标实现评价体系的紧迫任务。

对于语文教学目标的有效生成而言,当前语文教学评价更紧迫的任务是形成明确的及时的评价反馈机制,促进语文教学目标的顺利实现,因为评价既是对教学目标与结果一致与否的判断标准,也是有效与否的判断依据,又是改进教学管理,提高教学质量的重要参照。

(二) 语文教学目标有效生成要及时评价反馈

评价反馈是对教学目标实施过程的监控,而不只是对实施结果的价值判断,因为评价反馈的目的是促进语文教学目标的有效生成,它涉及语文教学目标的制定、教学内容的选择、教学活动的确定、教学情境的创设、教学目标的导控者——教师等。教师能否对基于教学目标为导向的教学过程诸要素敏锐地洞悉,及时地决策,并优化、协调诸要素关系,对于语文教学目标的有效生成发挥着重要的作用。

1. 及时评价反馈有利于语文教学过程诸要素的协调

语文教学目标、内容、活动、环境等是语文教学过程的重要构成要

---

① 瞿葆奎、陈玉琨、赵永年:《教育学文集·教育评价》,人民教育出版社1989年版,第263页。

② 叶澜、吴亚萍:《改革课堂教学与课堂教学评价改革——课堂教学改革的理论与实施探索之三》,《教育研究》2003年第8期。

素，它们之间的匹配关系直接决定着教学目标的有效实现与否。教学目标是教学过程的灵魂，它的任何变动都要影响教学内容、教学活动、教学环境（情境），甚至教学评价的改变。一般而言，教学目标是根据语文课程标准、教科书、学情等综合因素确定的，基本上反映了学生和社会的发展需要。但是，教师制定的教学目标毕竟是"预测性"的，并不能比较准确地适应每个学生的需要，因此，在课堂教学中教师及时地对既定的教学目标进行价值判断和调整，对于保证教学内容、教学活动、教学情境、教学评价的恰切适当，保障有效教学都有重要的价值。

教学内容是实现教学目标的凭借，同时，也是教学活动的对象。因为从教学资源的角度看，教学内容既有来自教科书的内容、课程的内容，又有来自教师创生的内容、学生创生的内容、根据情境偶发性调整的内容。也就是说，教学内容是一个既丰富又灵活的教学资源，它既可以以此进行教学活动，也可以以彼来进行教学活动，更可以把众多的教学资源整合起来组织教学活动。而作为教学素材性质的教学内容在很大程度上受教学目标的性质决定，并且任何教学内容在为实现教学目标的活动过程中都可能发生功能性偏向，应该发挥的功能没有发挥，不应该发挥的功能却得到了彰显，即出现附带性学习结果。附带性学习包括正附带性学习和负附带性学习，前者是需要提倡的，后者是需要避免的。因此，在教学过程中教师选择确定的教学内容到底正确与否，发挥的功能如何，教师要及时地评估判断，并反馈给学生，以使教学内容有效地服务于教学目标的实现，避免功能偏向。

教学活动是教学过程的重要构成因素。活动方式、组织方式是否恰当，活动时间是否充分，都直接影响着教学目标的生成。许多教学活动，因为教学目标、任务、内容过难、过繁，需要的时间多，而教学活动却恰恰给予的时间过少，学生根本没足够的活动时间，最终导致学习效果不佳。学生活动除自主活动外，还有共同体活动。共同体活动需要注意共同体成员的组织搭配，注意成员各自在性格、特长、能力、素质等方面的差异，强调成员组合的差异化组合，避免同质化。教师需要时刻关注教学活动，发现问题及时反馈，保证教学活动正常进行。

第二章　语文教学目标有效生成的构成要素

教学环境是学习的外部条件，也是一种重要的教学资源。传统的教学环境创设往往只注重学习氛围的条件性环境的创设而忽视了学习的资源性环境的开发与使用，一定程度上影响了学生学习的效果。另外，情境对教学目标、内容、活动等既有积极促进的一面，也有消极延缓的一面，这也需要教师特别关注，做到情境创设恰当合理。

2. 及时评价反馈有利于激发学生的学习动机

教学的目的是促进学生的发展，教学评价就是要求教师协调教学过程诸要素，使之发挥协同效应，以最优化形式服务于学生的发展。其实，教学目标能否有效生成主要取决于学生学什么？如何学？能否有坚持学的意向？从心理学的角度看，学生学习的成败主要取决于需要、动机、兴趣、爱好等非智力因素。学生个体由于年龄小不成熟，对于学习的意义的认识还不清晰，他们成功的学习很大程度上还要依赖教师的指导，同时，也需要教师在非智力因素方面给予激发、点燃，从而使学生能够由知之不多到知之无限，由意志不坚强到意志坚强，成为富有学习志趣的人。

学生的动机需要教师借助事件、教学活动来激发，而不是无所凭借、无所依据的随意性激发。因此，教师要关注教学活动中的相关事件、关注学生在活动过程中的点滴表现，并及时地给予正面评价，从而触发学生自我实现的内驱力，促进教学目标的有效生成。

更为重要的是，评价不仅仅是激发动机，还意味着促进学生理性的自我反省。坎贝尔等人认为，评价不只单纯地呈现学生的学习结果，更应反映学生学习的过程，以描述学生在不同时段的成长状况。学生可以借此检视自己的学习档案或作品，主动反省自身的学习是否进步，是否需要改进。在这个过程中，教师可以给学生提供反思的建议，以协助学生自省，提高自我认知能力和学习效果。[①]

3. 及时评价反馈有利于语文教学目标的持续生成

语文教学目标不同于其他学科的教学目标，具有累积性、长期性、

---

① 王淑慧：《多元化教学评价的研究——基于芙蓉中华中学华文多元化教学评价的个案分析》，博士学位论文，华中师范大学，2011年，第9页。

综合性等特点。对于某一类目标必须反复学习,只有开始没有结束,学习结果只有更好没有最好。就语言文字的运用而言,学生从呱呱落地到走完整个人生他们都在学习语文的路上。在学校里,语言文字运用是学生语文学习的学科性目标,这一直持续整个中小学阶段。在这种情况下,学生常常反复学习某一类目标,从事同种类型的学习活动,因而常常感到单调无趣,无形中削弱了学习的志与力,影响了语文教学效果的提高。因此,教师要充分利用学生在教学活动中的任何进步性表现及时地给予激励启发,培养学生学习语文的感情和志趣,为进一步的语文学习奠定动力基础。

另外,语文学习目标是综合性的。一个教学目标从广度和深度上看常常是由多个下位目标构成的。下位目标的学习一定程度上意味着整个学习目标的实现,所以,教师不仅对综合性的学习目标进行评价,还需要对每个下位目标的学习进行评价,也就是说,教师要时刻反馈学生学习的状态与结果,才可能促进教学目标的有效生成。教师的教学反馈影响力具有迁移的特性,正如学生得到教师的偶尔表扬一样,他们会尽全力学习教师教学的所有内容。因此,对学生的学习给予及时的评价反馈往往无形之中会促进学生对后续的语文学习目标产生持久的学习动力。

(三) 构建及时评价反馈的策略

布卢姆指出:"评价作为一种反馈——矫正系统,用于在教学过程中的每一步骤上判断该过程是否有效;如果无效,必须采取什么变革,以确保过程的有效性。"① 评价有形成性评价和终结性评价,但就课堂教学而言,语文教学目标的有效生成评价属于形成性评价。它侧重于对各活动要素的评价及活动过程中各环节的评价,目的是促进各要素在教学过程中发挥协同效应功能,提高学习的有效性。反馈就是提供信息、展现进程、寻求改进、优化目标有效实现的过程。从教学质量监控的角度来看,语文教学目标的有效生成是在教学准备、教学开展、教学结束整个过程中实现的,具有全程性,其中任何一个环节

---

① [美] 布卢姆:《教育评价》,邱渊等译,华东师范大学出版社1987年版,第5页。

第二章 语文教学目标有效生成的构成要素

都会影响整个过程的有效性；从系统论的角度看，教学目标的有效生成涉及教学目标、教学内容、教学活动、教学环境、教学评价等多个因素，每个因素的质量及其各因素之间的关系都制约着教学目标的有效生成；从教学过程的主体和客体关系来看，教师和学生是主体，教学目标、教学内容、教学活动、教学环境、教学评价是客体，主体与客体之间的关系，特别是学生与教学目标、教学内容、教学活动、教学环境之间的关系直接决定着教学效率的高低，每个因素、环节又都是整个教学过程中语文教学目标有效生成的影响因素。所以课堂教学目标达成过程中的教学评价基本上都可以称为形成性评价。因此，建构形成性评价全程反馈循环模式是语文教学目标有效生成的保障。

1. 形成性评价全程反馈循环模式[①]

形成性评价全程反馈循环模式是就整个教学目标有效生成的过程而言的，它包括教师视角的形成性评价全程反馈循环模式和学生视角的形成性评价全程反馈循环模式。二者共同聚焦于教学目标的生成过程。如图 2-1 所示。

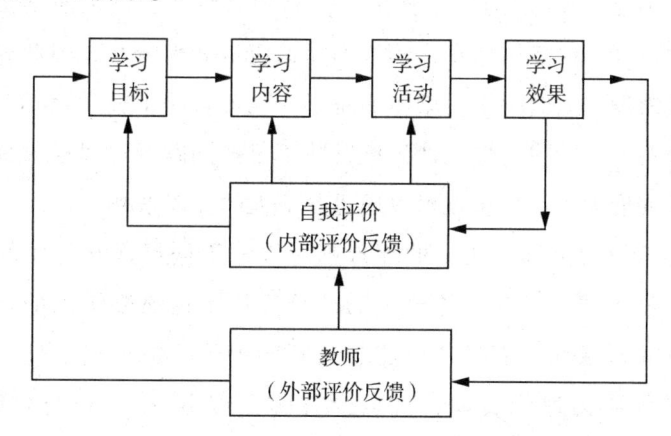

图 2-1 教师视角的形成性评价全程反馈循环模式

教师视角的形成性评价全程反馈循环模式。对于整个教学过程而

[①] 王学锋：《形成性评价反馈循环模式与英语写作教学评价原则及措施》，《解放军外国语学院学报》2011 年第 1 期。

言，教学目标的有效生成是由教师预期并根据具体学习情境来展开的，从准备到开展，再到活动结束都是有目的、有计划、有组织地进行的。教师是教学过程的主要组织者、引导者、促进者，教学目标恰当与否、教学内容适切与否、教学活动顺利与否、教学评价反馈是否成功等，都反映了教师的整体教学素质，所以教学评价反馈首先是教师基于教学全过程的评价反馈。这种反馈一方面是教师向自己反馈，另一方面是教师向学生个体或群体反馈。对教师个体来说，教师的评价反馈是一种反省；对学生来说，教师的评价反馈则是组织、引领、促进。教学反馈有时是整合的，有时只指向教师个体，有时则指向学生。

学生视角的形成性评价全程反馈循环模式。Black&Wiliam（1998）认为，形成性评价的反馈者不应该只是教师，还应包括同伴和学生本人。[①] Sadler（1989）认为，在许多情况下教师给学生的评价反馈信息，没能体现出学生的实际水平与教学目标的差距，没能告知学生教学目标是什么。[②] 例如，教师常常就学生对文章的分析传递这样的反馈，"这篇文章分析不足"，到底应该如何分析，教师又没有明确地向学生传递如何分析文章这样的反馈信息，学生不知道应该如何分析，因此教师这样的评价反馈没有给学生指明学习的路子，也就影响了教学目标的有效实现。教师对学生学习的形成性评价反馈不足的问题既可以通过提升教师自身的反馈能力来解决，也可以通过其他人的反馈来补充。

同伴或学习共同体成员的评价则可以从不同层面对学生的学习进行反馈。同伴或学习共同体成员的评价反馈不仅适应学生的认知、接受心理水平和现状，而且还可能与教师的评价反馈形成最佳互补。同伴能提供优质的评价反馈，这至少有四个理由：[③] 一是与教师相比，

---

① Black, P. & D. Wiliam, Assessment and Classroom Learning, *Assessment in Education*, Vol. 5, No. 1, 1998, pp. 7 – 74.

② Sadler, D. R., *Formative Assessment and the Design of Instructional Systems Instructional Science*, Vol. 1, No. 8, 1989, pp. 119 – 144.

③ Nicol D. J. & J. T. Boyle, Peer Instruction Versus Classwide Discussion in Large Classes: A Comparison of Two Interaction Methods in the Wired Classroom, *Studies in Higher Education*, Vol. 28, No. 4, 2003, pp. 457 – 473.

同伴会用一种容易接受的方式向同伴传达见解;二是同伴之间的讨论,能让同伴接触对同一话题的多种表达,有助于接受者协调自己的见解;三是同伴的评价具有一定的客观性,被评价者往往容易接受;四是同伴之间的讨论能促使同伴形成自己的评价标准。如图2-2所示。

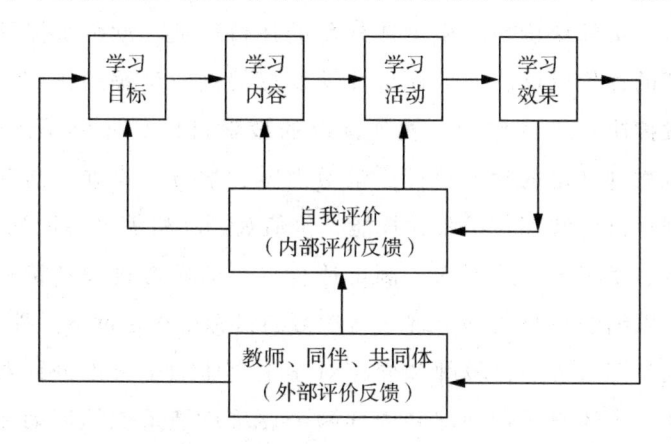

图2-2 学生视角的形成性评价全程反馈循环模式

除教师、同伴、学习共同体成员的评价之外,学生个体也可以对自己的学习进行评价反馈,如图2-1、图2-2所示。学生个体的评价反馈主要是学生在教师给予的预期教学活动目标、提供的教学内容、建议的教学活动及其教学评价的基础上对自己的学习活动结果、学习策略、学习过程、自我表现等学习情况和元认知方面进行评价,是基于个体学习效果的评价反馈。学生个体的自我评价反馈主要是自我评价和监控,国内外学者研究、认可并倡导的自主评估就是自我评价反馈的重要表现。自主评价反馈的意义在于"增加学习者对语言学习过程、对自己认知能力了解的元认知知识;提高学习者监控、反思学习过程和调整学习策略的能力;激发学习者的学习动机、自信心,树立正确的学习观念;加强学习责任感,提高自主学习能力"。[①] 自主评估的工具和材料主要有学习者档案(learne profile or portfolio self-assessment)、学习者日记(learner diary)、调查问卷(questionnaire)、项目

---

① 李静:《建设语言自主评估材料提高语言自主学习能力》,《外语界》2006年第3期。

清单和量表（rubric or checklist）等，但基于课堂学习的自主评估主要是借助项目清单和量表来评估的。

这样，在学生周围就形成了基于个体内部的评价反馈和外部的评价反馈相结合的全程性学习目标评价反馈循环过程。教师、同伴、学习共同体成员的评价是学生个体外部的评价反馈，学生个体的评价是学生内部的评价反馈。外部评价反馈发挥促进或延缓的作用，内部评价反馈发挥决定性的作用。教师预设的教学目标是评价反馈的起点，学生在以教师既定的学习目标、学习内容、学习方式进行活动的过程中，根据自己的知识、经验、技能、价值观、动机等来解读教学目标、教学内容、学习方式及要求，制定适合自己的学习进程和策略，并自我监控，以缩短自身的学习现状与学习的目标要求之间的差距。同时，在学生的学习过程中，教师和同伴对学生个体的学习也进行着即时的评价反馈。个体就是在外部和内部两个评价反馈系统的促动下不断地协调目标和实现目标的手段，从而不断地缩短自身现状水平和学习目标之间的距离，促进自身的进步和发展的。

2. 评价反馈的要求

（1）评价反馈的内容要明确具体

Sadler指出，学生从评价反馈中受益的评价有三个特征：一是清楚什么是目标；二是把自己的实际水平与目标对照；三是采取合适的方法靠近目标。任何有效的教学评价反馈都必须以明确具体的教学目标为前提。对教师而言，要制定明确的教学目标，提高反馈信息的质量，以保证学生能够理解，能够操作。同时，要培养学生的自主评价能力。对学生而言，要明确教学目标，通过教师反馈的信息找出自己的学习现状水平和教学目标要求之间的差距，寻找达成目标的策略，努力缩小自己与目标的差距，提高自我评价的能力。[1]

（2）培养学生的自我评价能力

形成性评价的目的之一就是让学生形成自我评价的能力。教师过

---

[1] Sadler, D. R., Formative Assessment and the Design of Instructional Systems, *Instructional Science*, No. 1, 1989, pp. 119–144.

多的评价反馈往往会使学生产生依赖性、抵触感,从而制约学生自我评价能力的有效形成。形成性评价全程反馈循环模式就是要培养学生基于教学目标有效生成的自我监控能力、自我调适能力,从而实现"教为不教的目的"。因此,教师不仅要给学生提供高质量的反馈信息,而且还要帮助学生明确学习目标、评价标准,与同伴、与共同体交流的价值,促进学生自我评价,提高学习效率。

(3)创设学习共同体

建构学习共同体不仅为了促进学生的合作学习,而且还能通过学习成员之间的交流对话,实现对对方的学习结果、策略、表现等进行评价的目的,从而使学习者不断地对学习目标、学习策略、学习表现等进行认知与协调,进而更好地实现学习目标,获得成员的认可,形塑自己在共同体中的地位与身份,加速个体的社会化进程。因此,创建适于学生学习的共同体,协调共同体成员制定资源分享与活动的规则,形成学习合力,对于学习目标的有效生成具有重要的意义。

小　结

语文教学目标有效生成涉及教学目标、教学内容(教学资源)、教学活动、教学情境、教学评价等多个因素,但是,这些因素仅仅是教学活动过程展开的构成要素,它们的质量、功能如何还需要在教学过程中根据活动的需要进行实践检验。而实践检验的主体有教师和学生,学生隐藏在活动中以活动者的身份出现,并贯穿于整个教学过程中。但是,学生是未成熟者,他们的正常的顺利的学习活动还需要教师的指导和帮助。因此,教学中教师是教学过程诸要素最具有检验资质的主体,在学生的学习过程中,教师通过观察、判断、协调,从而使教学过程诸要素发挥最大的功能,促进教学目标的有效实现。教师是否真正具有对教学过程诸要素的检验资质,还需要对教师这一主体在教学过程中使用的教学策略进行考察。

第三章 语文教学目标有效生成的教师策略

教师以学生为主体预设教学目标、教学内容、教学活动、教学情境、教学评价等教学过程诸要素,为学生的学习创造了优质的课程通道,但是,教师的教学预设也会因为教学过程中的个别要素的变异而发生"改变",从而使教学过程的有序状态被打破,引起教学过程的重构。教学过程中的个别要素发生"改变",既有积极的一面,又有消极的一面,而教学则是始终向着积极的一面发展的。根据教学过程进展的需要,教师有时也需要打破原来的教学组织过程,使之重构,以使教学系统发挥更大的功能效应。总之,以学生为主的学习过程需要教师给予高度的关注,不断地协调教学过程各要素及其进程以保障学生高效的学习状态。因此,优化教师的教学策略,发挥教师对教学过程及其要素的监督、调控功能,促进语文教学目标的有效实现,是非常重要的事情。

一 教学监控:语文教学目标有效生成的教师策略

(一)教学监控:教师教学功能的转向

教学监控是教师为保证教学成功、达成预期教学目标,而在教学全程中将教学活动本身作为意识的对象,不断地对其进行积极地、主动地计划、检查、评价、反馈、控制和调节的过程。[①] 在传统的教学

---

① 辛涛、林崇德、申继亮:《教师教学监控能力与其教育观念的关系研究》,《心理发展与教育》1997年第2期。

中，教学监控主要强调教师对自身为主的教学监控。主要包括三个方面：一是教师对自己教学活动的事先计划和安排的监控；二是教师对自己实际教学中的活动过程进行的有意识的监督、评价和反馈；三是教师对自己的教学行为进行的调节、校正和自我控制。这种教学监控是以教师为中心的。随着21世纪新课程改革的推进，强调教师的教学方式应该由教师的"教"向学生的"学"的教学方式的转变，教师的教学监控内容也相应地由以"教"为主的教学监控转变为以"学"为主的教学监控。监控主要包括三个方面：一是教师对教学活动的事先计划和安排的监控，包括根据语文课程标准、教材、学情而制定的教学目标、教学内容、教学活动、教学情境、教学评价等；二是对教学过程中的各要素，如教学目标、教学内容、教学活动、教学情境、教学评价，及其教学过程中各要素关系的监控；三是教学过程中对自己的监控，这里主要是教师对自己制订的教学计划、教学过程中的各要素及其关系的反思，即自我监控。这种教学监控涉及教师、学生、教学内容和教学过程等方面的各要素及其关系，几乎囊括了所有涉及教学效果的影响因素，从而能够促进以目标为导向的语文教学活动的有效开展，提高教学效率。

　　教师教学监控的理论主要有两方面：一是言语自我指导理论。其代表人物是前苏联著名心理学家维果斯基。他认为个体能够通过内部言语对其行为进行控制和调节。内部言语自我监控发展的水平和深化有待于个体对外界言语的反应和内化，外界环境中的言语对内部言语自我发挥着重要的指导作用。个体也正是在社会性的交往过程中通过对外部言语的反应不断地形成指导自身行为的内部言语的。二是社会认知理论。它从行为、环境和个人的内在因素三个方面的相互作用上来解释个体行为的产生。该理论认为个体的行为受主体的社会认知影响和制约。主体的社会认知主要有两类，即结果预期和效能预期。结果是行为的目标，效能是行为的效率。研究表明，结果预期和效能预期主导着监控的观念、思想和行为，对监控能力具有直接的决定作用。此外，教师个体对教学活动都有自己的认知，特别是教师的元认知，这使得教师能够及时地调控自己的教学思想、观念和行为，从而保证对自身和教学整个过程的监督和调节，提高教学效率。

(二) 教师教学监控内涵的拓展性理解

关于监控理论，福柯在其"全景敞视"理论中对此进行了比较详细地论述，他说："只要有注视的目光就行了。一种监视的目光，每一个人在这种目光的压力下，都会逐渐自觉地变成自己的监视者，这样就可以实现自我监禁了。这个办法真是妙极了，权力可以如水泻般得到具体而微妙的控制，而又只需花费最小的代价。"① 这是从规训与被规训的权力关系角度来看待监控的。在现实生活中，为了实现某种目标，也需要一种持久的可洞察一切的无所不在的监控手段，监控目标实现的进程，一直到目标最终实现或者目标趋向实现的终结过程。监控带有强烈的权力色彩，常常体现为一方对另一方的规训与被规训的强制关系。但是，随着权力不断地下放及其大众化，权力由原来的规训与被规训的紧张关系正在得到调整和缓解。在教学中，教师的监控不只是监督控制，还有一种协商的意蕴，即在监控的基础上与学生进行协商，在协调的前提下进行监控，从而达成既定的教学目标。因此，教师教学监控具有监督控制和协商两个方面的内涵。

1. 教学监控是对学习秩序、学习进程、学生发展的监督和控制

首先，教师教学监控是对有效学习秩序的维护。教师教学的过程同时也是组织管理的过程。这主要体现为教师对教学和学习秩序的维护，即纪律的维持。因为教学不是一对一的个别教学，也不是所有师生都能够统一行动的教学，而是具有不同个性和特长差异的学生组成的群体，以班级或群体的形式进行的有组织、有计划、有目的、步调一致的学习过程。由于教学系统的各种因素及其非教学系统中的其他因素的影响，教学秩序常常面临着被干扰的危险，从而制约着教学过程的正常进行。如果要保障教学目标有效达成，最重要的就是要维护和保障学习过程的顺利进行。没有对教学秩序的维护，学习就不可能

---

① [美] Wallerstein, I. 等：《学科·知识·权力》，刘健芝等译，生活·读书·新知三联书店1999年版，第97页。

第三章 语文教学目标有效生成的教师策略

正常顺利进行,所以一定意义上可以说,教学就是管理。从福柯的微观权力的角度看,权力无处不在,无论教师和学生他们都有各自的权力,并且随着个体的思想和活动的进行,权力每时每刻都在被制造出来,但个体权力的运用就有可能影响他人,因此,教师就需要对影响他人的学生的个体权力的运用进行约束和限制。我们常说学生是被管理者,其实,在很大程度上是因为学生的个体权力使用超过了其应有的边界,影响干预了他人的或群体的正常活动——权力的运用。苏霍姆林斯基说:"对学校的领导,首先是教育思想的领导,其次才是行政的领导。如果想成为一个好校长,那么首先就得努力成为一个好的教师,好的教学论专家和好的教育者。只凭某种特殊的行政领导才华是不会取得成功的。"[①] 其实,对教师也一样,教师对学习秩序的维护也不是仅仅依靠其教育者的权力进行的强制性的纪律维护,而是依靠教师的教育思想、教学知识、教学专长、教学人格等方面的特殊才能进行维护的,然而这并不能完全排除教师权力对学习秩序的维护和保障。

维护学习秩序就是保障学习者良好的外部学习环境,协调学习者之间的和谐关系,使之和睦相处、相互帮助,通过自主合作探究达成学习目的,同时,在学习过程中学习者通过与他人分享、理解和沟通的学习活动中提高学习效果,加速个体的社会化进程。

其次,教师教学监控是对学习进程的监控。教学是一个过程,是教学目标实现的进程。根据加涅的教学原理,任何教学目标的实现都至少包括九个教学事件,这些教学事件按一定的顺序形成教学流程。一节课至少有一个教学目标,那么课堂教学过程就是由实现目标的众多的教学事件形成的复杂的流程。教学事件和教学事件之间的过渡、衔接就成为教学目标有效生成的节点。它需要教师对教学事件及其事件之间的关系了解、把握,并及时指导、协调。同时,教学活动开展之前教师制定的教学目标、教学内容、教学活动、教学情境,甚至教学评价等都是预设的,这是符合课程标准要求和理想的学情需要的,

---

① [苏] 苏霍姆林斯基:《给教师的建议》,杜殿坤编译,教育科学出版社1984年版。

但是仍然无法保障它对具体学生的个体适应性。因此，在为学生预设的这种课程通道上，教师虽然退出了带领学生穿越课程通道的"领头羊"的职责，但是，在学生穿越这种课程通道的过程中教师对其进程进行监控，指导学生发现问题、解决问题的职责是必须承担的。也就是说，新课程改革要求教师从传统的以教授为主的教学角色中淡出，进入现代的以组织、引导、促进的非指导性教学角色，为学生的自主合作探究学习提供学习资源、学习方法、学习过程、学习观念等方面的指导和帮助。

学习是以学习者为主的学习，教学在很大程度上具有了个性化的特色，随之要求教师对学生进行个性化的关注、指导，因此，教师对学生的监控就不仅仅是整体性的学习监控，关注大多数学生的学习，而且也必然关注个别学生，甚至特殊的学生，教师的监控视野由原来的精英化关注转变为大众化关注，由关注智力技能优秀的学生转变到同时关注优秀和非优秀的学生。对学生的指导也由原来的指导"高""精""尖"的知识技能策略的学习，转变到从一般的知识技能策略的学习到"高""精""尖"的各种层次的知识技能策略的学习指导。这实际上是加重了教师监控的难度，增加了监控的劳动量，进一步提高了教师监控的责任和义务。

最后，教师教学监控是对学生发展进展的洞察。语文教学目标的有效生成是学生个体的语文教学目标的有效生成，它强调学生个体对教学目标的有效实现。但由于学生个体的知识技能、兴趣爱好、学习速度等各有差异，学生对于教学目标的达成度也就有了区别。根据学生个体的实际进展情况提供恰当的学习方法，适宜的学习内容，使之达到最低发展要求，并且使优秀者获得充分自由的发展，这也就成为教师通过"全景敞视"所要必须承担并完成的责任和义务。

对学习者发展进展的洞察包括学生自身的个性生理和心理特质、发展现状、发展的最大可能性等方面。个性生理和心理特质是基础，发展现状是前提，最大发展可能性是理想。正是有了对学生个体的发展进展的洞察，语文教学目标的有效达成才变得清晰透彻，有把握，有保障。正如芬兰的教育一样，可能正是出于对学生的发展进展情况的洞察，芬兰的中小学教师有时宁愿让优秀的学生"等待"，也要为没有达到目标的学生补习教育，使之最终合格，达到国家的最低发展要求。布卢姆的掌握目标学习理论也充分地说明，只要给予充足的时间，一般的学生都能够达成学习目标。而这要源于教师对学生个体的洞察，源于教师对教学整个过程的"全景敞视"。

2. 教师教学监控还蕴涵着一种协商意义

教育是促进学生个体的发展，使之不断地适应社会发展需要的活动过程。但由于个体的发展意向并不总是和社会的发展要求完全一致的，因此，教育从目标、内容、活动、评价等方面对学生的规训功能也就在所难免。也正是教育发展的社会要求和个体的发展需要之间存在的差异，导致教育与个体之间存在着不断地规训与被规训的关系，从而不断地促进个体的发展和社会的和谐发展。规训是一种权力，被规训是对权力的服从，但随着民众的觉醒和权力的逐层下放，规训者与被规训者之间除了强制服从与被强制服从外，还增加了协商服从的内涵。也就是说，规训和被规训双方通过某种形式的沟通协商达成某种共识，规训一方的强制服从权力进一步削弱，而被规训一方的主动执行权力得到加强。教育也正是由代表教育发展方向的教师对学生发展的强制规训开始转向师生和谐沟通协商，从而促进学生个体自觉地主动地积极学习，实现个体的有效成长。

教师通过协商只是更好地解决教学矛盾，使学生能够理解、接受、实践教育的目标任务要求，参与教育活动，实现教育的价值，促进个体的成长。在这种情况下，师生协商就意味着教师倾听学生的心声、尊重学生的选择、协调多种关系。

首先，倾听学生的心声。语文教学目标有效生成的主体是学生，学生的情感态度与价值观决定生成的效果，生成的过程。从主体的角度看，学生对教师预期制定的教学目标、教学资源、教学活动，甚至教学评价都有参与权。因此，在教学准备、教学实施、教学评价过程中教师倾听学生的心声，发现学生的需要，制定符合学生实际的教学目标、学习资源、活动策略、教学评价等，有利于语文教学目标的有效生成。况且，倾听并不仅仅是了解认知学生，更好地促进学生的发展，而且还能够通过倾听，从学生这面"镜子"中"鉴出"教师的形象，发现问题解决问题，不断地提高教师自己的专业素养，与学生共发展同进步，实现教学相长。

其次，尊重学生的选择。教师倾听学生的心声，辨别学生的需要，根据学生的知识经验、认知结构、个性特征、发展需要等，制定符合学生需要的个性化的教学目标、教学资源、活动策略、学习评价，这是尊重学生的表现。同时，尊重学生也不仅意味着教师替学生选择决策，更应该让学生自己选择决策，指导学生选择决策，这是学生学习的需要，发展的需要。在国家规定的语文课程与教学的最低最基本的目标要求框架内放手让学生自己选择决策、确定学习目标、使用资源、开展活动，不仅能够促进学生学习的兴趣，而且还能够提高语文教学目标生成的效率。更深入地说，选择决策是时代发展为人的个性化发展提出的必然要求，作为从事教育的教师更应该为学生个体的发展搭建平台，促进学生的个性化发展。

最后，协调多种关系。从时代发展的要求看，促进学生发展最需要的是为学生搭建参与实践的学习共同体平台。这能为学生的语文知识技能、情感态度与价值观的建构创设情境，也能为学生的社会化发展搭建实践平台。正如复杂的社会关系一样，学习共同体成员之间的关系也非常复杂，这就要求教师利用自己"闻道在先""术业有专攻"的优势引导学生处理好各种关系，使之能够在群体的帮助下全面发展他们的语文素养，促进语文教学目标的有效生成。

二 教师教学监控的实质与意义

（一）教师教学监控的实质

在教学中教师对学习秩序的维护、对学习过程的监控、对发展进程的洞悉，表面上是对学习情境、学习过程、学习效果的监督过程，而实质上则是教师为促进学习而不断地进行的教学决策的过程。

第三章　语文教学目标有效生成的教师策略

教师教学决策是教师为了实现教学目标或完成教学任务，根据自己的信念、知识和教学实践，形成的最佳教学方案或策略。之所以要进行决策是因为教学，特别是课堂教学和学习活动，是一个复杂的实践过程，教学目标与达到教学目标的手段等诸要素之间存在着多种变式，尤其是在当今建构主义教学语境下，知识的获得特别强调学习者个体的自我建构功能，这为达到教学目标，选择广阔丰富的教学资源提供了诸多可能性，也为教师不断地根据具体学情选择确定教学方案或策略，促进教学目标的有效达成，提供了可能性。教学方案或策略是对教学及其活动的假设，也可以称为教学决策。据研究，教师的教学决策分为教学计划决策、教学互动决策和教学评价决策三个方面。[1]

教学计划决策是教师经过充分反思、准备做出的教学判断或假设。它具有长期性、稳定性的特点，因而做决策要有充足的时空保障。教学计划决策具体包括教师对先前的教学经验的反思，对自身和学生以及对教和学的认识，对可以使用的教学资源及其背景的考察了解，对教学目标的确定，对课程内容的思考，以及对班级和学校的社会文化的理解等。教师对上述问题的思考主要包括：目标或主题的价值及其教育价值如何？学生的发展现状如何？二者之间如何建立联系？如何才能高效？等等。

教学互动决策是教师在教学计划中进行教学活动的决策，具有很强的即时性特征。它包括教学目标、内容、活动、情境、评价反馈等方面的决策。教学互动决策虽然从表面上看具有教学的常规性，而实际上，教学的常规性只是教学程序上的常规性，由于教学内容、学情、教学事件进展等因素具有很强的时间性、地域性、学情性等特点，教师的教学互动决策在课堂教学中就处于持续不断地"反应—决策"的循环往复的过程中。教学质量的高低优劣常常取决于这些决策的正确与否、及时与否、恰当与否。并且，课堂教学中由于时间在持续，活动在进行，学生在等待，这种实际的互动决策很少有充足的时空思考。

---

[1] 宋德云、李森：《教师的教学决策内涵构成及意义》，《课程·教材·教法》2008年第12期。

当然，好的教学互动决策不仅"锦上添花""雪中送炭"，而且还能发挥"杠杆作用"，撬动整节课堂的教学效果，甚至对后续的课堂教学都产生重要的影响。这种在教学活动中发挥良好教学效果的成功的教学决策也可以称为"教学智慧"，它是有效课堂教学中教师必备的学生需要的，而恰恰又是课堂教学比较缺乏的教学决策。

教学评价决策是在整个教学过程中为促进教学效能最大化，教师选择的评价自己的教学效果和学生的学习状况的一种决策活动。教学评价决策主要包括对教学评价方法的决策，对教学效果评价的决策及对学生学习评价的决策。

三种教学决策相比较而言，教学互动决策是教学决策的关键。它是教师受直觉的无意识的"非理智"因素的影响，伴随教学过程进展的"压力"而不知不觉地生成的，具有极强的即时性、情境性特征，直接决定着教学效果的好坏。教学计划决策、教学互动决策和教学评价决策贯穿整个教学过程，并且不断地往复循环，直至教学过程结束。因此，教师的教学监控实质上就是教师制定教学决策、监督教学决策、调整教学决策的过程。

（二）教师教学监控的意义

1. 教师教学监控有利于提高教学的有效性

有效是教学永恒的主题。但教学有效与否，既取决于教师对教学目标、教学内容、教学活动、教学情境、教学评价的预期准备，又取决于教学过程中教师对以上各因素的恰当与否的判断和处理，教学过程中各因素的协调配合，取决于教师对教学全程的监控以及及时的教学决策。

首先，教学决策要正确。教学决策正确是有效教学的保障。传统的教学强调教师的"教"，教学决策主要强调教师对教学目标、教学内容、教学过程、教学方法、教学评价等方面的决策。决策的对象主要是"教什么""怎样教"，而不关注"学什么""怎样学"。这样的教学决策实际上只是片面地注重知识目标的学习而忽视技能和情感态度与价值观等目标的学习，最终影响人的全面发展。随着教学由关注

第三章 语文教学目标有效生成的教师策略

教师的"教"向关注学生"学"的教学观念的转变,教学决策不仅要关注教师"教什么""怎样教",而且还要关注学生"学什么""怎样学",把教和学结合起来,既保障"教"的有效性也保障"学"的有效性,从而最大限度地促进有效教学。这就需要教师在制订、选择、建议实施行动方案的同时,还要不断地分析教学方案和学生的活动,以及由此产生的预期的教学结果,使目标、方案与学生的活动相符合,制定正确恰当的教学决策。

其次,教学决策要合理。主要是教学决策要符合教师和学生各自的责任和义务,在其责任和义务的范围内。但实际上,教师的教学决策常常强调教师"教"的决策,而忽视学生,特别是学生个体"学"的决策。由于教师是专业上的成熟者,他们常常从成人而不是从实际学习者的角度设想学习时空、学习方法、学习过程,造成学习者学习的个性化缺失。同时,由于教师对学生的学习特征的认知不充分,在教学过程中教师常常超越教师"教"的责任和义务,缩减学生"学"的责任和义务,替代学生学,压缩、改变学生学习的过程,进而影响了学生学习的有效性。因此,教师的教学决策要关注并尊重学生的学习态度、认知和行为习惯,保障学生的学习符合其需要,符合其学习规律。

最后,教学评价决策要及时。教学评价是学生对学习目标达成与否的判断。教师是学习目标的制定者、裁定者,学生通过学习是否能达到目标要求,需要教师判断反馈。就教学目标的实现而言,教师和学生之间的关系有点像运动员和裁判员的关系,教师需要及时地对学生学习目标达成的速度、效果、质量,个体表现、使用手段等进行反馈,提供建议,进而促进高速度、高质量的有效学习。这样,就需要教师选择恰当的学习评价方法,选择确定最佳的评价时机。

2. 教师教学监控有利于教师专业成长

教师对整个教学过程的监控就是用自己的知识、经验、技能、技巧,结合学科教育需要、学生和社会发展的实际等,做出决策,促进学生发展,实现教学目标的过程。在这一过程中,教师对自身的知识、经验、技能、技巧的运用,对学科、学生和社会发展实际的判断与决策等，都体现了教师的专业知识、技能和策略。同时，由于教学过程、教学对象是一个动态的、不断发展变化的过程，教师的专业知识、技能和策略也在不断地整合、重组，不断地形成新的专业知识、技能和策略，以满足教学需要。因此，教师教学监控的过程一定程度上既是教师的专业理论知识实践化的过程，也是新的专业理论知识增长的过程。

就教学目标的有效实现而言，教学过程就是教学问题解决的过程。在这一过程中，教学问题不断地出现与解决，也就需要教师不断地通过实践、反思、再实践、再反思，以至于往复循环的过程来提高应对教学问题，引导学生处理教学问题，进而促进学生发展的能力。教学中，教师的专业知识和能力提升的过程就是教师的专业成长的过程，只不过，教师的专业成长是教师通过亲身实践自觉实现的，是教师教学监控的附带性成果，与专业化的教师教育相比，教师教学监控能力的发展与成长之于教师的专业成长更具有针对性、必要性。

三 教师教学监控能力的优化策略

教师的教学监控能力培养并不像福柯所说的那样，可以通过特定的建筑物结构辅助短时间内就能培养出来，而是需要教师长期地不断地培养、提升，使看不见摸不到的教学监控素养通过教学事件逐渐呈现出来。教师的教学监控能力需要从教学信念、知识结构和教学决策三方面来培养。

（一）提升教师的教学信念

教学信念是教师自己确认并信奉的有关教学的思想、观点和假设。它涉及教师的心灵世界，是教师有关"教学的自我内部景观"。[①] 教学信念是教师由认知到情感态度，再到价值观转化的过渡。教学信念分为直觉和理性两部分。直觉的教学信念包括经验、传统及个体的需要等；理性的教学信念包括教学基本原理、先进的教学理论、科研及被

---

① 郭晓娜：《教师教学信念研究的现状、意义及趋势》，《外国教育研究》2008年第10期。

验证过的实践经验等。具体包括关于课程与教学的信念、关于学生及学习的信念、关于教师的信念、关于教学环境的信念。从信念取向的角度看，教师的教学信念分为以知识传授为主的教学信念和以学生的学为主的教学信念。前者强调教师传授既定的、明确的、经典的学科知识，教师是知识传授的主体，学生是知识记忆再现的主体；后者强调在教师的引导下，以学生的学为主体，学生自主建构知识，培养能力。

研究表明，教师的教学信念在进入大学教育阶段之前就已很好地形成了；某种信念愈早进入某人的信念结构，那么要改变这种信念就愈困难；个人发展的信念系统包含所有通过文化传递而获得的信念；成人改变信念是相对稀少的现象，最普遍的原因是从一种权威转变到另一种权威，或者整体转变，皆面临着极大的复杂的心理、社会和文化方面换位的困难。[①] 但面临时代的发展和频繁的教育变革，教师的教学信念转变是必然的、必须的。

教学信念是"教师教学实践的指示器"，[②] 是教师教学行为背后的力量支撑，制约着教师对课程与教学的功能与发挥，是有效教学的重要保证。就具体的教学目标实现而言，教师的教学信念涵盖教学目标、教学内容、教学活动、教学情境和教学评价的选择、确定和使用，教师的教和学生的学等。因此，无论是提高教学效率还是适应教育变革，教师都需要不断地提升教学信念。这里仅仅从三个方面论及教师教学信念的提升问题。

1. 提高课程意识，促进教师功能发挥

课程意识是教师的一种专业意识，属于教师教育领域的社会意识范畴。[③] 它是教师对课程系统的基本认识，是对课程设计与实施的基本反映，包括教师对课程性质、课程结构与功能、特定课程的性质与

[①] Pajares, F., Teachers' Beliefs and Educational Research: Cleaning up Amessy Construct, *Review of Educational Research*, 1992, pp. 62, 307-332.

[②] Thompson, A. G., Teachers'Belief and Conceptions: A Synthesis of the Research, In D. A. Grouws (ed.), *Handbook of Research on Mathematics Teaching AndLearning*, New York: Macmillan, 1992, pp. 127-144.

[③] 郭元祥：《教师的课程意识及其生成》，《教育研究》2003年第6期。

价值、课程目标、课程内容、课程学习活动方式、课程评价、课程设计、课程实施等方面的基本看法、核心理念，以及课程实施的指导思想。课程意识作为一种观念的存在，它隐藏于教师的言行之中，成为指导教师教育教学行为的"课程哲学"。

课程意识支配着教师的教育理念、教育行为、角色扮演，乃至教师在教育中的存在方式和生活方式。没有明确的课程意识，教师就会把课程视为一种"法定的教育要素"或"法定的知识"系统，忠实的实施课程，而不对课程系统进行灵活地调整重组；具有明确的课程意识的教师则从自己对课程的独特理解出发，从课程目标、课程内容、课程评价等维度整体规划教育教学活动和行为方式，通过调适或创生实施课程，把自己变成课程的动态生成者。

其实，课程从制定到实施都要经过"是什么""为什么""如何做"三个基本问题的思考。"是什么"是对课程本质的思考，强调教师对课程系统的最基本认知；"为什么"是教师对课程的一种价值取向、信念和态度倾向，并在实践中通过反思监控课程实施；"如何做"是在课程的价值判断、价值取向、信念和态度倾向的范式下，对如何有效地进行课程决策、设计、开发、实施、评价等一系列活动的设想和执行，是实现课程目标的过程。[①] 忠实性的实施课程和调适性或创生性的实施课程是课程实施的两种不同取向，二者本无优劣之分，但是，就课程的有效实施而言，尽管法定的课程具有广泛的普适性、国家规范性，也必须根据具体地域、具体学情适当地进行调适，以最大限度地保障课程落实的效度和信度。因此，提升教师的课程意识是十分必要的。

就语文课程的有效实施而言，要提升语文教师的课程意识就要注意以下几点。

首先，注重教师对语文课程的认知与理解。语文教师如何看待语文课程的本质和价值，就直接影响着他们的教学观、教学质量观以及

---

① 李茂森：《论教师的课程意识及其分析框架》，《宁波大学学报》（教育科学版）2008年第4期。

教育评价观。中小学语文教师的教育主体是师范院校,但是,随着大量的非师范生通过国家教师资格考试进入中小学教育行业,语文教师群体的总体构成发生了变化,造成教师的课程意识在总体上呈弱化趋势。因为非师范院校毕业的语文教师没有接受过系统的教师专业教育,他们一般都比较缺乏系统的学科课程与教学专业知识,所以,他们的课程意识比较薄弱。即便是师范院校毕业的语文教师,在校期间接受过学科课程与教学专业教育,对课程与教学有相当程度的理解,但由于受传统教育观念的影响,他们侧重掌握教学知识而淡化课程知识。因此,无论师范毕业还是非师范毕业的语文教师他们都对学科课程知识关注不足,这就不仅影响了他们对课程的性质、功能、内容和实施的认知,而且也制约了他们课程开发、建设与实施的角色功能的发挥。提升语文教师的课程意识最重要的是使教师真正认识了解把握课程知识的价值和意义,使之了解语文课程的性质、价值、内容、实施、评价、资源等基本知识,从思想观念上区分语文课程与语文教学,为发挥正确的课程角色功能奠定基础。

其次,引导语文教师参与课程开发与建设。课程开发与建设不仅是课程专家和教材编制者的分内之事,也是教师的应尽之责。我国21世纪初的基础教育课程改革实行了"国家—地方—学校"三级课程管理政策,要求学校教师可以根据本校本班学情和教学需要开发课程,满足课内、课外学生学习的需要。同时,语文课程标准也提出了"建设开放而具有活力的语文课程"的理念,打破了传统教学只强调教师实施课程而不参与课程开发和建设的观念。教师在参与课程开发和建设的过程中逐渐加深对课程的理解,提高课程开发、建设与实施的课程意识和能力,不断提升课程参与的主动权、决策权,从而改变课程实施"照章执行""教教材"的机械、呆板、僵化的教学思想和行为,能提高课程实施的有效性。

最后,提升教师的课程批判意识。批判意识也是反思意识,是教师在与课程接触,参与课程开发、建设与实施的过程中,对课程的性质、目标、内容、实施、评价等进行价值判断与反思,不断提升课程认知，进而有效实施语文课程的过程。课程理论之父泰勒为课程开发和建设提供了相对比较稳定的框架：即"（1）学校应该达到哪些教育目标？（2）提供哪些教育经验才能实现这些目标？（3）怎样才能有效地组织这些教育经验？（4）我们怎样才能确定这些目标正在得到实现？"[①]这既是课程开发与建设的框架，也是课程批判反思的框架，教师只有据此认真反思才能弄清课程制定的真正目的和实施的最佳方案，同时，也会自觉地对课程开发和建设进行不断地修改调适，以保障课程内容的最佳呈现和实施。

2. 强化"教"学生"学"的意识，明确教师的角色定位

课程意识是教师从课程层面了解认知课程的本质、目标、内容、实施与评价，是基于课程价值取向上的理性审视，是理解把握课程，其目的是指导教学层面的课程实施，即教学。教学意识是教师对教学的敏感性和自觉性程度。[②]它关注的重点是教学目标的实施规划、实施过程、实施结果及效率。如果说课程意识是课程层面对课程（教学）目标的价值进行理性审视的话，那么，教学意识则是教学层面对教学目标的实现策划；课程意识注重课程目标实施的过程价值与结果价值的统一，而教学意识则注重的是教学的结果，即课程的实施效果，至于教学中达到目标的实施手段则不是教学层面重点考虑的问题。因此，教学意识和课程意识是有很大差异的。

课程蕴含着教学的目标与规程，如果不把握课程，教学就可能失去方向。要保障课程目标的有效落实，就需要具备正确的课程意识，并以之指导教学，形成正确的教学意识。然而，教育实践中教师常常忽视课程而只关注教学，致使课程与教学分离，导致教学常常发生某种程度的偏向，甚至失误。就语文教学目标有效生成的过程来看，教学目标实施偏颇、教学内容与教学资源分离、教学中学生的学习活动不足、教学评价节略等，都是教学意识脱离课程意识走向极端化造成的。因此，需要以课程意识纠正教学意识的不足，这是教学意识重建

---

① ［美］泰勒：《课程与教学的基本原理》，中国轻工业出版社2008年版。
② 吴刚平：《课程意识及其向课程行为的转化》，《教育理论与实践》2003年第9期。

第三章 语文教学目标有效生成的教师策略

的关键。

此外，教学意识还要注重"教"学生"学"的意识，明确教师的辅助、促进的角色。在教学中语文教学目标是灵魂，学生是主体，主体之于目标的实践活动则是语文教学的关键。因此，语文教学目标有效生成的过程中教师"教"学生"学"的意识是教学意识的核心。

后现代知识观认为，知识不再是客观的、确定的、价值中立的，而是主观的、个体的、不确定的，它是主体在与学习对象接触的过程中，通过主体自我建构，逐渐生成的。同时，由于知识爆炸、新技术的出现、第三次工业革命的来临，人的学习内容和方式发生了革命性的变化，不仅学习目标内容由传统的一般性的知识学习向核心知识学习转变，由一般性的能力培养向关键能力培养转变，而且学习方式也由传统的注重教师"教"的方式向倡导学生"自主、合作、探究"的学习方式转变。教师只有意识到这些变化，才可能在教学中使学生获得核心知识，培养关键能力，形成必备品格，学会学习。教师只有正确地认知课程与教学的区别与联系，明确了教师在教学中应该做什么而不应该做什么，学生应该做什么而不应该做什么，形成正确的教学意识，才能正确地发挥教师的角色功能，促进学生的发展，促进教学目标有效生成。

伯曼（Berman，1981；Funan，1991）认为教育改革一般涉及三个阶段：①发起，开发，或采用；②实施或使用；③制度化及其他结果。富兰（Funan，1982）指出课程变革由以下三个阶段组成：①发起或启动阶段；②实施或最初使用阶段；③常规化或制度化阶段。[1] 无论伯曼的教学改革还是富兰的课程变革其第三阶段都明确地强调变革的"制度化""规范化"，实际上是强制教师务必遵循课程改革的要求，按课程规范实施教学，强调基于课程规范的教学意识的形成。21世纪初，我国的新课程改革的制度化、规范化之一就是强调学生的学习主体性，要求教师把学生放在教学的主体地位，充分强化了教师教学生

---

[1] 李子建、尹弘飚：《后现代视野中的课程实施》，《华东师范大学学报》（教育科学版）2003年第1期。

"学"的教学意识。

教师要形成教学生"学"的教学意识,不仅要建构学生主体的教学观念,更重要的是建构学生学习共同体,要促进学生积极地参与学习共同体,通过与他人协商分享学习获得知识,培养能力,加速个体的社会化。

3. 凸显教师的责任意识

教师的教学信念由以知识传授为主的教学信念转变为以学生的"学"为主的教学信念,使教师由关注以知识为主的教学转向关注以学生的"学"为主的教学。教学中教师不仅关注传授给学生的知识技能,而且更要关注学生获得知识技能的活动;不仅关注学生获得知识技能的活动,而且关注学生的生命发展;不仅关注学生个体之全面发展,而且更关注学生全体之全面发展。因此,教师需要强烈的责任意识。

教师的责任意识包括两个方面,一是教师"教什么","如何教"的责任意识。教师要注重教学目标、教学内容、教学活动、教学情境、教学评价等是否符合学生的发展需要,为学生选择、设计适合其自身的目标、内容、活动方式,促进学生的发展,促进教学目标的有效生成。二是教师务必促进每个学生的全面发展的责任意识。教师的教学信念也是关注每个学生的全面发展的信念,正是每个学生的全面发展形成了全体学生的全面发展。因此,在教学中教师要关注每个学生,并践行于日常教学常规。

(二) 重构教师的知识结构

对于教师的知识结构不同的研究者有不同的划分。美国著名的教育家舒尔曼(Shulman)把教师的知识划分为学科知识、普通教学法知识、课程知识、学科教学知识、学习者及其特点的知识、教育背景的知识、教育目标和价值的知识及其哲学和历史背景的知识等。[①] 美国"国家教师测验"(National Teacher Test)机构从掌握知识的角度对教师的资格进行考察,把教师的知识分为:①一般性知识基础(general

---

① Shulman, L. S., Knowledge and Teaching: Foundations of New Reform, *Harva Educational Review*, Vol. 57, No. 1, 1987, pp. 12 – 22.

knowledge），即教师的一般文化背景，如语言、文学、数学、社会科学、自然科学等方面的知识；②教与学的基础知识（teaching professional knowledge），包括：教育学心理学的基本知识，儿童心理发展规律、动机、学习的本质、学业评价的知识等，关于教与学的原则和实践的知识，如课堂管理、调动学生的积极性的知识等；③学科知识（subject matter knowledge），即教师对于所教学科具有的知识，主要包括26个学科的分科知识。[1] 国内学者林崇德将教师的知识分为：本体性知识（subject matter knowledge）、条件性知识（conditional knowledge）、实践性知识（practical knowledge）和文化知识（cultural knowledge）。[2] 还有其他学者的研究。

但从真正发挥教学效用的角度看，教师的教学知识应该包括学科知识、一般教学法知识、学科教学知识、学生的知识、情境的知识、其他文化知识等。因为在我国的教学语境中，教师教育存在着关注学科知识而轻视一般教学法知识，关注学科教学法知识而轻视学生的知识和教学情境的知识的现象，造成了教师的教学知识结构不完整的问题，严重影响了教师的有效教学。

此外，教师的教学知识也普遍陈旧，在对教师的访谈中发现，教师的教学法知识、学科知识一般都是师范教育时期获得的基本知识，比较陈旧；在职教育中教师的教学法知识、学科知识比较松散，飘移，实用信念不强；关于学生的知识、教学情境的知识基本上都是教师自己的教学经验积累而来的，并且缺乏足够的使用信心。因此，在新的知识观、教学观、课程观转变的情况下，知识的性质和学习方式都发生了改变，教师的教学法知识、学科知识、学生的知识、教学情境的知识等知识结构内容如果得不到及时更新，教师就无法贯彻新的课程和教学理念，正确有效地实施新课程改革，新的教学目标有效生成也必然不能顺利实现。

---

[1] 宋德云：《教师教学决策研究》，博士学位论文，西南大学，2008年，第69页。
[2] 林崇德：《教育与发展——创新人才的心理学整合研究》，北京师范大学出版社2002年版，第231—234页。

就教学目标的有效实现而言，教师在制订教学计划的过程中，会自觉地运用教学知识对教学目标、教学内容、教学活动、教学情境、教学评价、学生等进行监控，做出计划决策；在教学活动过程中，教师会运用教学知识对以预期教学目标为核心，以学生为主体的活动过程进行全程性的教学监控，并根据需要做出恰当的决策，使教学过程正常进行；在教学结束后，教师会运用教学知识对基于教学目标的学生学习的过程表现及其结果进行评价反馈，以明确或引导学生的后续学习活动。总之，教学知识是教师教学工作的手段，没有全面完整的教学知识，教师的教学工作就无法顺利开展，基于教学目标有效生成的教学就无法真正实现。因此，无论从新的课程改革的角度还是有效教学的角度，教师的教学知识都需要知识结构和内容的更新和重构。

1. 开展多种形式的教师培训，及时更新教学知识结构和内容

教师教育是教师从事教学工作的保障。教师的教育培训方式是多种多样的，除学校正规的教育培养外，相关政府教育机构为提高教师的学历、教学素质提供了国家、地方、校本等多种形式的在职培训，为教师的专业知识结构和内容的更新提供了重要的保障。

但是，无论是正规的学校师范教育，还是各种形式的在职培训，到底能否真正帮助教师重构教学知识的结构和内容，还要看师范教育院校和在职培训单位的课程设置和教学内容。如果课程设置和教学内容是陈旧的、过时的，即便有更多的教师教育和培训也对教师的专业知识结构和内容的重构无济于事。因此，师范院校和教师培训单位要根据时代发展的需要，及时地调整教师教育专业的课程结构，不断地更新课程内容，为教师的专业知识结构和内容的重构提供资源支持。

此外，教师聘用文件还规定了教学单位可以通过考试从非师范专业毕业生中招聘教师。这一定程度上能提高教师队伍的专业竞争能力，而且一定范围内能促进教师的教学知识结构和内容的重构。但是，非专业招聘而来的教师，他们的一般知识比较充足，而教学知识不足，因此，教学单位还需要对此类教师进行强化培训，使其学科知识、学科教学法知识、学生的知识、教学情境的知识等不断地提升，促进其专业知识结

构和内容不断地调整和更新，使之成为合格的优秀的学科专业教师。

2. 促进教师的教学反思

促进教师专业发展的最有效的方式是教学反思。教学反思是教师基于有效教学的角度对自身的教学知识结构和内容进行去伪存真、除旧布新的清理过程，有效的教学知识被强化、重组、丰富、拓展，无效的或效果不显著的教学知识被清理或压缩。

教学反思需要教师自觉地把教学实践与理论的学习和运用结合起来，因为教学反思不是单纯的教学实践的反思，而是在一定的知识理论的指导下，对一定的学科知识的教学进行实践反思。教学反思涉及的教学知识主要有知识理论、学科知识和教学经验。知识理论是指导教学的思想、理论、技术等，包括理论性教育知识、关于人的哲学知识、心理发展的知识等类别，这些知识是教师进行教学与反思的工具，没有这种知识指导的教学与反思，教学就无法有效地进行，教师也不会有所收益，这类知识可以称为工具性知识；学科知识即教授给学生的知识与能力、过程与方法、情感态度与价值观培养的目标内容，它源于学生学习的学科课程，是核心学科知识，是学生学习必要的符合时代发展的知识，可以称为目标性知识或内容性知识；教学经验是在工具性知识的指导下，把新的学科知识传授给学生的过程中获得的经验，包括教学什么、为什么教学、如何教学、教学如何等的知识，这类知识与知识理论是不同的，它是教师通过实践个体化、操作化的知识，具有很强的个性化、情境化特征，这类知识称为实践性知识。在当代基础教育课程改革之际，要促进教师的教学反思也必须首先使教师具备专业教学必备的知识理论和适应时代发展需要的新课程教学改革的理论、新的课程知识和足够的教学实践，否则教学反思无法进行。

教学反思主要是教师个体的反思，强调教师自觉地教学反思成为教师教育的重要的培养目标。此外，教师还可以通过学习共同体与其他成员协商、分享、交流、沟通，促进教学反思。因为学习共同体不仅能够对教师个体的教学反思进行共享、协商、辨别、深化，而且还能通过共同体成员的社会性认可提升教师反思的信念，改善教师的知识结构和内容，加快教师的教学知识的有效运用和反思周期，提升教学知识的质量和效益。

（三）培养教师的决策能力

教学监控并不仅仅是"监"，更重要的是"控"，即在"监"的同时进行价值判断，从而选择决策执行，以达到合目的的实践活动。它体现了教师洞察、判断、决策，执行决策的过程。这种决策是教师基于对教学过程诸因素及其过程进行全面监督的情况下，做出的洞察、判断、决策并执行的活动。这一过程缺乏任何一个环节，教学监控就失去了价值和意义。因此，提升教学监控能力就要培养教师的洞察力、判断力和决断力。

1. 培养洞察力

"洞察力"一词（perspective）的意思是"在实际的相互关系中洞察事物的实际的相互关系性，或是权衡事物的相对重要性"。洞察力强调知觉对象的特征。我国心理学家黄希庭将时间洞察力界定为，"个体对于时间的认知、体验和行动（或行动倾向）的一种人格特质"。[①] 强调洞察力是知觉主体自身的特征。其实，洞察有两种意思，一是看穿，观察得很透彻，洞察并能激发感情的源泉；二是发现内在的内容或意义，洞察事物的本质。洞察力是主体在与知觉对象交往的过程中，清楚透彻地把握对象特征和本质的某种胜任的倾向。

在教学领域，教师知觉的对象既包括教学前的计划，又包括教学中的师生互动，还包括教学后的教学反思；既包括洞察者自身，又包括学生及其他一切影响教学的因素。也就是说，教学中教师的洞察是"全景敞视"式的洞察，其目的不是展现教师的监控权力，而是通过监控促进有效教学，承担教师的应尽责任。由于条件的制约，教师对教学的洞察能力在不同的教学阶段有不同的要求。在教学计划阶段、教学反思阶段，教师能够有充分的时间和策略洞察其教学计划设想、

---

① 黄希庭：《论时间的洞察力》，《心理科学》2004年第1期。

第三章 语文教学目标有效生成的教师策略

教学准备活动过程、教学反思活动过程,这些阶段对教师洞察的敏锐性、灵活性、针对性要求都不高;而在教学过程中,教师的洞察则受特定时空、特定(学生)对象、特定教学进程等因素的限制,教师要快速知觉教学过程及其诸要素信息,综合判断各种信息,有针对性地制定教学对策,以保障有效教学,这一阶段的教学由于受时间、场所和事件发展进程的限制,对教师的洞察力要求比较高。洞察力是教师重要的教学能力,没有洞察力教师就无法正确判断和处理教学信息,就无法及时准确地进行教学决策,教学目标的有效生成就无法保障。教师的洞察力培养包括唤醒洞察意识、强化洞察技能、促进循序渐进洞察三个方面。

(1) 唤醒洞察意识

根据洞察的内涵,洞察不能简单地等同观察。观察强调仔细地观看,洞察强调透彻清楚地把握事物的特征和本质,因此,洞察是把握知觉对象的内容特征和本质的观察。在课堂教学中,特别是当教学目标由传统的教师教授的方式实现转向由教师指导学生建构生成的方式实现之后,教师课堂教学中的洞察对象就由传统的笼统的教学目标实现的洞察转变为具体的面向每个学生的教学目标实现过程的洞察。教师需要关注每个学生、每个学生以目标为导向的学习过程,同时,能够洞察学生及其学习过程中表现出来的问题并及时处理,从而促进学生个体完成学习目标,实现发展成长。因此,课堂教学中,教师要具有极强的洞察意识,由宏观洞察转向微观洞察,关注每个学生及其学习的过程;由于课堂教学的时空限制、教学事件的发展等各因素的限制,教师在关注全体学生的同时,还特别需要关注需要关注的学生及其学习的过程,并及时提供建议。

(2) 强化洞察训练

洞察力是一种能力,需要训练才能形成。洞察力具有聚焦性、适度敏感性和内在伦理性的特点。聚焦性是说教师在教学过程中的注意是有选择性的。肯尼迪(Kennedy)认为,教学需要同时考虑六个方面的期待,试图实现本身就相互冲突的理想,因而在真实的教学生活、教学情境中各种特征的优势必须即时地加以衡量，以做出理智的选择。[1] 心理学家詹姆斯（James）认为，成为智者的艺术在于认识到"什么是该忽略"的艺术。麦克道尔（McDowell, J）认为，洞察力最突出的特征显现为对物体真实拥有的价值特性的敏锐感知。[2] 教师就是通过自己的信念、知识知觉变化无穷的教学情境中的各种信息特征，探寻决定教学与学习效果的关键问题的。敏感性是教师在教学情境中保持的适当觉醒的心理和生理状态。罗蒂认为，具有实践智慧的人会有一种敏感的临界值，即敏锐的感知。教师知觉水平处于最高或最低时，行动绩效都最低，教师也无法敏锐地正确地感知信息。内在伦理性是教师的道德品性和行为品性。道德品性即教师的人格，行为品性是教师行为向善的特征。二者分别指向内和外，并决定着洞察的动机、方向和质量。洞察力的特点要求洞察力训练要注重选择性、伦理性和敏感性的训练，并注重综合训练，使之形成洞察力。

(3) 促进循序渐进洞察

洞察是对信息的感知和反馈，课堂教学就是教师不断地感知和反馈教学信息的过程。由于课堂教学信息繁多，教师不可能一次性感知反馈全部课堂教学信息，因此，有目标有选择地由主到次、由浅入深地感知反馈某些方面、某些层面的教学信息就成为教师洞察的必要了。教学诸因素、教学过程、教师和学生，这些因素对于初次教学的教师来说，要全面洞察是不可能的，只能根据需要选择重点洞察，然后再选择次重点，由主到次、由点到面循序渐进地洞察。随着洞察的深入，结构性的浅层次的教学信息逐渐被洞察，一些教学信息也逐渐成为熟练信息、常规信息，而非结构性的深层次的教学信息的洞察就提到日程上来了，这些信息对于一般的教师而言，可能是不重要的，或者是很难发现的，而对于优秀的教师而言，则是重要的，有利于教师和学生的发展的。也正是对这类教学信息的感知和反馈把一般的教师和优

---

[1] Kennedy, M., Knowledge and Vision in Teaching, *Journal of Teacher Education*, Vol. 57, No. 3, 2006, pp. 205-209.

[2] 赵艳红、徐学福：《论教师洞察力》，《教育研究与实验》2013年第2期。

第三章　语文教学目标有效生成的教师策略

秀的教师分开了。根据洞察的发展层次，洞察分为感知、理解、展望三个阶段。感知是对各种信息的敏锐的感知和分辨的能力；理解是对获取的信息进行基于整体文化背景下的教育意义和价值的理解；展望是对洞察对象，主要是对学生的可发展性的知觉与展望。随着教师洞察的项目、层次的熟练，洞察的程序、策略、方式等都逐渐自动化，洞察的质量也就越来越高。因此，教师要坚持循序渐进地洞察，逐渐缩小范围，排除非需要洞察的信息，把握洞察的程序、策略和方式，为洞察力的培养奠定基础。

2. 涵养判断力

判断力，即判断能力，是以理性、感知、想象、直觉等交互作用为前提，进行分析、比较、推论、确定、决断活动的一种综合性倾向。较早地研究判断力的是康德，他在《判断力批判》一书中对判断力进行了详细的论述，后来，人们对判断力的研究、论述与使用也基本上沿用了他的说法。判断力有两种类型：[1] 一是反思性的判断力，即从特殊到一般的思考路向。二是规定性的判断力，即从普遍到特殊、从一般到具体的发生作用的思考路向。二者表面上看分为两种不同的类型，但是在具体的认知过程中，却是融合在同一认知过程中的，是一个整体。在语文教学过程中判断力既体现在教师的教学活动中，也体现在学生的学习活动中。研究发现，[2] 教师预测学生的学业和情感成就时、预测激发学生的教学手段作用时、预测教师的教学计划效果时、预测有效教学认知并选择教学活动时，教师的判断力都发挥着重要的作用。

判断是运用已有的知识、经验对未知的或不确定的信息进行认知、评价的过程。这就需要判断者自身的知识经验可靠、正确，具有理论性，能够根据理论指导判断信息。同时，还要求判断者能够以一定的标准进行准确地判断，而不受自身素质水平的限制和其他外界因素的干扰。而事实上，任何判断都带有个体的局限，正如判断力是个体的

---

[1] 高靖生：《判断力与科学知识的增长》，《学术论坛》2007 年第 5 期。
[2] 张朝珍：《教师教学决策研究》，博士学位论文，华东师范大学，2009 年，第 32 页。

天赋一样，局限也是个体必然地抹不去的斑点。心理学家瓦尔纳（Varnler，1923）研究发现，教师对学生的智力判断是不准确的。具体表现在：一是教师的判断容易受学生的外在品质，如勤奋等因素的影响；二是教师对学生的年龄因素缺乏考虑；三是教师对低幼儿童的判断准确性低于对年长儿童的判断准确性；四是教师对学生的智力的相对判断比绝对判断准确；五是教师易于对学生的评估过高。① 因此，提高教师的判断力，进行准确的判断相当重要。

然而，在判断力的培养上，康德却认为，判断力是一种天赋，它的缺乏就是愚蠢。"虽然知性能够接受教导，而且能够用规则来武装自己，判断力却是只能得到练习而不能得到教导的一种特殊才能。判断力是人们称为天赋智力的一种特质；缺乏了这种特质，就不是教育所能补救的。"② 康德关于判断力的这种天赋机能，实际上就是相当于波兰尼所说的默会知识。默会知识体现了人类智力的各种机能，它本质上是一种理解力、领悟力、判断力。它镶嵌于实践活动中，不能通过命题和语言来言传，而只能在行动中被展现、洞察和意会，尽管如此，判断力也是可以通过某些途径或策略来提高和培养的。"用范例（example）来提高"和培养判断力，这是康德唯一能够津津乐道的提升判断力的一个策略。当然，除此外，师徒制也是培养判断力的重要策略。

此外，判断力是内隐性很强的一种能力。它的培养和提高还需要教师自身不断地加强专业素养修养，阅读哲学书籍，提升判断力生成的知识工具；时刻提醒自己注重正确谨慎的判断，提高判断的意识；参与学习共同体，通过与其他成员协作帮助，共同提高，促进判断力的成长。

3. 促进决断力

决断力是对判断结果做出的权衡并选择的一种执行倾向。决断力

---

① ［瑞典］胡森：《简明国际教育百科全书》（教学卷下），教育科学出版社1999年版，第100页。

② ［德］康德：《判断力批判》，人民教育出版社2002年版，第182页。

具有权衡性、选择性、执行性，是对事实信息进行认知和价值判断的基础上选择和执行的过程。如果说判断仅仅是对目标认知及其合目的的价值进行判断，是一种鉴别，区分了优劣、正误、可能性与否的话，那么，决断力则是在此基础上对其发展的方向性、可能性的一种实践性认可，即选择并执行，使备选变为唯一的选择，使理想化为实践行动。对于个体而言，决断力体现的是一种新的发展方向、道路选择，从而使个体走向新的不同于此前的发展阶段；对于群体而言，决断力体现的不仅仅是一种新的发展方向、道路的选择，使群体走向新的不同此前的发展阶段，而且体现的更是一个个体对群体或组织的一种领导力，一种责任意识。因为好的主张见解并不是太少而是太多了，但关键的是只有好的主张见解还不足，还需要动力、决断与实施。正如丘吉尔所说，"好主意太多了，需要的是支持和实施它们"，并且，"无论确定什么样的方针，我们现在都必须果断地采取行动"。

在教学中，教师是师生教学活动过程中的"领导者""权威者""责任者"，必须对教学计划的制订执行负责，必须对学生学习活动的过程和结果负责。这也正体现了教学活动中教师"教"的本质意义，教育学中把教师重新定位于组织者、引导者和辅助者的角色也体现了这种教育诉求。在以学生的学为主的教学过程中，教师通过监控对教学过程诸因素及其关系进行鉴别、判断、决策，能够最大限度地降低学习的难度、减少不必要的学习时间、精力、资源的浪费，提高学习效率，因此，教师的决断力培养是必要的。

决断力的关键在于教师的选择和执行。许多教师因为缺乏教学选择的能力而使教学只能在机械的、固定的、没有激情的教学程式中展开。教学和学习枯燥无趣，教学效率还不高。另外，教师在教学选择之后就是教学执行。由于教学执行面临着以目标为中心的教学资源、教学活动、教学情境、教学评价，甚至教学目标等的调整和实施的一系列的问题，调整和实施的难度比较大，很多教师因此放弃了某种符合时代和学生发展需要的教学执行。在与一线教师接触的过程中，曾有教师抱怨学校没有给其创设条件，无法进行更有效的教学，就是教师放弃合理的教学执行的例证。①

培养教师的教学决断力。首先，要提高教师教学的选择力，为教师的教学选择赋权。在有限的条件下，学校要充分地满足教师的教学需要。其次，要强化教师的教学执行力，使教师的教学决断落到实处。最后，要提高教师的选择与执行的意识，使教师能够在观念和行为上注重选择和执行，并对决断结果和行为负责。

小　结

教师策略是教师教学的重要保障。随着教学功能由传统的以教师的教为主的教学方式向以指导学生的学为主的教学方式的转变，教师的教学策略也由以教为主的教学策略向指导学生的学为主的教学策略转变。教师的教学监控力包括教学信念、教学知识和教学决策三个方面。它是教师在教学实践活动的过程中生成的。教师教学监控能力的培养不只是传授监控知识，培养监控技能，提升教学监控的意识，更重要的是要促进教师形成教学生学的教学理念，并在教学实践中通过尝试培养教师的教学监控能力，从而保障教学目标的有效生成。

---

① 这里有两位教师，一是 2006 年贵州贵阳市市区教师交流遇到的一位教师，他要求教育行政部门为其提供优质的网络教学资源；二是 2008 年在广东湛江高州函授教学中教师交流遇到的一位教师，他要求学校支持其带领学生到教室外学习。分别涉及教学资源、教学活动方式的选择与执行问题。

第四章 语文教学目标有效生成的过程模式

语文教学目标生成的构成要素是教学目标有效生成的前提，对教学目标生成要素的考察仅仅为有效教学的研究奠定了基础。因为这些教学要素无法单独地对语文教学目标的有效生成发挥最佳作用，需要各要素组合形成系统，在教学目标实现过程中发挥协同效应功能。前苏联教育家巴班斯基的教学过程最优化原理也说明了这个问题，该原理认为，为克服学生普遍存在的学习不佳的、留级的现象，学校要对教学进行整体优化，强调在教学中实现社会的、心理的、控制的三方面因素的统一，要求在确定教学目标、任务、内容、规则和原则、组织、方法及最后的评价方面都要从全部系统的角度考虑，并提出了教学过程优化的六个基本方法。不过，该教学过程最优化原理只是从教学目的、手段和结果这一系统要素出发的，强调从教学目标任务到教学结果这一实现目的任务系统的最优化，是针对普遍学科而不是针对具体学科的教学过程最优化，因此，该教学过程最优化原理仅仅是宏观的，具体学科教学过程的最优化还需要深入研究。此外，该教学过程最优化原理最大的不足就是忽视了学生主体这一实现教学目标任务的最关键要素。正如有的学者所说，现在，教学需要构建以人为本的、以人的学习和发展为主的最优化的教学过程。

从学科的性质、学生的发展和时代的要求来看，语文学科的目标主要有言语智慧、创新意识和实践能力、学会学习。三种目标的性质特征及其实现过程是各不相同的。因此，本研究尝试根据目标的性质特征建构相应的学习过程，以提高教学效率，促进教学目标的有效实现。

一　言语智慧教学目标有效生成的过程模式

言语智慧是言语个体在具体的语境中根据自身经验、认知特征、价值判断，运用所学语言知识顺利地完成任务的能力。根据语文课程的性质，语文学习就是学习"语言文字运用"，认识"语言文字运用"现象，积淀"语言文字运用"的一般规律。至于"语言文字运用"能否使每个个体完全胜任高难度的任务，那是学习者自身素质和后天语言修养的结果。但就个体能够借助语言媒介、使用一定的认知策略，达成目标而言，语文课程的学习目标其实就是在培养语言使用者的言语智慧。当然，在言语智慧教学目标达成的过程中，学习者学习的"语言文字运用"范例——文章、文学作品等媒介资源主要是本民族的物质的和精神的文化结晶，因而，学习这些范例，是对民族的物质的和精神的文化的传承。所以，情感、态度和价值观目标、文化教育目标也自然蕴含在言语智慧教育目标的实现过程中。反之亦然，只不过教学目标的实施、达成和评价侧重点不同而已。

从心理学的角度看，能力是胜任完成任务的倾向。它包括知识、技能。从需要层次论的角度看，完成任务的能力还需要一种态度、情感和价值观，即动机。正是动机这种需要驱使个体运用知识、技能，调动认知策略，尽量完满完成任务，进而形成能力，所以能力是由"知识＋技能＋动机"组成的。传统的那种把知识、技能当作能力的看法是不恰当的。同时，能力具有内隐性，任何具有某种能力的个体都只能在其具体的言行过程中表现出来，而言行表现并不是无缘由地自我表现，而是在特定的语境中为特定的需要而表现的。所以，能力的训练、呈现和评价都必须在一定的具体活动中，通过具体情境中的活动来培养和评价。

随着文化的逐渐积淀和人类自身素养的提升，语文能力的培养也发生了重大的改变。语文能力有一般能力和核心能力之分。一般能力是普遍的、大众化的、日常生活常规化的语言使用能力。而核心能力

第四章　语文教学目标有效生成的过程模式

既是基础的、生存发展所必需的，又是未来社会发展所需要的语言使用能力。口语中的对话能力、写作中的表达能力、阅读中的理解能力、综合学习中的平衡、协调、探究能力等，都是目前社会个体生存发展所必需的语文能力，应该视为当前语文能力培养的核心目标。20世纪末21世纪初，美国设置的核心知识课程、欧盟制定的关键能力培养战略等都说明了能力的培养已经开始由一般能力向核心能力培养转变。同样，我国的语文能力培养也应该如此，由一般语文能力转向语文核心能力培养，开发并筛选语文核心知识和技能。

（一）言语智慧目标有效生成的理论基础

言语智慧作为语文教育的本质目标，其目标实施的理论基础涉及语言学、教育学、心理学等。这里主要论及与当下语文教育之言语智慧目标相关的重要理论。

1. 语用学理论

传统的语文学习很大程度上就是语言文字的学习，语言文字运用的学习处于次要地位，结果导致了语文学习过分注重文字知识、语言知识的学习，造成了教师教学注重灌输讲授，学生高分低能的问题。语用学的发展和运用，使语文教学开始走向引导学生"学习运用语言文字"，培养学生"语言文字运用"能力的正途。

语用学是研究语言的理解和使用、合适、得体等的一门学问。[1]内容涉及特定语汇和语言结构的语用属性、说话人的意义表达、听话人的意义理解、语篇意义等。语用学的研究对象和内容为语文教学中学生的语言学习和运用能力的培养提供了理论指导。

2. 言语教学理论

语文学习主要是言语学习，学生言语智慧的培养必须遵循言语学习的规律。言语学习并不是仅仅获得语言知识，而是培养言语运用能力。这也是我国21世纪初的语文课程改革强调的语文教育的重要目标之一。言语教学的内容主要包括语言能力、语用能力、语篇能力、策

---

[1] 何自然、吴亚欣：《语用学概略》，《外语研究》2001年第4期。

略能力及流利能力。语言能力是关于语言本身的能力，包括发音、构词和语法结构等；语用能力是指语言使用的能力；语篇能力是指上下文关联照应的能力；策略能力是指言语使用过程中，为达成言语表现目的而采取的补救策略的能力；流利能力是指流利、自如地生成并表达出话语的能力。[①] 语言运用能力用我国通俗的语言表达，也就是语感、听说读写能力，以及综合学习能力。

言语教学理论强调，学生的语言运用能力是学习者在对语言、语用、语篇以及策略等知识的运用和体验中获得的。因此，提升学生的言语能力的教学要强调体验为主的教学方法。体验教学法与新课程标准倡导的"自主合作探究"的课程理念是一致的。

3. 建构主义学习理论

建构主义理论是20世纪90年代以来，随着心理学家对人类的学习过程及其规律研究的不断深入和发展，逐渐形成和流行起来的学习理论。21世纪初，我国的基础教育课程改革的理论基础之一就是建构主义学习理论。

建构主义学习理论假设。[②]（1）知识是学习者自己建构的。知识建构是人类的天性，人们总是以建构的方式去认知和理解他们所处的现实世界。因此，知识不是传授的而是建构的。（2）知识的建构源于活动。活动是人与情境互动的中介，人总是依据经验的情境去理解意义，接纳信息。（3）意义存在于人的心智模式中。语言符号不等于意义，意义是语言符号的运用。同时，个体是意义的建构者。（4）知识建构需要对知识的内容进行阐释、表达和运用。

建构主义教学理论假设。[③] 教师是学生知识建构的组织、辅助和促进者，教师应该给学生提供真实世界的复杂的真问题，为学生的学习提供良好的自主、合作、探究的环境，还必须提供元认知工具和心

[①] 朱晓红、周家春：《言语教学的哲学基础及实践策略研究》，《安徽工业大学学报》（社会科学版）2009年第6期。

[②] 钟志贤：《建构主义学习理论与教学设计》，《电化教育研究》2006年第5期。

[③] 毛勇新：《建构主义学习理论在教学中的应用》，《课程·教材·教法》1999年第9期。

理测量工具，帮助学生建构自己的认知策略和心理模式。

（二）言语智慧目标有效生成的支持环境

1. 教学资源

教学资源是实现教学目标的媒介或凭借，是实现课程目标内容的课程资源，但是，课程意义上的教学资源是素材性教学资源，它还不能为具体的课程目标实现服务，只是为其实现做着准备。教学层面的教学资源具有了明确的教学目标服务对象，是在教学目标的认知和指导下选择的被运用于教学现场的有待使用的资源。它内涵着教学目标，即教学的目标性知识；同时，也是实现教学目标的凭借材料。

教学资源包括课文文本及教科书提供的为实现教学目标而随课文文本编制的各种练习，以及配置的相关活动、教师配置的实现教学目标的文本资源和非文本资源、师生活动的资源等。严格意义上的教学资源应该充分地体现在以教科书为主的课程编制中，教师只是对教学资源进行适当地增删调换，而不是进行教学资源的开发建构。教学目标与教学资源的关系是灵与肉的关系，是目标与凭借的关系，是制约与被制约的关系，而不是相反。如图4-1所示。语文课文文本所充当的应该是"例子""样本""用件"的角色，只不过，由于文本是表述一定完整意义的载体，任何文本都应该具有相对的内容和结构的完整性，否则，文本就不再是文本了，正如脱离了整体的手一样，离开了整体的人，"手"也就不再是"手"了，所以，语文教科书、语文教学中使用的文本资源一般都是内容结构相对完整的。

从数量上看，服务于同一教学目标的教学资源不仅文本性资源要丰富，数量多，而且非文本性资源也要大量存在，如图片、表格，甚至影视等，凡是能够给教师和学生自由选用的教学资源都是可以提供的，以提高师生的课程参与和决策权，同时，也有利于学生学习动机的激发，促进教学目标的有效实现。

2. 教学活动

教学活动包括教师的教与学生的学的活动，这里主要强调学生的学的活动。学生学的活动包括自主、合作和探究三种方式。但只有学

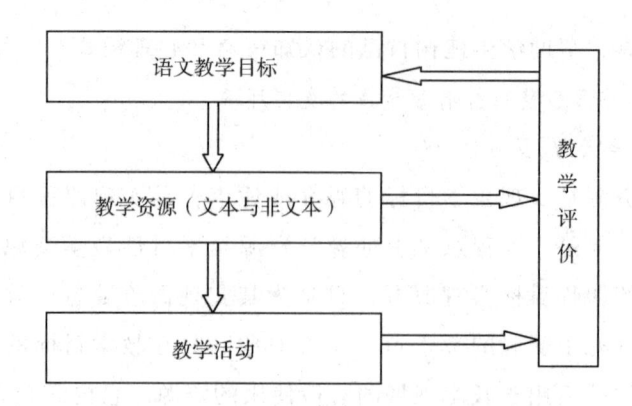

```
┌─────────────────┐
│   语文教学目标    │◄──────┐
└────────┬────────┘       │
         │                │
         ▼              ┌─┴─┐
┌─────────────────┐     │教 │
│教学资源(文本与非文本)│────►│学 │
└────────┬────────┘     │评 │
         │              │价 │
         ▼              │   │
┌─────────────────┐     │   │
│    教学活动      │────►│   │
└─────────────────┘     └───┘
```

图 4-1　语文教学目标有效生成的因素关系

习方式还不足够，还需要教师为学生的学习创设适宜的情境。学习有个体学习和共同体学习之分。个体学习强调个体的认知、学习意志，强调对现有知识的接受、积累，这是一种旧的知识学习观，把知识看作是客观的、中立的、确定性的，学习仅仅是为了储存知识，与培养语文能力这个目标还有相当的距离。后现代知识观认为，知识是主观的、非确定性的、个体性的，学习主体只有在与对象活动的过程中才能建构自己的知识，同时，主体在知识的使用过程中才能培养、呈现能力，并且这种知识和能力的获得也需要在群体中得到普遍性的认可和支持。否则，知识和能力也就没有重要的价值意义了。因此，教师要在提供给学生适宜的学习方式的基础上，还要为学生的学习创设适宜的环境，如个体自主的学习环境、合作和探究的学习环境、学习共同体等，以提高学习效率。

当然，除了学生自主、合作、探究的学习方式外，教师教的教学方式也是学生学的方式的重要补充，针对特定的教学目标、教学内容教师也要以适当的教的方式促进学生的学。

3. 学习评价

学习评价是对教学目标、教学内容、教学活动等系列要素的确定、选择、实施及结果的一种价值判断。它不只是关注结果，而且还关注结果形成的过程，充分体现了注重教学目标生成过程的评价特性。学

第四章 语文教学目标有效生成的过程模式

习评价主要是针对言语智慧教学目标有效生成的效果展开的形成性评价。由于教学目标涉及教学准备、教学实施和教学后三个阶段,学习评价应该贯穿整个教学目标实现的过程。在教学准备阶段,教学目标的有效生成涉及教学目标与课程、与学习者的现状水平和发展需要是否一致的评价;教学资源与教学目标的一致性、与学习者的适切性、与教学目标达成的程度特征、与教学活动的匹配性等方面的评价。这是教师预期的教学目标有效生成的过程。在教学实施阶段,学习评价主要涉及预期的教学目标有效生成的实施中,教师以学生的学为主的教学目标实现过程中学生的学习目标与内容、活动、过程和结果的评价。当然,这一过程中,也伴随着教师根据具体学情对教学目标、内容、活动等的指导和调适,但评价主要涉及学生主体的表现及学习结果。教学后评价虽然也是学生学习评价的重要组成部分,是教学目标有效达到的后期补充。但是,这里主要涉及课堂教学中教师对以目标为导向的学生的学习过程及其结果的评价。

总之,教学资源、教学活动、教学评价共同构成了服务于教学目标有效生成的支持性环境,如图4-1所示。语文教学目标还具有累积性、扩散性、长期性等特点,教学目标的有效生成采取循环往复的操作模式也属必然。

(三) 言语智慧目标有效生成的过程设计

1. 设计预期言语智慧教学结果、准备教学资源、评估学习证据

预期教学结果是根据课程标准、教科书提示、学情来综合确定的,然后,根据预期教学结果选择确定教学资源。如果预期教学结果仅仅是为获得语言知识、信息、事实,那么,教学资源的使用量就比较少;如果预期教学结果是为让学生理解语言知识、信息、事实,那么,使用的教学资源数量可能就要多一些;如果预期教学结果是为获得言语能力,那么,教学资源就不仅仅是提供语言知识、信息、事实、概念原理、策略等方面的教学资源,而且还需要提供通过运用语言知识、信息、事实、概念原理、策略等形成言语能力的教学和学习使用的教学资源,并且教学资源在数量上也会比较多、比较复杂。因为言语能

力的形成是以言语知识技能及其运用为基础的,它不仅涉及言语知识技能,还涉及言语知识技能运用的资源,因此,言语能力培养仅仅依靠单独的课文文本资源是不足的,还需要综合运用其他课文文本资源,甚至开发课本外的其他教学资源,以促进言语能力教学目标的有效生成。最后,要评估学生在言语智慧教学目标实现过程中能反映教学目标实现的证据,也即学生在语言上、在语言运用的行动上的表现,这是判断教学目标实现与否的重要标识。根据言语智慧形成的过程,评价内容涉及文字、语言知识、活动、计划、策略等,教师需要通过观察、调查、作业分析、学生陈述、报告、个案研究等形式进行评估,然后,进行反馈。

2. 教学设计具体准备

教学设计具体准备,就是我们常说的教案。它应该包括希望学生学习的知识、技能、策略或操作活动;使用的教学资源(包括教材和其他资源)、教学活动(教师策略和学生活动);实施的学习评价。这里以言语智慧目标"学会使用人物语言描写事物"来说明,具体设计示例见表4-1:

表4-1 言语智慧目标有效生成的过程设计:学会使用人物语言描写事物

学习目标(知识、技能、策略、活动等)	教学活动	学生活动方式	教材和其他资源	学习评价
知识1 语言描写知识:概念、类型、格式	教师引导、学生阅读	个体	使用描写的知识资源	观察
	学生阅读寻找类型、格式、标点符号的使用	同伴、共同体	文本作品	学生陈述、同伴评价
		个体	文本作品	学生陈述
知识2 用词:生动、朴素; 方法:炼词与修辞	教师引导、学生阅读	个体	使用描写的知识资源	观察
	学生阅读寻找修辞、好词	同伴、共同体	文本作品	学生陈述、同伴评价
		个体	文本作品	学生陈述
知识3 ……	……	……	……	……

续表

学习目标（知识、技能、策略、活动等）	教学活动	学生活动方式	教材和其他资源	学习评价
运用知识1 写作指导：确定主题、描写对象、描写的时间地点、语气、标点使用等	教师引导、学生阅读	个体	使用描写的知识资源	观察
	学生写作	个体		观察、学生陈述
		同伴、共同体	学生作品	观察、学生陈述、同伴评价
运用知识2 修改要求：加修饰词、调整用语等	修改	个体		观察、学生陈述
		同伴、共同体	学生作品	观察、同伴评价
		个体		观察、学生陈述
运用知识3 ……	……	……	……	……
	交流与定稿			作品呈现

3. 设计说明

据研究，听的效果远远没有看的效果显著，对于人物语言描写的知识、技能、策略等知识需要教师直接呈现给学生，最好是以纸质的形式呈现，也便于保存。教学资源是学生能否正确地理解教学目标知识内容，培养能力的凭借，也是教师最容易忽视的教学问题，因此，教师要下功夫筛选提炼优质的教学资源。同时，教师要具有在教学过程中评价教学目标实施效果的意识，准确地判断学生对教学目标学习达到的程度和表现形式。

二 创新意识和实践能力教学目标有效生成的过程模式

创新意识是人们基于对创新及其价值意义的认识而形成的对待创新的态度、情感与价值观，以及由此来规范和调整自己的活动和行为的一种稳定的精神状态。创新意识包括创新动机、创新兴趣、创新情感和创新意志。在创新意识的驱动下，人们会根据社会发展和个体生活发展的需要，通过实践活动把前所未有的事物、观念、方法手段等变成现实，或者通过实践活动把原有的事物、观念、方法手段等进行重组或改进，以创造出新的事物、观念、方法手段等。这一过程就是实践创新的过程，也是培养实践创新能力的过程。

语文学科是我国教育的传统学科，天然地就具有培养学生创新意识和实践能力的优势。古人云："天行健，君子以自强不息"，就充分地蕴含着人的创新意识和实践能力培养的教育思想，只不过随着"西学东渐"之风的盛行，老祖宗的教育思想被放进历史的垃圾堆中去了。在中华民族走向复兴和崛起的21世纪，我们很有必要重新传承老祖宗的教育思想，培养学生的创新意识和实践能力。

就我国而言，语文学科还是一门不太成熟的学科。说其不成熟，主要是指其学科性质、内容、体系等都还没有得到研究专家们相对比较清晰的共识，特别是语文学科的课程内容问题，还有很多值得研究的问题，有待教师、学生、课程专家、教学专家，汉语言、文学、写作等方面的专家学者进行研究、开发和完善，充实语文课程内容。因此，语文教学中以语文学科某个方面的问题进行探究，不仅可以培养学生的创新意识、探究能力、合作精神，而且还可能获得语文知识、技能、策略，丰富完善语文知识系统，促进语文学科的课程建设。

（一）创新意识和实践能力目标有效生成的理论基础

1. 创新理论

创新理论是奥地利经济学家 J. A. 熊彼特在1912年《经济发展理论》一书中首先提出来的。他把创新定义为在生产体系中企业家把生产要素和生产条件进行从未有过的新组合，从而使企业家获得利润或潜在的超额利润的活动。[①] 创新最初运用于资本主义经济研究，20世纪末21世纪初，创新得到世界各国的普遍关注。1995年5月26日，原国家主席江泽民在全国科学技术大会上发表讲话，并在后来多次阐释创新的内涵，他从意义、理论和实践，从精神、动力和体系的总和上把创新归结为整个国家发展的动力。他说："创新是一个民族进步的灵魂，是国家兴旺发达的不竭动力。""科学技术的发展，社会各项

---

① 陈文化、彭福扬：《关于创新理论和技术创新的思考》，《自然辩证法研究》1998年第6期。

第四章 语文教学目标有效生成的过程模式

事业的进步,都要靠不断创新。"进入21世纪,随着国际综合国力竞争的加剧以及我国民族振兴和"中国梦"的提出,创新日益成为全民全行业的重要实践理念,基础教育课程教学改革也把培养学生的创新意识、实践能力作为改革的重要目标。

创新的本质和特征。从马克思实践唯物主义的角度看,创新就是实践活动,是实践的创新,是人们根据自己的本质力量展开的改造世界的活动。创新主体要进行创新活动,必须具备基本的素质和条件。[①] 首先,破除迷信崇拜思想,敢于探索、修正、丰富和发展前人的学说;其次,能基于实践调查研究,从丰富的材料中提炼新思想、新观念、新理论;最后,能把继承和创新结合起来,在继承上创新,在创新中继承。

创新包括理论创新、体制创新、科技创新及其他创新。熊彼特把创新的手段分为五种。(1) 采用一种新产品,或者一种产品的一种新的特性。(2) 开辟一个新的市场或领域。(3) 掠取或控制原材料或半制成品的一种新的来源。(4) 采用一种新的生产方法。(5) 实现任何一种新的组织。[②]

创新是一种创造活动,没有创造便没有创新;同时,创新也是一个"破旧立新"的过程。创新首先是意识的创新,或者在意识创新的指导下进行创新。因此,培养创新能力首先要培养创新意识。

2. 问题学习

创新意识和实践能力培养实际上就是基于问题解决的学习。这种学习源于杜威的实用主义哲学和建构主义理论。基于问题的学习开始于某个"结构混乱"(ill-structured) 的问题,以这个问题为跳板,学生获得教师或同伴的指导或建议,开始他们自己的学习。学生必须讨论和明确界定这个问题,然后以一种与科学研究相似的程序研究问题,最后得出解决问题的方案或者答案。基于问题的学习也可以转换成基于项目的学习 (project-based learning)、问题解决学习、探究性学习等。

基于问题的学习包括五个关键要素。[③] (1) 问题或题目。这是教

[①] 杨欣:《关于创新的理论基础和现实问题述评》,《生态经济》2004年第4期。
[②] 《熊彼特的创新理论》,《冶金企业文化》2016年第4期。
[③] 梁瑞仪:《基于问题的学习模式的研究》,《中国电化教育》2002年第4期。

学的焦点，问题设计的好坏直接影响学习的效果。（2）解决问题需要的知识技能。问题解决需要一定的知识技能，问题设计要考虑学生现有的认知结构和知识技能水平。（3）学习小组。小组协作是问题解决的最佳方案，小组成员一般4—6人，成员的资质最好形成互补。（4）问题解决程序。学生必须制订方案，按一定的程序分工合作解决问题。（5）自主学习精神。问题解决的过程中，小组成员必须发挥自主学习精神，积极参与问题解决的整个过程。

基于问题的学习未必一定要向科学家解决问题那样，遵循科学研究的基本的步骤程序；语文学科中的问题，属于社科类的问题研究，它有其自身的规律和研究策略，未必必须像自然科学那样按程序发现问题、进行假设、搜集资源、论证假设、得出结论进行研究。但这并不妨碍问题的发现与解决，也不妨碍通过问题的发现与解决培养学生的创新意识和实践能力。

（二）创新意识和实践能力目标有效生成的支持环境

1. 问题情境

问题情境是学生发现问题的情境。它既可以是教师提出的研究项目，也可以是提供的问题产生的资源、情境，让学生通过对资源的阅读、情境的感知来发现问题，进而根据自己对资源和情境的理解来确定问题。由于学生自己的能力有限，对问题的理解不一定把握到位，就需要学生个体把对问题的理解以结对子、小组成员的身份与其他同伴进行讨论，达成共识，确定问题。对于比较难的问题情境教师也应该结合自己的经验，帮助学生发现问题、界定问题，指导学习相应的问题发现策略。

2. 学习资源

基于问题解决的学习需要学生查找、筛选大量的资料，再进行论证分析，最终得出结论。这种学习耗时多，工作量大，而我国的中小学普遍存在教学资源建设准备不充分的问题，无法为学生提供查找、获得问题研究的资源环境。在这种情况下，本研究认为，语文教科书或者教师要为学生提供相当丰富的学习资源，避免学生基于问题的学习研究仅就问题研究问题,而无法通过对资料搜集、整理、分析、求证的研究过程,获得答案,培养创新意识和实践能力,使基于问题的学习失去价值意义。因此,教师可以作为资源查询向导帮助学生快速获得资源信息、找到资料,为学生的问题学习提供帮助。

3. 学习活动

基于问题的学习,实际上也是自主、合作、探究性学习。根据学习的需要学生在不同的学习阶段应采取不同的学习形式,有时需要自主学习,有时需要合作和探究学习,无论哪种学习都需要教师对基于问题的学习程序、学习活动、学习策略、组员职责等进行规范性引导,使学生能够真正从事基于问题解决的学习,避免形式化。

4. 学习评价

基于问题解决的学习评价是就学生对事物、事件、观念、方法策略等表现出来的创新性精神表征及其实践能力的评价。就语文学习而言,语文知识技能策略领域内的问题和学习语言文字运用的其他领域内的问题都可以作为培养学生的创新意识和实践能力的项目。由于基于问题的学习一般都是针对真实问题的学习,因此,评价应该是真实评价。即学生对真实问题的发现和解决的表现、能力、小组合作及其探究能力等是学生学习评价的主要内容。基于问题的学习评价既要关注过程,又要关注结果。

(三)创新意识和实践能力目标有效生成的过程设计

1. 预期学习结果、学习资源、学习评价

一些研究者主张,基于问题或项目的学习没有固定的结果,因此学习应该只侧重于过程。但本研究认为,一旦研究的问题、研究规划、研究使用的资源确定,那么,教师就应该对潜在的学习结果大致有个方向性预测。因此,问题学习在侧重过程评价的同时,也要参考结果来进行评价。即按课程标准要求进行评价,但又要留有弹性,避免研究走形式,形成同质性结论研究,使研究失去意义和价值。基于问题的学习由于问题具有较大的个体性、群体性,因此,教师很难为学生准备充足的学习资源,不过教师应该发挥指导作用,尽可能地提供资源信息，帮助学生快速有效地搜集学习资料。基于问题学习的评价证据主要包括教师观察、核查、调查、作业分析，学生成就、报告陈述、小组评价等。其主要的评价内容是问题的发现、解决、结论、过程表现、启示等。

2. 教学设计具体准备

基于问题的学习实际上包括两种，一是给予的既定问题的解决的学习，二是通过问题情境发现并解决问题的学习。发现问题比解决问题更重要。问题发现的意识是创新意识培养中最重要的一个方面。但这里仅仅以既定的问题的解决的学习作为示例。教学设计具体包括预期学生学习的知识、技能、策略；使用的教学资源（包括教材和其他资源）、教学活动（教师策略和学生活动）；实施的学习评价。教学设计示例见表4-2：

表4-2 基于问题的学习过程设计：写作语言如何才能生动？

学习的问题（包括知识、技能、策略等）	教学活动	学生活动方式	教材和其他资源	学习评价
问题：写作语言如何才能生动？生动的概念、作用	教师提供资源、指导确定问题	个体、同伴、共同体	平淡化的文章、新闻文章、学生作文等	观察、同伴评价
预设：语言选择与使用问题	学生活动	个体、同伴、共同体		观察、同伴评价
搜集资源阅读研究	学生活动	个体	参考文献、文采丰富的现代文、文言文	观察、学生陈述
		同伴、共同体	参考文献、文采丰富的现代文、文言文	观察、同伴评价
实践检验	学生活动	尝试写作		观察、学生陈述
归纳总结	学生活动	个体、同伴、共同体		观察、同伴评价
问题解决展示				报告、作业、陈述等

3. 设计说明

基于问题的学习，教师要注重对学生发现问题、探究问题的指导；注重建构和谐的学习共同体；同时，注重根据学科的特性重点探究语文学科方面的知识、技能、策略及其语言文字运用方面的问题。

三 学会学习教学目标有效生成的过程模式

学会学习是学生自主发展和终身发展必备的学习能力。它要求学习者能够自主探寻并掌握学习方法和策略，对学习进程自觉评估调控，形成自我教育的学习机制，而且还要求学习者具备积极主动的学习意识，充分体现了学习者的个性特征和学习意志，是促进个体全面发展的需要。除语文学科外，其他学科的教学也关注学生学会学习的能力培养目标。只不过，语文学科的学会学习目标的学习对象主要是语文学科领域的语言文字的理解和运用问题，或者以语言文字运用为主的非语文学科领域的问题。由于学会学习的教学目标主要是关于学习者自身的学习知识、技能和策略的问题，学习内容在很大程度上与所学习的学科内容关系不大，因此，学会学习教学目标有效生成的理论也主要是涉及学习者个体的终身学习、个性化学习和自主学习理论。

（一）学会学习目标有效生成的理论基础

1. 终身学习

终身学习的思想源于终身教育。20世纪60年代法国成人教育专家保罗·郎格朗在《论终身教育》一文中就明确提出："教育并非终止于儿童和青年期，它应当伴随人的一生而持续进行。教育应当借助于这种方式，满足人和社会的永恒要求。"1972年，联合国教科文组织发布《学会生存：教育世界的今天和明天》的报告，确认了郎格朗提出的终身教育理念，并指出，当今人的价值观和自主意识发生了巨大的变化，教育也应该从应试教育向素质教育、从精英教育向大众教育、从制度化教育向终身教育转变。[1] 终身学习、终身教育已经成为人们学会生存和适应社会发展的一个基本条件。

伴随时代的发展，终身学习和终身教育理念已经深入人心，成为世界各国普遍接受的观念。早在20世纪80年代，日本《文教白皮书》

---

[1] 王新菊：《知识经济与终身学习》，《学术探索》2003年第5期。

就明确了日本面向 21 世纪的教育改革的基本目标——"实现终身学习的社会"。90 年代，美国发布《美国 2000 年计划》教育战略，强调学习是终生的事业，要求全体美国国民终身学习，当一辈子学生，并号召把美国改造成为"学习之国"。21 世纪初，我国的核心素养课程教学改革把学会学习确定为发展学生核心素养的重要目标之一，具体落实终身学习教育理念。

终身学习并不是空泛的概念，而被定义为一整套的信念、目标和策略体系。终身学习基于这样一种信念假设：每个人都能够学习，学习都必须具备强烈的学习动机，鼓励每个个体积极学习，无论是接受正规教育体系的教育和培训，还是非正式教育体系的家庭、工作环境和社区场合的教育。[①] 终身学习，不同的角度有不同的解释。从学术的角度看，终身学习是一种倾向于替代现存教育结构的范式，它考察现存教育的存在，批判现存教育，进而探索改进的方法。从受教育的个体看，终身学习的目的是促进个体的全面发展和社会的和谐发展。从策略上看，终身学习已经超越了政府政策的范畴，不仅政府制定相关的终身学习措施，把正规的学校教育向在职教育、继续教育、成人教育延伸，而且，家庭和企业也已经成为终身教育的重要承办者，因此，终身学习已经成为一种社会文化，而且成为一种文化消费项目。终身学习内蕴着学会学习，为学会学习提供了驱动力。

2. 个性化学习

个性化学习是以学习者为中心的学习。它强调学习者个体依据自身的个性、爱好、特长和现有的素养发展状况，在学习目标、内容、方式、进程、学习结果和评价等方面展现的个性化的学习倾向。个性化学习源自个性化教育。我国古代教育家孔子提出的"因材施教"、启发式教学等教学思想就是注重学生个性化教育的重要表现。卢梭的自然主义教育，马克思关于人的全面发展的思想，以及 20 世纪 70 年代联合国教科文组织发表的《学会生存》报告文件，都把促

---

① 饶耀平：《全球化、终身学习与大学》，《比较教育研究》2002 年第 S1 期。

第四章 语文教学目标有效生成的过程模式

进入的个性全面和谐的发展作为教育的基本宗旨。80年代，美国、日本等国家把个性化教育作为教育的基本价值取向，20世纪末21世纪初，我国的基础教育课程教学改革也把个性化教育作为课程改革的重要内容。其实，个性化教育包括个性化的教和个性化的学两个方面，个性化的教只是个性化教育的外因，个性化的学才是个性化教育的内因。

随着教育研究的深入和社会的快速发展，教育越来越认识到个性化的学习对个性化教育的巨大促进作用。个性化学习是个性化发展的直接保障，是增进学习兴趣，提升学习意义的直接条件。[①] 因此，只有激发起学习者的个性化学习意识，才能有效地促进个体的全面和谐发展。

个性化学习理论认为，学生个体都是独特的。首先，人性是丰富多样的。英国著名思想家哈耶克说："人性有着无限的多样性——个人的能力及潜力存在着广泛的差异——乃是人类最具独特性的事实之一。人的进化，很可能使他是所有造物中最具多样性的一种。"[②] 其次，学生个体都具有自己独特的个性倾向和生活目标，那么，他们的学习和发展方向也应该是独特的，教育也应该想方设法保护并发展学生的这种独特性。最后，学生个体之间的生活经验、知识背景、性格特征和智力发展水平是不同的，他们的学习目标、内容、方法、过程、结果及其评价也都应该是各具个性的。个性化学习强调学习者依据个体的个性特色进行学习，为学会学习提供了方法论依据。因此，只有根据学习者的具体现状提出具体的学习要求，才能有效的促进个体的全面发展。

3. 自主学习

自主学习是20世纪60年代提出的学习概念，但由于研究者的审视角度不同，自主学习的概念理解各不相同。从心理学的角度看，自主学习强调的是学习者自己主宰自己的学习行为的态度、情绪、

---

① 丁念金：《基于个性化学习的课堂转变》，《课程·教材·教法》2013年第8期。
② [英]哈耶克：《自由秩序原理》（上），邓正来译，生活·读书·新知三联书店1997年版。

意志和价值观。自主学习与他主学习相对，有很多优势，但是也有不及他主学习的劣势。就中小学生的学习而言，他主学习主要是指教师主导的学习，自主学习主要是学生自己主导的学习。由于教师"闻道在先""术业有专攻"，他们主导的学习在很大程度上是理性的理智的，即符合学科学习规律和人的学习认知规律的。从知识掌握的角度看，是捷径的学习。而学生自己主导的学习，由于他们是未成熟者，尽管有教师的"指导"，他们的自主学习在很大程度上依然存在情绪、态度、意志和价值观方面的问题。当然，也不排除部分个别的学生的自主学习符合学科课程规律和人的学习认知规律的情况，这里也不是强调他主学习优于自主学习，而是强调自主学习除受学生的情绪的、态度的、意志的、价值观的控制外，还需要合乎知识产生的规律和人的认知规律。即，学生自主的学习还需要强调一点，那就是他必须会学！因此，自主学习还不能笼统地不加区别地等同于会学习。

自主学习的思想可以追溯到古希腊普罗泰戈拉的"人是万物的尺度"，到近代西方现代教育的确立和发展，再到20世纪实用主义者杜威的"做中学"、维果斯基的自我言语指导理论、信息加工心理学和人本主义心理学等，都强调人的自主学习本质。我国从古代的孔子强调的学思结合思想，到当代基础教育课程改革倡导的学生"自主合作探究的学习方式"，都在强调自主学习。伴随社会的发展和对教育研究的深入，自主学习已经成为当代学习和教学的重要理念。

自主学习理论首先强调学习者在学习中的主体地位。人是实践活动的主体，是社会的主体、文化的主体，教育活动作为衔接教育经验的载体必然由受教育者来承担和把持。其次，自主学习要激发起学习者的主体性。法国著名教育家卢梭是自主学习的拥护者，他说："问题不在于教各种学问，而在于培养他有爱好学问的兴趣，而且在这种兴趣充分增长起来的时候，教他以研究学问的方法，毫无疑问，这是一切良好教育的一个基本原则。"德国教育家第斯多惠说："教师的注意力首先是发展我的主动性。"最后，自主学习要遵循一定的学习规

第四章 语文教学目标有效生成的过程模式

范。即目标、内容、方法、过程、结果及评价的规范性要求。自主学习理论强调学习者的学习主体地位、学习主体性的激发,为学会学习的教学目标明确了教育的关键。

(二)学会学习目标有效生成的支持环境

1. 学习资源

学会学习教学目标是培养学生的自主发展和终身发展的能力,具有很强的学习个性特征。学会学习目标的培养是以语文学科的课程内容为凭借的,因此,教师要帮助、引导学生根据教科书关于课文、单元学习的相关提示确定学习的内容,对学生的学习给予恰当的规范性的限制。否则,语文课程标准规定的学习目标无法最终达成,学会学习目标也无法真正落实。学习资源也要以语文教科书课文呈现的资源为主,同时,教师要帮助、引导学生开发其他的辅助目标实现的教学资源,但在学习中学生具体选择使用哪些资源,如何整合,都有很大的选择空间,教师应该给予规范性指导,而不应统一限制。

2. 学习活动

学会学习教学目标具有很强的个性特征,目标实现的形式也可能多种多样,但具体以哪种形式为主需要由学生个体选择确定。它既可以以个体的形式自主学习,也可以以结对子的形式合作学习,还可以参与学习共同体,借助共同体其他成员的帮助完成学习任务,进而学会学习。在自主学习、结对子学习、参与共同体学习的活动中,后两种,特别是最后一种活动充分体现了社会性学习的特征,同时也比较符合当今社会培养学生参与学习共同体,协商建构知识,加速社会化,发展学生核心素养的趋势,需要大力提倡。

3. 学习评价

学会学习的教学目标主要是依靠学习者个体的经验、活动和反思,同伴或学习共同体成员的帮助来实现的。同时,也需要教师适当地参与学生个体的学习过程,适时地提供指导和建议。因此,教师需要通过观察、询问、作业等形式对其学习进行监控、评价反馈,促进学习者对学习的理性认知和评价,进而培养学会学习的能力。

(三) 学会学习目标有效生成的过程设计

1. 设计预期教学结果、准备教学资源、评估学习证据

学会学习的教学目标是在语文学科教学中通过语文学科目标的实现而逐渐达成的。一定程度上学会学习的教学目标和语文学科的目标是融合在语文学习过程中的，只是目标性质的审视视角不同。因此，教师要具备明确的教学目标意识，设计预期的教学目标。以目标为主线进行教学资源和学习评价的准备：一是为了准确地把握课程标准和教科书对课文文本或单元教学的基本要求，即教学目标；二是为评价学生的学习做基础，同时，指导学生自主地确定目标、选择教学资源、活动方式和评价方式等。学会学习的教学目标是以语文学科的内容作为实现凭借的，因此学生学习中对语文学科的教学目标、内容、活动、过程、结果和评价的表现就成为教师评估学生学会学习的证据。

2. 教学设计具体准备

学会学习是在教师的指导下学生自主地确定目标、选择内容、方法、过程、评价，达成学习目标，最终实现学会学习和发展的过程。学会学习教学目标大致要经过由教师的示范性指导到教师放手让学生自主的学习两个阶段才可能实现。这里主要侧重前一阶段的学会学习的教学设计。教学设计具体准备，主要包括希望学生学习的知识、技能、策略；使用的教学资源（主要是教材）、教学活动（教师策略和学生活动）；实施的学习评价。具体设计示例见表4-3：

表4-3　　　学会学习目标有效生成的过程设计：小说教学项目

学生依次根据学习项目自主或协商确定具体目标和内容	教学活动	自主或协商确定活动方式	自主或协商确定教材和其他资源	自主或协商确定学习评价
作家作品知识	教师引导学生活动	个体，或结对、或学习共同体	教材、其他资源	教师观察 学生反思 同伴建议
小说三大要素及其内容分析	教师引导学生活动	个体，或结对、或学习共同体	教材、其他资源	教师观察 学生反思 同伴建议

第四章 语文教学目标有效生成的过程模式

续表

学生依次根据学习项目自主或协商确定具体目标和内容	教学活动	自主或协商确定活动方式	自主或协商确定教材和其他资源	自主或协商确定学习评价
精彩句段感悟赏析	教师引导学生活动	个体，或结对、或学习共同体	教材、其他资源	教师观察学生反思同伴建议
写作艺术特点分析	教师引导学生活动	个体，或结对、或学习共同体	教材、其他资源	教师观察学生反思同伴建议
迁移训练	教师引导学生活动	个体，或结对、或学习共同体		作业
学会学习	学生活动	个体为主	学习资源	学生反思

3. 设计说明

学会学习教学目标的教学设计从示例表面上看，好像都是语文学科的学习目标和内容，但把不同的学习目标内容贯穿起来看，它实际上就是以学会学习的教学目标为主线的教学设计。也就是说，在本示例中，小说教学项目中的学习内容从语文学科的角度看是语文学科目标，但在以学会学习的教学目标的教学设计中，又是教学内容和教学资源。因此，教师要有明确的目标意识，并把这种教学目标贯穿于整个教学过程中。同时，注重启发学生在学习语文知识技能内容的过程中使用的方法、技能、策略，提高学生的元认知水平，培养学会学习的意识和能力。

小 结

教学过程是一个繁杂的过程。这里仅仅从教学目标性质的角度尝试构想促进语文教学目标有效实现的教学过程，但并不排除其他过程。同时，上述三种不同性质的教学目标实现设计只是为了研究的清晰，而实际上一节语文课的教学目标常常不只一个，而且不同性质和类别的教学目标常常聚焦于同一教学过程中。到底哪种教学设计最有利于教学目标的有效生成，教师要根据目标的性质和实现需要具体问题具体分析。以上只是对教学目标有效实现的构想，仅仅是一种尝试，还需要继续研究和实践检验。

结　语

　　有效教学是教育永恒的主题，不同时代的有效教学具有不同的特征和要求，如果说工业革命时代的有效教学主要强调教师通过传授知识提高教学的有效性的话，那么，后工业时代的今天有效教学则强调在教师引导下学生通过自主合作探究的学习活动建构知识，提高教学的有效性。知识已经不再是静态的传递获得，而是动态的建构生成，学生不再是被动的知识接受主体，而是主动的知识建构主体。本研究正是紧紧抓住当代教育这一重要特征和要求，结合本国的教育现状提出基于语文教学目标有效生成的教学研究这一命题的，这不仅是时代发展的教育要求，更是我国教育长期忽视学生主体，造成学习主体阙如的这一现象使然。学生主体观念虽然经过20世纪80年代以来长达20多年的学理探讨，但是，学生这一教学实践主体却难以落实，因此，只有通过以目标为导向以学生学习的活动为中心的教学研究才能充分展现，进而进一步实现。基于语文教学目标有效生成的教学研究，能把学生学习主体推向前台，抓住语文教学的命脉，切中时代教育的主题，提高教学效率。

　　语文教学是一个复杂的过程，其有效性受多种因素的制约，仅仅笼统地琐碎地研究其教学有效性，而不全面具体地研究，语文教学效率的提高也就只能是"画饼充饥"。语文教学研究只有聚焦于教学目标、实现教学目标的诸因素及其关系的系统研究，才有可能提高教学效率。因此，语文教学目标有效生成的研究恰恰是通过对教学过程中

结 语

的各因素、教师教学监控策略、不同性质的教学目标生成过程模式的设计等的研究，从系统整体着眼，发挥系统各因素的协同效应功能，促进语文教学目标的有效生成，提升教学效率的。这为有效教学的研究和实践提供了一种明确的思路和行动方向，即系统关注语文教学过程中的各因素及其优化和协同效应，关注以学生的学为中心的个体和群体的活动。

语文教学目标有效生成的研究把学生推向前台，并没有弱化教师的功能，相反，更加强调教师角色功能的发挥，特别是对学生学习活动的监控和协调功能。这无异于对教师和学生之间教与学的关系作了更加明确的规范性的说明，"去蔽"了种种"形而上"的师生主体关系说，有利于师生主体关系的重建，也为教师教学素养的提升指明了发展的方向。教师讲授固然是课堂教学中知识传授所不可少的一种方式，但知识的获得却并不是仅仅只有讲授的方式。因此，教师以教学目标为导向制定教学设计，监督、决策、协调学生的学习活动，促进学生主体有效的学习，是当前教育教学理念和方式的必然抉择。这在基础教育课程改革深化的今天变得更加迫切，如果教师缺乏基于教学目标实施的规划设计、监督、决策、协调等角色功能，那么就不仅影响语文教学的有效性，而且还可能导致教师重新陷入传统的以讲授灌输为主的教学"泥淖"中。因此，关注教师，转变教师的教学角色功能是提高语文教学目标有效生成的一个重要任务。

此外，语文教学目标的有效生成研究旗帜鲜明地提出了不同于当下的教学目标生成的见解主张，强调语文教学目标的有效生成是基于学生主体的自主性、社会性的学习活动的自我生成，是语文教学目标的有效实现。声明，教育首先是预设的。正是教育预设才规划着人的发展方向与教育的理想和实现。而那种基于零预设的教育，虽然可能更适合学生的实际，但是那仅仅是，而且永远是"乌托邦"式的"幻想"。布卢姆提出教学中有两种教学目标：一是预设性目标，二是类似生成性的目标，但他选择了预设性目标作为课程与教学研究的重心。也许，他正是洞察到了生成性的教学目标的难以操作，甚至是虚无。

以零预设的教学目标生成可以是一种学术研究，但是，学术研究毕竟不能等同教学现实。因此，本研究提出教学目标的有效生成，即教学目标的有效实现，无疑是对那种强调零预设教学目标生成之教学思想的强力抑制，以保证语文教育教学研究的主流方向和教学实践的价值。据此，本研究在考察分析语文教学诸因素的基础上，根据教学目标的性质尝试建构了基于教学目标有效生成的三种过程模式，以期为有效教学，提高教学效率提供借鉴。

当然，本研究还存在诸多不足，特别是关于语文教学目标有效生成的过程模式还需要深入的理论论证和实践检验，首次这样提出难免有诸多漏洞。同时，理论分析和语言表述也总是感到言不由衷，难免造成误解。而这些也正是本研究后续努力改进并加以完善的奋斗目标。

参考文献

一 著作类（按作者姓氏音序顺序）

丁证霖编译：《当代西方教学模式》，山西教育出版社1991年版。

范蔚主编：《基础教育课程改革》，重庆出版社2006年版。

冯克诚主编：《实用课堂教学模式与方法改革全书》，中央编译出版社1994年版。

高文：《现代教学的模式化研究》，山东教育出版社2000年版。

顾明远：《教育大辞典》（增订合编本）（上），上海教育出版社1998年版。

洪宗礼等主编：《母语教材研究：外国语文教材译介》第7卷，江苏教育出版社2007年版。

教育部：《基础教育课程改革纲要》（试行），2001年。

李海林：《言语教学论》，上海教育出版社2005年版。

黎加厚：《新教育目标分类学概论》，上海教育出版社2010年版。

林崇德：《教育与发展——创新人才的心理学整合研究》，北京师范大学出版社2002年版。

鲁迅：《且介亭杂文二集·在现代中国的孔夫子》，光明日报出版社1980年版。

庞维国：《自主学习——学与教的原理和策略》，华东师范大学出版社2004年版。

瞿葆奎主编，陈玉琨、赵永年选编：《教育学文集·教育评价》，人民教育出版社1993年版。

人民教育出版社等：《普通高中课程标准实验教科书·语文》（必修一），人民教育出版社2007年版。

商务印书馆辞书研究中心：《新华词典》，商务印书馆1980年版。

上海辞书出版社：《辞海》，上海辞书出版社1999年版。

邵怀领：《汉字文化教育与课程开发体系研究》，中国社会科学出版社2015年版。

盛群力等：《21世纪教育目标新分类》，浙江教育出版社2008年版。

施良方等：《教学理论：课堂教学的理论、策略与研究》，华东师范大学出版社1999年版。

石中英：《知识转型与教育改革》，教育科学出版社2007年版。

宋秋前：《教学目标体系的理论与实践》，河北教育出版社1992年版。

王贵友编著：《从混沌到有序——协同学简介》，湖北人民出版社1987年版。

王同亿主编：《英汉辞海》，国际工业出版社1988年版。

王荣生：《语文科课程论基础》，上海教育出版社2003年版。

王荣生主编：《语文教学内容重构》，上海教育出版社2007年版。

吴也显主编：《我国中小学常用教学模式》，云南教育出版社1993年版。

吴式颖等：《外国教育史教程》，人民教育出版社2012年版。

夏慧贤：《当代中小学教学模式研究》，广西教育出版社2001年版。

《优化课堂教学方法丛书：教学评价技能》（内部资料），http://www.doc88.com/p-7915488173863.html。

姚新中：《道德活动论》，中国人民大学出版社1990年版。

杨小微：《中小学教学模式》，湖北教育出版社1990年版。

叶圣陶：《语文教育论集》，教育科学出版社1980年版。

叶澜：《课程改革与课程评价》，教育科学出版社2002年版。

中华人民共和国教育部：《义务教育语文课程标准（2011年）》，北京师范大学出版社2012年版。

查有梁：《教育建模》，广西教育出版社1998年版。

张华：《课程与教学论》，上海教育出版社2000年版。

张庆林：《高效率教学》，人民教育出版社2004年版。

赵家骥、杨东主编：《中国当代新教学法大全》，四川教育出版社1996年版。

郑金洲、蔡楠荣编著：《生成教学》，福建教育出版社2005年版。

中国社会科学院语言研究所词典编辑室：《现代汉语词典》（修订本），商务印书馆1989年版。

钟启泉、张华主编：《课程与教学论》，广东高等教育出版社1999年版。

钟启泉：《课程论》，教育科学出版社2007年版。

周辅成：《西方著名伦理学家评传》，上海人民出版社1987年版。

朱绍禹主编：《中学语文教材概观》，人民教育出版社1997年版。

［美］爱因斯坦：《爱因斯坦文集》第3卷，许良英等编译，商务印书馆1979年版。

［法］埃德加·莫兰：《复杂思想：自觉的科学》，北京大学出版社2001年版。

［法］埃德加·莫兰：《方法：天然之天性》，北京大学出版社2002年版。

［美］安德森、索斯尼克主编：《布卢姆教育目标分类学——40年回顾》，谭晓玉、袁文辉等译，华东师范大学出版社1998年版。

［美］安德森等：《学习、教学和评估的分类学——布卢姆教学目标分类学》（修订版），皮连生等译，华东师范大学出版社2008年版。

［美］布卢姆：《教育评价》，邱渊等译，华东师范大学出版社1987年版。

［日］大河内一男、海后宗臣等：《教育学的理论问题》，教育科学出版社1984年版。

［德］第斯多惠：《德国教师培养指南》，袁安译，人民教育出版社1990年版。

［德］恩格斯：《自然辩证法》，人民教育出版社1984年版。

［德］恩斯特·卡西尔：《人论》，上海译文出版社1985年版。

［德］哈肯：《协同学》，黄荣祥译，上海译文出版社1988年版。

［德］海德格尔：《存在与时间》，陈嘉映、王庆节译，生活·读书·新知三联书店2000年版。

［德］怀特海：《教育的目的》，徐汝舟译，生活·读书·新知三联书店2002年版。

［瑞典］胡森：《简明国际教育百科全书·教育测量与评价》，教育科学出版社1992年版。

［瑞典］胡森：《简明国际教育百科全书·教学卷》（下），教育科学出版社1999年版。

［德］伽达默尔：《科学时代的理性》，国际文化出版公司1988年版。

［德］康德：《自然科学的形而上学基础》，生活·读书·新知三联书店1988年版。

［德］康德：《判断力批判》，人民教育出版社2002年版。

［美］莱斯特·P. 斯特弗、杰坐·盖尔主编：《教育中的建构主义》，高文、徐斌艳、程可拉等译，华东师范大学出版社2002年版。

［美］雷夫·艾斯奎斯：《第56号教室的奇迹：让孩子变成爱学习的天使》，卞娜娜译，中国城市出版社2009年版。

联合国教科文组织：《教育——财富蕴藏其中》，教育科学出版社1996年版。

［俄］列昂节夫：《活动·意识·个性》，上海译文出版社1980年版。

［美］罗伯特·达尔：《现代政治分析》，上海译文出版社1987年版。

［英］洛克：《教育漫话》，教育科学出版社1999年版。

［法］罗素：《教育与美好生活》，河北人民出版社1999年版。

《马克思恩格斯选集》第3卷，人民出版社1972年版。

《马克思恩格斯全集》第43卷，人民教育出版社1986年版。

［美］迈克尔·普洛瑟、基思·特里格维尔：《理解教与学——高效教学策略》，潘江、陈锵明译，北京大学出版社2007年版。

［捷克］米兰·昆德拉著：《小说的艺术》，董强译，上海译文出版社

2004年版。

牛津大学出版社、商务印书馆：《牛津高级英汉双解词典》，商务印书馆、牛津大学出版社1997年版。

[美] Paul, D. Eggen、Donald P. Kauchak：《学习与教学策略》，伍新春、朱瑾、夏令、秦宪刚译，北京师范大学出版社2007年版。

[美] 皮亚杰：《心理学与认识论——一种关于知识的理论》，袁晖等译，求知出版社1988年版。

[美] 恰克·马丁：《决战第三屏：移动互联网时代的商业与营销新规则》，电子工业出版社2012年版。

[美] 泰勒：《课程与教学的基本原理》，中国轻工业出版社2008年版。

[苏] 苏霍姆林斯基：《给教师的建议》，杜殿坤编译，教育科学出版社1984年版。

[捷克] 斯宾塞：《教育论——智育、德育和体育》，胡毅译，人民教育出版社1962年版。

[美] 史蒂文·卢克斯：《权力：一种激进的观点》，江苏人民出版社2008年版。

[美] 威廉·威伦、贾尼丝·哈奇森、玛格丽特·伊什勒·博斯：《有效教学决策》第6版，李森、王纬虹主译，宁德云校，教育科学出版社2009年版。

[美] Wallerstein, I. 等：《学科·知识·权力》，刘健芝等译，生活·读书·新知三联书店1999年版。

[美] 小威廉姆E. 多尔：《后现代课程观》，王红宇译，教育科学出版社2000年版。

[希] 亚里士多德：《形而上学》，商务印书馆1959年版。

[美] 约翰·杜威：《民主主义与教育》，王承绪译，人民教育出版社2001年版。

Bereiter, C., "*Situated Cognition and How to Overcome it.*, D. Kirshner & J. A. Whitson (eds.), *Situated Cognition: Social, Semiotic, and Psychological Perspectives*, NJ: Lawrence Erlbaum Associates, 1997.

I. A. Murray et al. , *The Oxford English Dictionary*, Oxford University Press, 1989.

Kyriacou, C. , *Effective Teaching in Schools: Theory and Practice*, Starley Thomes Publishes, 1997.

Lave. J. & Wenger, E. , *Situated Learning: Legitimate Peripheral Participation*, Cambridge: Cambridge University Press, 1991.

Perrott, E. , *Effective Teaching: A Practical Guide to Improving Your Teaching*, New York: Longman, 1986.

I. R. Heinich, et al. , *Instructional Media and Technologies for Learning (7th)*, Merrill/Prentice Hall, 2002.

Schoenfeld, A. H. , *Mathematical Problem Solving*, Orlando, FL: Academic Press, 1985.

S. B. Flexner, *The Random House Dictionary of the English Language*, New York: Random House Inc. , 1987.

Turner-Bisset, Rosie, *Expert Teaching: Knowledge and Pedagogy to Lead the Profession*, David Fulton Publishers, London, 2001.

Van Lehn, K. , "*Problem Solving and Cognitive Skill Acquisition*", M. Posner（Ed.）*Foundations of Cognitive Science*, Cambridge, MA: MIT Press/Bradford, 1989.

二　论文类（按作者姓氏音序顺序）

蔡伟:《作文教学与语法教学协同效应研究》,《课程·教材·教法》2004年第12期。

陈晓端、Stephen Keith:《当代西方有效教学研究的系统考察与启示》,《比较教育研究》2005年第8期。

陈隆生:《语文课堂教学研究》,博士学位论文,华东师范大学,2008年。

程禹文:《论梁启超对封建科举教育的批判》,《首都师范大学学报》（社会科学版）1996年第2期。

程红、张天宝:《论有效教学的标准》,《教育理论与实践》1998年第

11 期。

崔允漷：《有效教学：理念与策略》（上），《人民教育》2001 年第 6 期。

崔允漷：《有效教学：理念与策略》（下），《人民教育》2001 年第 7 期。

［瑞士］Dominique Simone Rychen、［美］Laura Hersh Salganik，滕梅芳、盛群力编译：《勾勒关键能力，打造优质生活——OECD 关键能力框架概述》，《远程教育杂志》2007 年第 5 期。

戴荣：《语文课堂教学目标的确定》，《江苏教育研究》2009 年第 11 期 B。

方智范：《关于语文课程目标的对话》，《语文建设》2002 年第 1 期。

高靖生：《判断力与科学知识的增长》，《学术论坛》2007 年第 5 期。

郭元祥：《教师的课程意识及其生成》，《教育研究》2003 年第 6 期。

郭蕊：《权责关系的行政学分析》，博士学位论文，吉林大学，2009 年。

胡蜀萍：《把三维目标的有机结合贯穿语文教学始终》，《四川教育学院学报》2005 年第 10 期。

何功兴：《有效语文教学从明确目标开始》，《语文建设》2006 年第 6 期。

何善亮：《有效教学批判》，博士学位论文，华中师范大学，2007 年。

胡根林：《新时期语文教学内容研究述评》，《语文教学通讯》2009 年第 4 期 B。

胡定荣、徐昌：《改革开放 30 年中国教学论的进展——基于教学目标研究的内容分析》，《上海教育研究》2010 年第 2 期。

黄希庭：《论时间的洞察力》，《心理科学》2004 年第 1 期。

黄小莲：《教学决策：教师专业成长的标志——初中教师教学决策水平实证研究》，《课程·教材·教法》2010 年第 3 期。

锦州师范学院语言应用研究所：《关于重新建构语文教学内容和模式的设想》，《语言文字应用》1991 年第 3 期。

金军华：《语文教学中三维目标设置的问题与策略》，《江苏教育研究》2010 年第 4 期 B。

金丹华：《语文课堂教学目标的有效制定》，《浙江教育科学》2011 年第 2 期。

靖国平：《生成性课堂：何以可能?》，《湖北教育》2005 年第 7—8 期。

康世刚：《数学素养生成的教学研究》，博士学位论文，西南大学，2009 年。

李涛：《提高课堂教学效率之我见》，《现代中小学教育》1996 年第 6 期。

李海林：《语文教材的双重价值与教学内容的生成性》，《浙江师范大学学报》（社会科学版）2005 年第 6 期。

李茂森、孙亚玲：《论有效教学中教学目标的性质及其价值——读〈课堂教学有效性标准研究〉》，《内蒙古师范大学学报》（教科版）2006 年第 1 期。

李伟：《从"预成论"到"生成论"——教学观念的重要变革》，《全球教育展望》2006 年第 5 期。

李海林：《语文课堂教学目标的确定》，《江苏教育研究》2009 年第 11 期 B。

李山林：《语文教学内容辨正》，《语文建设》2006 年第 2 期。

李静：《建设语言自主评估材料提高语言自主学习能力》，《外语界》2006 年第 3 期。

李茂森：《论教师的课程意识及其分析框架》，《宁波大学学报》（教育科学版）2008 年第 4 期。

李子建、尹弘飚：《后现代视野中的课程实施》，《华东师范大学学报》（教育科学版）2003 年第 1 期。

李湘洲：《协同学的产生与现状》，《科技导报》1997 年第 4 期。

廖红、蔡心红：《协同学理论建立过程对人们研究自然事物的启示》，《贵州教育学院学报》（社会科学版）2000 年第 6 期。

刘岩红：《论教学目标在语文教学中的重要作用》，《潍坊教育学院学报》2008 年第 3 期。

刘铁芳：《试论教育与生活》，《教育理论与实践》1996 年第 4 期。

刘道玉：《关于大学创造教育模式的构建》，《教育发展研究》2000 年第 12 期。

刘义民、董小玉：《个性化阅读反思与建构》，《中国教育学刊》2013年第11期。

鲁洁：《教育：人之自我建构的实践活动》，《教育研究》1998年第9期。

吕叔湘：《当前语文教学中两个迫切问题》，《人民日报》1978年3月。

罗祖兵：《从"预成"到"生成"——境遇性教学导论》，博士学位论文，华中师范大学，2007年。

龙海霞：《从"预成"到"生成"——从建构主义理论看教学观的变革》，《教学实践与研究》（中学版）2005年第11期。

马秀春：《生成性教学研究》，博士学位论文，东北师范大学，2006年。

马志生、敬海新：《哲学思维方式的嬗变——从预成论到生成论》，《北方论丛》2003年第6期。

彭玉华：《新课程背景下语文课堂教学目标设计》，《中小学教师培训》2005年第9期。

裴娣娜：《现代教学论生成发展之思——怀特海过程哲学的方法论启示》，《教育学报》2005年第3期。

钱兆华：《怀疑和批判精神：推动科学进步的关键因素》，《江苏大学学报》（社会科学版）2001年第1期。

钱洲军：《走出中学语文教学目标设计的误区》，《宁波教育学院学报》2007年第8期。

邱国栋、白景坤：《价值生成分析：一个协同效应的理论框架》，《中国工业经济》2007年第6期。

宋佳嵋：《教育智慧的意蕴：生成性教学》，《辽宁教育》2005年第7—8期。

宋秋前：《有效教学的含义和特征》，《教育发展研究》2007年第1期A。

盛晓明、李恒威：《情境认知》，《科学学研究》2007年第5期。

宋德云：《教师教学决策研究》，博士学位论文，西南大学，2008年。

宋德云、李森：《教师的教学决策内涵构成及意义》，《课程·教材·教法》2008年第12期。

盛群力：《分类教学设计论》，《开放教育》2010年第1期。

盛群力、马兰、褚献华：《界定三维教学目标之探讨》，《课程·教材·教法》2010年第2期。

史荣光：《语文素质教育的教学目标和课程结构》，《教育研究》1997年第5期。

孙世哲：《鲁迅对封建主义教育的批判》，《北京师范大学学报》1981年第6期。

孙亚玲：《课堂教学有效性标准研究》，博士学位论文，华东师范大学，2004年。

田慧生：《略论教学环境研究的历史、现状及其发展趋势》，《外国教育研究》1996年第6期。

田良臣：《适切性：学习策略教学有效性的前提保证》，《教育科学研究》2010年第5期。

王文静：《情境认知与学习理论研究述评》，《全球教育展望》2002年第1期。

王荣生：《简论制约语文课程与教学目标的知识状况》，《学科教育》2002年第10期。

王延玲、吕宪军：《论教学目标设计理论与实践的应用研究》，《东北师范大学学报》2004年第1期。

王荣生：《从"三个维度"把握语文课程与教学目标》，《上海教育科研》2003年第11期。

王荣生：《关于"语文教学内容"问题的思考》，《中学语文》2010年第9期。

王淑慧：《多元化教学评价的研究——基于芙蓉中华中学华文多元化教学评价的个案分析》，博士学位论文，华中师范大学，2011年。

王荣生：《该如何面对"语文教学内容"问题》，《中学语文教学》2010年第10期。

王学锋：《形成性评价反馈循环模式与英语写作教学评价原则及措施》，《解放军外国语学院学报》2011年第1期。

温德峰、于爱玲:《语文教学三维目标的"顾此失彼"》,《当代教育科学》2006 年第 17 期。

伍新春:《关于言语能力的实质与结构的探讨》,《北京师范大学学报》(社会科学版)1998 年第 1 期。

吴刚平:《课程意识及其向课程行为的转化》,《教育理论与实践》2003 年第 9 期。

吴耘红、皮连生:《修订的布卢姆认知教育目标分类学的理论意义与实践意义——兼论课程改革中"三维目标说"》,《课程·教材·教法》2009 年第 2 期。

吴红耘、皮连生:《试论语文教学设计中的目标分类及其教学含义》,《教育研究与实验》2011 年第 3 期。

辛涛、林崇德、申继亮:《教师教学监控能力与其教育观念的关系研究》,《心理发展与教育》1997 年第 2 期。

邢秀凤:《小学语文教学:呼唤理性思维的回归》,《课程·教材·教法》2009 年第 12 期。

熊建华:《语文综合性学习理论研究》,博士学位论文,四川师范大学,2009 年。

许书明:《优化语文教学目标与目标教学》,《钦州师范高等专科学校学报》1998 年第 12 期。

徐岩、丁朝蓬:《建立学业评价标准促进课程教学改革》,《课程·教材·教法》2009 年第 12 期。

徐林祥、杨九俊:《关于语文课程目标百年嬗变的反思》,《课程·教材·教法》2012 年第 2 期。

薛晓嫘:《反思语文教学目标》,《宜宾学院学报》2005 年第 11 期。

雅萍、司亚飞:《建国后基础教育语文教学评价》,《现代中小学教育》2005 年第 1 期。

杨正社:《中小学语文课程教学目标分析与思考——从上海市〈九年制义务教育语文学科课程标准〉谈起》,《陕西广播电视大学学报》2003 年第 1 期。

杨增祥：《语文阅读教学目标设计》，《大连教育学院学报》2003年第9期。

杨启亮：《制约课程评价改革的几个因素》，《课程·教材·教法》2004年第12期。

杨九俊：《新课程三维目标：理解与落实》，《教育研究》2008年第9期。

姚利民：《有效教学研究》，博士学位论文，华东师范大学，2004年。

姚梅林：《从认知情境到情境——学习范式的变革》，《教育研究》2003年第2期。

叶澜、吴亚萍：《改革课堂教学与课堂教学评价改革——"新基础教育"课堂教学改革的理论与实践探索之三》，《教育研究》2003年第8期。

叶澜：《当代中国教育变革的主体及其相互关系》，《教育研究》2006年第8期。

于璐：《列昂捷夫的活动理论及其生态学诠释》，博士学位论文，吉林大学，2011年。

于世华、谢树平：《动态生成的教学过程设计》，《天津师范大学学报》（基础教育版）2004年第4期。

于世华、秦纪兰：《预设性与非预设性相整合的教学设计》，《教学与管理》2006年第4期。

俞红珍：《教材的"二度开发"：涵义与本质》，《课程·教材·教法》2005年第12期。

袁菊：《谨防知识过度而灵性失落——中学语文教学目标设定的一个视点》，《教学与管理》2012年第9期。

张璐：《略论有效教学的标准》，《教育理论与实践》2000年第11期。

张金梅：《生成课程：对"预成课程"的继承与超越》，《早期教育》2002年第8期。

张宇田：《推翻一个理论命题，重新构建语文教学》，《南平师范学院学报》2003年第1期。

张朝珍:《教师教学决策研究》,博士学位论文,华东师范大学,2009 年。

张玮:《科学制定教学目标是语文教学的第一要义》,《江苏教育科研》2011 年第 9 期 B。

赵艳红、徐学福:《论教师洞察力》,《教育研究与实验》2013 年第 2 期。

周立群:《新课程下语文教学目标设计策略》,《语文建设》2004 年第 Z1 期。

Bandura, A.,"Self-efficacy Mechanism in Human Agency", *American Psychologist*, Vol. 37, No. 2, 1982.

Black, P. & D. Wiliam, "Assessment and Classroom learning", *Assessment in Education*, No. 28, 1998.

Kennedy, M., "Knowledge and Vision in Teaching", *Journal of Teacher education*,, Vol. 57, No. 3, 2006.

Nicol D. J. & J. T. Boyle, "Peer Instruction Versus Classwide Discussion in Large Classes: A Comparison of Two Interaction Methods in the Wired Classroom", *Studies in Higher Education*, Vol. 28, No. 4, 2003.

R. F. Mager, "Preparing Instructional Objectives (2nd)", *Pitman Learning*, 1984.

D. R. Sadler, "Formative Assessment and the Design of Instructional Systems", *Instructional Science*,, No. 1, 1989.

Shulman, L. S., "Knowledge and Teaching: Foundations of new reform", *Harva Educational Review*, Vol. 57, No. 1, 1987.

Zimmerman B. J., "Self-regulated Learning and Academic Achievement: An Overview", *Educational Psychologist*, Vol. 45, No. 1, 2010.

附 录

附录一 访谈提纲

一 教师访谈提纲（根据访谈情境话题可能有调整）

姓名：_____ 学历：_____ 教龄：_____ 学校：_____
年级：_____

1. 您认为语文课程的基本理念和课程目标（包括培养目标和教学目标）是否合适？如不合适，如何适宜调整？

2. 您认为您确定的语文教学内容是否恰当？为什么？您在教学中是提高了难度还是降低了难度？

3. 您认为语文教科书内容及结构是否合适？教学中您是否补充了内容抑或删减了内容？内容结构是否进行了调整？

4. 您认为语文教材能否体现课程标准要求？主要在哪些地方体现的？教材是否好用？配套教学资源丰富吗？

5. 您的语文教学目标是如何制定的？在教学中您对教学目标有过调整吗？如何调整的？您如何判断教学目标达成程度的？对预期效果如何判断的？

6. 您认为在教学中设置的语文教学目标、教学内容、安排的计划是否符合学生的认知特征和身心发展？是否满足社会需求？是否可行？

7. 您认为语文课标所倡导的教学方式是否可行有效？实际教学中您采取了哪些教学方式？效果如何？学生比较喜欢哪些教学方式？为什么？

8. 您对语文教学目标有效生成的教学尝试有何看法？您尝试过有效教学吗？您认为如何才能使语文教学有效？您有没有试想从系统角度关注教学过程各要素，从整体上提升教学效率？如何做的？请谈谈。

9. 语文学科教学设施设备及其他课程资源能否满足您教学的需要？您如何开发和使用课程资源的？

10. 您认为语文课通常采用的评价方式有哪些？评价反馈的效果如何？如何解决学生语文素养评价的问题？您在语文教学过程中如何评价学生的学习的，效果如何？

11. 您认为一个有效教学的优秀语文教师应具备哪些条件？

12. 您是否定期开展教研活动？采用哪些方式开展教研活动？教师是否教学、教研和专业学习兼顾？教师之间经常交流和分享经验吗？

13. 您对自己的教学经常进行反思吗？您自己的教案设计中有教学反思吗？您认为这对语文教学目标的实现有帮助吗？

14. 您认为经过学校的教育教学，语文课程目标实现了吗？为什么？语文课程设计和实施存在哪些问题？您有何建议和意见？

15. 您认为完成语文教学任务最重要的环节是什么？必须具备哪些条件保证其实施？

16. 请问您有哪些成功的教学经验？对语文教学目标有效生成的教学您有何感受？

二 学生访谈提纲（根据访谈情境话题可能有调整）

姓名：_____ 班级：_____ 学号：_____

1. 这节课，你学到了什么？能说说吗？

2. 你知道这节课老师希望你学会什么吗？你如何知道的？

3. 在学习过程中，你是如何知道自己学习的进程和学习目标达成程度的？教师对你的学习目标达成程度进行评价了吗？你是如何知道的？你也评价你的同学吗？

4. 你喜欢什么学习方式？你认为小组学习或学习共同体对你的学习有帮助吗？为什么？

5. 你对语文教材的内容感兴趣吗？在学习某一目标或专题内容时，你感觉教材使用顺手吗？你对语文教材的编写有何建议？请说说。

6. 你对语文教师的教学有何建议？你对你的语文学习有何设想？请谈谈。

附录二　七年级(上)语文讲学稿

课题：观沧海　　课型：品读　　时间：2012年11月15日

执笔：××　　　　　　　　　审核：七年级语文备课组

学习目标：

1. 能在理解诗句意思的基础上想象并描绘观海的景象。

2. 能联系诗歌创作背景理解诗人表达的情感。

学习重点：

品味关键词句，理解诗歌内容。

学习难点：

有感情地朗读，感受诗人情感。

学法指导：

在读准字音、节奏的基础上，扣住关键词语弄懂每句诗的意思，再连贯起来想象全诗描绘了怎样的景象；在把握了景物特点的基础上要联系创作背景思考诗人要表达的情感。在品读的过程中要探究一下诗人是如何写景抒情的。

学习过程：

一、预习·导学

1. 借助字典和文下注释，准确、流畅地朗读诗歌，并完成下面学习任务。

字音：水何澹澹（　　　）（　　）　　山岛竦峙（　　　）幸甚至哉（　　）

节奏：四言诗一般按音节两两停顿，如"星汉/灿烂，若出/其里"。

字形：下列词语均是默写时容易错的，请在下面空白处分别抄写三遍。

碣石　　澹澹　　竦峙　　丛生　　萧瑟

2. 结合文下注释以及老师补充的注释，联系上下文，用自己的话翻译全诗，写在下面空白处，要求准确、通顺。

补充注释：东：向东。临：登上。以观：来观赏。何：多么。澹澹：水波动荡的样子。丛生：树木聚集生长。萧瑟：风吹草木发出的声音。洪波：巨大的波浪。若：好像。歌以咏志：用歌唱来表达（我的）情感。

3. 查资料，了解本诗的写作背景，简要地写在下面。

4. 你在自学过程中遇到哪些疑难困惑，写在下面，以便课前与同学交流或课堂上质疑。

二、学习·研讨

（一）导入。

（二）初读诗歌，理理结构，简要说说本诗的内容。

（三）研读诗歌，描绘画面，感悟情感。

1. 全诗选择了哪些景物来描写大海？突出了大海的什么特点？你能用形象的语言描绘读诗时你脑中浮现的画面吗？

2. "诗言志（语出《尚书·尧典》）"。请联系创作背景谈谈诗人借这首诗要表达的情感。

（四）美读诗歌，品析语言和技法。

提示：品味语言可以从遣词用语、修辞等方面仔细揣摩，以感受其妙；赏析技法可以从三个角度进行：一是抒情方式——直抒胸臆、借景抒情、托物言志、怀古伤今等；二是修辞方法——比喻、拟人、借代、夸张、对偶、用典等；三是表现手法——衬托、对比、卒章显志、动静结合、虚实相生等。

请任选诗中一句或某个词谈谈你的理解：

（五）课堂小结。

三、巩固·延伸

1. 历年中考题回顾。

① 统领全篇写景的一个字是"＿＿＿＿"。写景时，先写岛上的＿＿＿＿＿＿＿＿，次写海面上的＿＿＿＿＿＿＿＿，最后写天空中

日月星辰。　（2011 百色市）

②请你展开合理的想象,用生动形象的语言把"秋风萧瑟,洪波涌起"所表现的画面描述出来。　（2010 岳阳市）

③"日月之行……若出其里"的"若"字用得好,请你说说好在哪里?　（2007 南京市）

2. 自读《龟虽寿》,与课文比较一下,两者的异同点是什么?

后　记

　　2010年，新课程改革已经十年了，我虽然已经有十多年的语文教学经验，但是对语文教育依然有诸多未解之惑。在此困顿之际，我有幸到西南大学师从董小玉教授攻读博士学位，选择了"语文教学目标有效生成研究"作为毕业论文主题。本书就是在博士论文的基础上反复修改完善而成的。论文主题虽然不太新颖，但是却是关乎语文教学效率的关键问题。如今论文即将付梓出版，恰逢以核心素养为导向的新一轮基础教育课程改革开始，但愿本研究能对语文教学有所裨益。

　　当然，语文教学目标的教学研究看似很简单，但是，越研究越发现还有诸多需要解决的问题，而研究者自身知识与能力狭隘、有限。因此，本研究还存在诸多缺憾，希望日后能够不断弥补更新。

　　我的导师董小玉教授学识渊博、作风严谨、心胸高瞻。她时常鼓励我要活泼开朗，乐观向上，至今如此，每次通讯都有耳目一新，志气盈胸的感觉。在我最困难的时候，她鼓励我：没有胜利可言，挺住就是一切！她给予我的精神的、学术的、做人的启迪是我一生值得珍藏的财富。我的硕士生导师陈立军教授，对我期望很高，时常在生活、学习上给予热切的关注、指点，使我不断砥砺前行。

　　书稿在成型的过程中，朋友、同事提供了诸多帮助。特别是在调研的过程中，山东、江苏、广东湛江地区的一些老师，我与他们素昧平生，但当我提出要求时，他们都热情地无私地提供资料，接受访谈，鼎力支持，对此深表谢意。还有一些同学、同事，他们有的是学习中

后 记

的同伴，有的是中学、大学工作中的同事，他们都为我无私地提供过帮助，我不再罗列他们的姓名，与他们相处的日子已经化为我生命中的彩蝶。

2014年，我就职于嘉应学院文学院，学院领导曾令存多次就论文出版提供建议，并时时督促、鼓励，使我不耽孤寂，不忘初心，对此特表谢忱。

本书的写作出版离不开亲人的帮助、支持和关爱。在我的学习、工作和生活历程中他们以各种形式给予我无限的帮助、支持和关爱，而我却不善言辞，只默默铭记。大恩不言谢，唯有志于行。

感谢中国社会科学出版社的责任编辑陈肖静女士，她和她的同事们为本书的编辑出版付出了诸多心血和汗水，她们认真、严谨、负责的作风值得称赞与学习。

本书的写作参阅了大量的著作、期刊、硕博论文等文献资料，我尽量对引录的文字加注，以示对知识产权的尊重，对此表示感谢。同时，论文在写作过程中也难免有诸多不足和失误之处，敬请方家谅解，批评指正。

梅江碧桂园

2018年3月改定